REPERTORIO DE FUNCIONES COMUNICATIVAS DEL ESPAÑOL
Niveles Umbral, Intermedio y Avanzado

新装版

レヴェル別

スペイン語
会話表現事典

REPERTORIO DE FUNCIONES
COMUNICATIVAS DEL ESPAÑOL

E. マルティネル / F. マルティネル
M. J. ヘラベール / M. エレーラ 著
原 誠 / 江藤一郎 訳

三修社

本書の出版に当たってはスペイン教育文化省のグラシアン基金より1997年度の助成を受けた。

La realización de este libro ha sido subvencionada en 1997 por el Programa "Baltasar Gracián" del Ministerio de Educación y Cultura de España.

REPERTORIO DE FUNCIONES
COMUNICATIVAS DEL ESPAÑOL
© Sociedad General Española de Librería (SGEL)

日本語版への序文

　1988年マドリードのSGEL社から『スペイン語日常会話常用語句集』が出版された。その著者はマリーア・J・ヘラベールと、M・エレーラと、E・マルティネルと、F・マルティネルの4人で、4人とも外国人学生のためのスペイン語の教師である。同書の正式のタイトルは『初級・中級・上級レヴェル　スペイン語日常会話常用語句集』というものであった。タイトルの中に「レヴェル」という言葉が入ったのは、ヨーロッパ共同体が当時ストラスブールで発行していたシリーズ物に合わせたからである。スペイン語についてはP．エスラグテル（Slagter）がすでに1979年に「初級レヴェル」を完成していた。現今の外国語教授法の分野では、三つあるいは四つのレヴェル（初級・中級・上級・総仕上げ）を区別するのが常識となっているが、その頃はまだ、結局は生き残りはしたものの、「初級」レヴェルを「語句集」中に組み入れるかどうかについては意見の一致をみていなかったのである。

　SGEL社から発行された書物の内容は3部に分かれていた。第1部は、日常の意思疎通行為を扱った181の章から成り、それらは「社交」、「情報伝達」、「意見交換」、「感情、好み、意見の開陳」等の部分に分かれている。

　第2部は、多くの注から成っているが、それらは、厳密に文法的なものではなく、語彙や、使用の条件に関する説明を必要とする構文についてのものである。

　第3部は索引である。

　各章には具体的な意思表示を行うために有用な構文が集められており、それら構文は平易なものから複雑なものへと三つのレヴェルに分かれている。

　4人の著者による本書使用の体験に、同僚の使用体験が加わって、外国語と対照させた新しい書物を作った方がいいのではないかという意見が強くなり、当然と言えば当然のことながら、まず「語句集」の英語版が出たのである。これは『スペイン語日常会話用語句集．初級・中級・上級レヴェル』というタイトルで1996年にやはりSGEL社から出版された。

　英語訳と1988年の原著との主たる相違は、前者に西・英2言語による表現が載っていることである。スペイン語による表現の傍らに英語による表現がついているのは、スペイン語の表現の理解を英語民に深めてもらうために他

i

ならない。これはもちろん英語による表現が英語民によって常用されていることを前提としている。もう一つの顕著な違いは、英語訳では各シチュエーションに適当する句の総数が減ったことである。

さて、1998年秋には日本の語学出版社である三修社から日本語訳が日の目を見ることになった。スペインの言語・文化に対し日本では一方ならぬ関心があることは周知の通りであり、その結果、一方ではスペイン語を教えているさまざまな機関が目ざましい活動をしており、スペイン語の先生がたの研究活動にも目を見張るものがある。他方スペイン語に関する出版物（辞書、入門書、文法書、名文集、翻訳、ラジオ・テレビスペイン語講座等）も莫大な量に上っている。

本書の原著者である4人は4人ともこの「語句集」に対し日本の友人たちが示した並々ならぬ関心を大変喜ばしく思い、同書の日本語訳が出たら…と望んでいた。そこで4人の原著者の一人であるエマ・マルティネルが原誠教授と仕事上の友好関係を長く保っていたので、彼女が1992年秋に日本を訪れた際、この件を切り出してみたところ、当時東京外国語大学教授であり、スペイン語の教授歴・研究歴の長い、高名なスペイン語学者の原教授が、英語訳出版の際役立った縮刷版を日本人の読者に提供する仕事を引き受けてくださった。また当時天理大学助教授であった江藤一郎氏も原氏の仕事をこの上なく助けてくれた。

1998年白水社はスペインと日本の研究者の協力の所産である『スペイン語ジェスチャー小事典』（訳者注：高垣敏博，上田博人，エマ・マルティネル，マリーア・ホセ・ヘラベール共著．1998年．スペイン語ジェスチャー小事典．東京：白水社）を出版した。我々4人としては本「辞典」も、上記の書同様、日本人によるスペイン語学習を容易にするのに役立ってほしいと願ってやまない。本「辞典」は、スペイン語学習者が言いたいことをどのような表現で口から出すか、その方法のみならず、その表現の応用の仕方についても教えてくれるであろう。スペイン語の表現と日本語の表現との対照によって、読者は、その表現がやさしいのか、それともむずかしいのかを判断できるようにし、またその使い方についても知ることができよう。現在日本人の読者が手にしている本書を出版にまで漕ぎつけてくれた日本人の協力者二人を見つけ出すことができたことを我々は喜んでいる。

　　　　　　　4人の著者を代表して
　　　　　　　　　　　　エマ・マルティネル

まえがき

　本書が対照とする読者は次の2タイプである。
　1．スペイン語圏でスペイン語を勉強している外国人および非スペイン語圏でスペイン語を勉強している外国人——後者にとって本書は信頼するに足る、そして実際に耳に入ってくるスペイン語の表現をチェックすることのできる絶好の教材となるであろう——。
　2．上記2タイプの（スペイン語圏内外の）スペイン語学習者を教える教師。本書は、教師が自ら用いた個人的なスペイン語表現が正しいかどうか確認する手間と、自分が用いたことのない表現を一所懸命暗記する手間とを省いてくれる。要するに、本書は、スペイン語教師が自分の個人的規準に従って取捨選択して用いることのできる生きたスペイン語の宝庫なのである。
　さらに、スペイン語を母語とする人々でも、アルファベット順の辞書や語法辞典ではなく、類義語辞典を参照するのと同じようにして、この「辞典」を参照してもよいと我々は考えている。なぜならば本「辞典」は発想あるいは概念の辞典であると同時に、同一のシチュエーションと同一の目的でもって使うことのできる構文集でもあるからである。
　本書の編纂に当たっての最大の困難の一つは、スペイン語のどのような様態を「語句集」の材料として選ぶかということと、いくつかの場合を除いて各章の制限スペースを超過したくないということとであった。
　ここに我々が読者のお目にかける構文が属している標準レヴェルは、その場限りで、本書出版後しばらくしたら消え失せてしまうような言いまわしや、現在のスペイン語話者の間でもめったに聞かれないような古めかしい言い回しは載せていない。このような取捨選択をした理由は、我々が、本書が有用な書物であってほしい、スペイン語の一時的な流行語句よりも万古不易の表現の反映であってほしいと願うからである。それゆえ本書には普通の場合、下品な表現とか、上品過ぎてそれを聴いた者をびっくり仰天させるような表現とかは載せていないのである。またその重要性と生命力にも関わらず、典型的に中南米のスペイン語的な多くの語は本書からは割愛し、せいぜい注で特定の語について中南米のスペイン語的変種があることを指摘するに止めた。
　書店の店頭には何冊かのスペイン語の語句集や単語集が並んでいる。我々

4人は我々のスペイン語教授体験に基づいて、スペイン語による表現を非常に広汎な語句集にまとめ上げることをもくろんだ。この語句集は、日常生活において基本的なためにとうてい割愛できないものから、特殊な行為や個人的な感情を表わすものまで広い範囲に及んでいる。従って我々の目標を、ただ単にスペイン語の初級レヴェルと呼ばれる段階をカバーするのみならず、もっとずっと複雑な表現を提供することにも置いている。もし本書がすぐれていて有用であるとするならば、それは本書の編集法、グループ分けの方法、注釈のつけ方にあるのだろう。そうは言っても、本書は、それが出版され普及した後は、ひとえに読者の読後感を寄せていただくことによってのみ完全なものとなるのである。

　本書の内容は3部に分かれている。

　1．頻用される158種の会話行為に対応する158章、これが四つの部分に分かれている。

　I．社交．おつき合いの規範によって支配されている発話を扱う。A)挨拶　B)申し出,招待　C)社交上の定まり文句　の3部から成る。

　II．情報とコミュニケーション．相手に情報を知らせる必要性を解決したいという願望に発する発話を扱う。A)会話　B)情報提供　C)言語学的情報　の3部から成る。

　III．伝達行為．伝達行為に関する発話を扱う。A)義務,忠告,許可　B)反撥　の2部から成る。

　IV．感情,好み,意見．主観の開陳を想定する発話を扱う。A)感情　B)好み,趣味,興味　C)発言　の3部から成る。

　各章は話し手の伝達行為を実現するために使用可能な一連の構文を含んでいる。我々は各構文が、時には前後の脈絡がないために意味が曖昧になることを覚悟の上で、できるだけ短い形で現れるように努力した。それゆえにある要素について自由な選択ができるようにと括弧でくくった点線（...）を頻用した。そういう空欄が空欄のままで残しておけぬ場合はなんらかの要素をそこに挿入した。

　各例文は三つのレヴェル（初級，中級，上級）のうちのどれか一つに属している。どのレヴェルに属させるかを決める要因は、例文を形成する語彙の性質、例文の形態論的・統語論的複雑性、例文のイントネーション、意味のとりにくさ、よく用いられるか、まれか等である。同一の例文が、二つ以上の意味で現れることがある。しかもそれらが同一のレヴェルに属さないことすらある。これは一方の意味が伝達行為の履行のために基本的なのに対し、

他方の意味はそうではないからである。

　初級レヴェルにはしばしば、中級・上級レヴェルで現れる例文よりもまれな——例えば、直説法過去未来形や接続法の形を避けるために——、しかし簡単な形が現れる。この現象は外国語教育において文法を重視するか、伝達機能を重視するかの問題を反映している。当然のことながら、最も普通の形が文法的にも平易な形であることがしばしばである。

　我々はイントネーション、レヴェル、話し手の意図、安定度に関する例文の特定の特徴を明らかにしたいと思って八つの略記号を定めた。これも例文がすべて正しく用いられるためのガイドラインになればと思ってのことである。

　2． 意味が不分明だったり、曖昧だったりする例文には注をつけた。それらは動詞の法や時制とか、ある代名詞や前置詞を必ずつけよとかの厳密に文法的な注ではない。むしろ語彙（おもしろい構成の語、比喩的な性格の語、ある特定の区域に発してのちに他の区域にまで広まった語）に関する情報と、例文の使用条件（疑問文の形をしていながら何も尋ねない文、中断された文または省略文、その基本的意味から解釈すべきでない表現）に関する情報とが主である。一般的に言って、上級レヴェルに組み込まれた文が注を最も必要としている。ある文が二つ以上の意味で現れる時はいつでも、ほとんど同一内容の注が何度でも現れることを付け加えておかねばならない。

　ある注では特定の言語表現に伴うジェスチャーへの指摘がなされている。これはジェスチャーが伴わないと文の意味が理解されなかったり、ジェスチャーによって文の表現性が増したりするためである。我々はここに呈示した何十という文がジェスチャーつきで発音されることを百も承知だが、そうするのが絶対必要と考えた場合にのみ、注でジェスチャーについて述べるに止めた。

　3． 三つの索引…これらの索引によって読者は本書の別の面を知ることができる。最初に意味内容による索引が置かれていてそこにはその伝達機能を果たすために最も代表的な文が出されているが、それは常に例文中の最初のものとは限らない。（訳者注：この索引は、日本で出版される書物の慣習に従って「目次」として巻頭に置いた）

　第2に、語彙索引。これには、独立した比喩的要素、諺、定まり文句、たとえ常には比喩的意味を持たないにせよ定まり切った構造を呈するすべての構文が含まれる。これによって読者は広義の語彙全体を知ることができるばかりか、それらでもってどんな意味を表わすことができるかまで知ることが

できる。

　第3に、伝達要素の索引。これには扇動的、強調的、接続的等の要素が含まれ、それら要素が関与的な役割を果たせる意味だけを載せている。このようにして読者は、無意識のうちに用いている会話体スペイン語の鍵となる構成素をひとまとめにしてそこに見つけることができるのである。本索引は例文の呈示の際に確立された三つのレヴェルの区分に従っている。

　これら二つの索引の見出しを形成する要素は最も中立的な形で書かれていて、しばしば実際の例文と違う形で現れていることがある。

本書使用上の注意

　1． 例文には tú（君、お前）を使ったものと usted（あなた）を使ったものとが混ざって出ている。最も自然で、普通の表現には tú を用い、格式ばった、文語的な表現には usted を用いた。性については代表的用法として男性形を選んだが、もちろん女性形が義務的な場合も例外として認めた。

　2． 例文はその末尾のタイプによって3種類に分かれる。

  a． ピリオドで終わるもの…例文の伝達すべき内容がそこで終わっていることを表わす。

  b． 点が三つで、しかもそれらが括弧でくくられているもの…その例文には色々な終わり方があることを示す。

  c． 連続点…例文のイントネーションは水平調であることを示す。

　時々だが、例文の中に一つあるいは二三の語が括弧でくくられていることがある。それはその語が興味深く、読者に知ってもらうに値するが任意的であることを意味している。

　3． 例文の特定の特徴を示す略記号には次のようなものがある。

  E.　*escrito*　　　（文語、使われ方の文体を示す）
  F.　*formal*　　　（格式、使われ方のレヴェルを示す）
  I.　*informal*　　（略式、使われ方のレヴェルを示す）
  V.　*vulgar*　　　（俗、使われ方のレヴェルを示す）
  R.　*restringido*　（制限、使用範囲を示す）
  Enf. *enfático*　　（強意、使用の意図を示す）
  Ir.　*irónico*　　　（皮肉、使用の意図を示す）
  FH. *frase hecha*（成句、固定化した例文であることを示す）

　4． 「伝達要素の索引」の中に、読者はかなりの数の要素が二つ、あるいは三つのレヴェルで別々に現れているのを見つけ出すだろう。それは要素そ

れ自体のむずかしさから来るものではなくて、要素を取り巻くコンテクストまたはそれが用いられる方法から来るむずかしさから由来するものである。

　その上、いくつかの意味で用いられる見出しがあることにも読者の注意を喚起しておこう。その場合は各見出しごとに独自の意味があるのである。それらのあい異なる意味をよく調べることによって曖昧さを除去せねばなるまい。

5．　注にはイントネーションについての注意も少しは盛り込んだ。連続点はイントネーションが水平調で終わっていることを示す。二つ以上の意味をもつ例文が存在するというのが根本的な問題である。それら例文はさまざまな伝達行為で用いられるのだが、その意味の違いを物語るのがイントネーションの微妙な違いだけというのだから厄介である。我々はそういう注意書きはなるべく注に書くように心掛けた。ある例文が疑問文的であると同時に感嘆文的でもあることを表わすために、疑問符と感嘆符とを二つ並べる（¿!…!?）ことにした。

6．　注をつけるに当たって次の文献に盛られている情報を参照した。

Beinhauer, W. 1968．El español coloquial. Madrid: Gredos.

Iribarren, J. Mª．El porqué de los dichos[4]．Madrid: Aguilar.

León, V. 1980．Diccionario de argot. Madrid: Argot.

他方、用語の定義は次の文献から取った。

Moliner, Mª．1970．Diccionario de uso del español[2], 2 vols. Madrid: Gredos.

目 次

日本語版への序文 ……………i
まえがき ……………………iii

> **I　RELACIÓN SOCIAL**
> 　　社　交

A) 挨　拶

1. Saludar a alguien ………2
   挨拶をする
2. Recibir a alguien ………3
   人を迎え入れる
3. Reclamar la atención de alguien ……………………5
   人の注意を引く
4. Excusarse por un tiempo ……………………………6
   少しの間、人を待たせる
5. Despedirse de alguien ……9
   人と別れる
6. Presentar a alguien o presentarse ……………12
   人を紹介したり、自己紹介する
7. Responder a una presentación …………14
   紹介されて答える
8. Preguntar a alguien cómo está …………16
   相手の健康状態を聞く

9. Manifestar cómo se encuentra uno ………18
   健康状態を表わす

B) 申し出、招待

10. Invitar a alguien ………21
    人を誘う
11. Aceptar una invitación …23
    招待に応じる
12. Rehusar una invitación …25
    招待を断わる
13. Ofrecer algo a alguien …28
    だれかに何かを差し出す
14. Aceptar un ofrecimiento ……………………30
    申し出を受ける
15. Rehusar un ofrecimiento ……………………32
    申し出を断わる
16. Proponer un plan ………34
    計画をもちかける
17. Aceptar un plan …………37
    計画を受け入れる
18. Rehusar un plan …………39
    計画を拒否する
19. Pedir algo a alguien ……42
    だれかに何かを頼む
20. Dar algo a alguien ………45
    だれかに何かを与える

21. Pedir ayuda ⋯⋯⋯⋯48
　　助けを頼む
22. Ofrecer ayuda y apoyo ⋯51
　　援助を申し出る
23. Aceptar una oferta de ayuda ⋯⋯⋯⋯⋯⋯⋯55
　　援助の申し出を受け入れる
24. Rehusar una oferta de ayuda ⋯⋯⋯⋯⋯⋯⋯59
　　援助の申し出を断わる
25. Solicitar una cita o convocar ⋯⋯⋯⋯⋯⋯62
　　待ち合わせとか会見の日時を決める
26. Aceptar o conceder una cita ⋯⋯⋯⋯⋯⋯⋯65
　　会見の日時を受諾したり提示したりする
27. Rehusar o no conceder una cita ⋯⋯⋯⋯⋯68
　　会う約束を断わったり、会う約束をしなかったりする
28. Dar las gracias ⋯⋯⋯⋯71
　　お礼を言う
29. Devolver las gracias ⋯⋯74
　　感謝の言葉に返事をする

C) 社交上の定まり文句

30. Desear buena suerte a alguien ⋯⋯⋯⋯⋯⋯⋯76
　　だれかの幸運を望む
31. Expresar condolencia ⋯⋯79
　　哀悼の意を表わす

32. Hacer cumplidos ⋯⋯⋯⋯81
　　お世辞を言う
33. Felicitar a alguien ⋯⋯⋯84
　　だれかにお祝いを言う
34. Responder a los cumplidos y felicitaciones ⋯⋯⋯86
　　お世辞やお祝いの言葉に答える
35. Pedir disculpas a alguien ⋯⋯⋯⋯⋯⋯⋯88
　　だれかに弁解する
36. Aceptar las disculpas de alguien ⋯⋯⋯⋯⋯⋯⋯91
　　だれかの弁解を聞く
37. Hacer un brindis ⋯⋯⋯95
　　乾杯をする

II INFORMACIÓN Y COMUNICACIÓN
　　情報とコミュニケーション

A) 会話

38. Iniciar una conversación o charla ⋯⋯⋯⋯⋯⋯⋯98
　　会話とかおしゃべりを始める
39. Concluir una conversación o charla ⋯⋯⋯⋯⋯100
　　会話やおしゃべりを終える
40. Afirmar algo ⋯⋯⋯⋯⋯104
　　肯定的返答をする
41. Negar algo ⋯⋯⋯⋯⋯106
　　否定の返答をする

目次

42. Cambiar de tema ········109
    話題を変える
43. Interrumpir o cortar a alguien ················111
    相手の話を中断したり、遮ったりする
44. Resumir una conversación o charla ·········114
    会話や話の内容を要約する
45. Pedir a alguien que repita lo que ha dicho ·······116
    もう一度繰り返して言ってもらうよう人にお願いする
46. Repetir de otra manera lo ya dicho ···········118
    すでに言った事を違う言い方で繰り返す
47. Poner un ejemplo ·······119
    例を出す
48. Manifestar atención ······121
    相手の言ったことに関心を表わす
49. Poner algo de relieve ···124
    何かを強調する
50. Quitarle importancia a algo ················126
    あることを過小評価する
51. Comprobar que alguien ha comprendido ·······129
    相手が理解したことを確かめる
52. Mantener un diálogo telefónico ············131
    電話で話をする

B) 情報提供

53. Pedir información ········135
    情報を教えてもらう
54. Preguntar a alguien si sabe algo ··············137
    だれかに何かを知っているかどうか尋ねる
55. Decir que uno está informado de algo ········140
    何かについて知っていると言う
56. Transmitir lo que ha dicho otro················141
    ほかの人が言ったことを伝える
57. No saber responder a lo que se pregunta ···········144
    尋ねられたことについて答えられない
58. Preguntar a alguien si le ocurre algo ···············146
    どうしたのと人に尋ねる
59. Manifestar curiosidad por algo ··············148
    何かに好奇心を持っていることを表わす
60. Preguntar sobre lo ocurrido ···············151
    何か起こったことについて質問する
61. Preguntar a alguien si está seguro de algo ·····153
    だれかにそれは確かであるかどうか聞く

62. Decir que uno está seguro de algo 155
人があることにつき確信をこめた答えをする

63. Decir que uno no está seguro de algo 157
人があることに確信がないと言う

64. Decir que uno va a hacer algo 160
何かをするつもりと言う

65. Decir que uno no va a hacer algo 162
あることをしないつもりと言う

66. Recordar algo a alguien 164
だれかに何かを思い出させる

67. Preguntar a alguien si recuerda algo 167
だれかに何かを思いだすかどうか聞く

68. Recordar algo 169
何かを思い出す

69. Decir que uno ha olvidado algo 171
だれかが何かを忘れたと言う

70. Preguntar si algo es correcto 173
あることが正しいかどうかを聞く

71. Decir que algo es correcto 176
何かが正しいと言う

72. Decir que algo no es correcto 177
何かが正しくないと言う

73. Contradecir a alguien ...179
だれかに反論する

74. Especular sobre lo que podría ocurrir 184
起こるかも知れないことについて予測する

C) 言語学的情報

75. Preguntar sobre la pronunciación correcta 187
正しい発音について質問する

76. Preguntar sobre la ortografía correcta 189
正しい綴り字について聞く

77. Preguntar sobre la corrección gramatical 191
文法の正誤について聞く

78. Preguntar sobre el significado de una palabra o expresión 193
ある単語とか表現の意味について聞く

79. Preguntar sobre la propiedad de una palabra o expresión 196
ある単語とか表現の正しい用法について聞く

80. Preguntar sobre la forma de expresar algo 199
表現法について聞く

81. Corregir algo a alguien ……………202
正しい言い方を教える

III ACCIONES COMUNICATIVAS
伝達行為

A) 義務、忠告、許可

82. Estar obligado a hacer algo ……………206
何かをしなくてはならない

83. No estar obligado a hacer algo ……………210
何かをする義務がない

84. Preguntar a alguien si puede hacer algo ………213
何かできるかどうか人に尋ねる

85. Decir a alguien que haga algo ……………216
だれかに何かをするように言いつける

86. Decir a alguien que no haga algo ……………219
だれかに何かをしないように言う

87. Solicitar algo de alguien ……………222
だれかに何かを頼む

88. Sugerir algo a alguien ……………224
だれかに何かをしたらと言う

89. Prometer o jurar algo …226
何かを約束したり、誓ったりする

90. Prevenir a alguien de algo ……………228
だれかに何かを警告する

91. Pedir consejo o una sugerencia a alguien………233
だれかに助言とかサジェスチョンを頼む

92. Aconsejar a alguien que haga algo ……………235
だれかに何かをするように勧める

93. Aconsejar a alguien que no haga algo ……………238
だれかに何かをしないように勧める

94. Dar instrucciones a alguien ……………241
だれかに指示を与える

95. Pedir permiso a alguien ……………243
だれかに許しを請う

96. Conceder permiso a alguien ……………246
許可をだれかに与える

97. Denegar el permiso a alguien ……………249
だれかに許可を拒否する

B) 反撥

98. Expresar retintín o reserva ……………252
相手の言ったことに皮肉な調子

で、または留保をつけて答える

99. Negarse a hacer algo ⋯255
何かをするのを断わる

100. Decir que uno puede hacer algo ⋯259
何かをすることができると言う

101. Decir que uno no puede hacer algo ⋯261
あることができないと言う

102. Quejarse de algo o de alguien ⋯264
ある物とか人について不平を言う

103. Expresar impaciencia por algo ⋯268
何かに対してのいらだちを表わす

104. Llamarle la atención a alguien ⋯271
だれかの注意を喚起する

105. Regañar a alguien ⋯274
だれかを叱る

106. Reprochar algo a alguien ⋯276
だれかに対してあることを非難する

107. Amenazar a alguien ⋯281
だれかを脅かす

108. Expresar irritación por algo ⋯285
何かに対する苛立ちを表現する

109. Tranquilizar o consolar a alguien ⋯288
だれかを落ち着かせたり、慰めたりする

IV SENTIMIENTOS, GUSTOS Y OPINIONES
感情，好み，意見

A) 感 情

110. Expresar alegría, contento y gozo ⋯294
喜び，満足，歓喜を表わす

111. Expresar tristeza, pena o dolor ⋯296
悲しみと悩みと心の痛みを表現する

112. Expresar optimismo ⋯298
楽天的な気分を表わす

113. Expresar pesimismo o depresión ⋯300
悲観的な状態や意気消沈した状態を表わす

114. Expresar simpatía ⋯302
感じの良さを表わす

115. Expresar antipatía ⋯304
反感を表現する

116. Expresar satisfacción o complacencia ⋯307
満足とか喜びを表わす

117. Expresar admiración ⋯309
感嘆を表わす

118. Expresar sorpresa ⋯311
驚きを表わす

119. Expresar decepción o desilusión ⋯314
失望とか幻滅を表わす

120. Expresar disgusto o desagrado ·················317
不快とか不機嫌を表わす

121. Expresar enfado············319
怒りを表わす

122. Expresar interés o entusiasmo ················322
興味とか興奮を表わす

123. Expresar desinterés o aburrimiento ···············324
無関心とか退屈を表わす

124. Expresar indiferencia ···328
無関心を表わす

125. Expresar fastidio ·········331
不快感を表わす

126. Expresar dolor físico ···334
体の痛みを表現する

127. Lamentarse de algo ······336
何かを嘆く

128. Expresar arrepentimiento ··················338
後悔を表わす

129. Expresar resignación y conformidad ············340
諦めと妥協を表わす

130. Expresar alivio ···········343
安堵の念を表わす

131. Expresar duda, desconfianza o incredulidad ···346
疑いとか不信感とかを表わす

132. Expresar preocupación, temor o angustia ········351
心配，恐怖，苦悩を表わす

133. Expresar miedo ···········354
恐怖を表わす

134. Expresar repulsión o asco ···················356
嫌悪感とか不安感とかを表わす

135. Rechazar algo···············358
何かを拒否する

136. Rechazar a alguien ······361
人をお断わりする

B) 好み、趣味、興味

137. Expresar gustos y aficiones ·················363
好みと趣味を表わす

138. Preguntar a alguien por sus preferencias ········367
人の好みを尋ねる

139. Expresar preferencias ···369
好みを表わす

140. Preguntar a alguien si está interesado por algo ··················371
何かに興味があるかどうかをだれかに聞く

141. Expresar interés por algo ··················373
何かへの興味を表現する

C) 発　言

142. Expresar posibilidad o probabilidad ···········374
可能性とか見込みを表わす

143. Expresar imposibilidad o improbabilidad ·········378
不可能なことやありえないことを言い表わす

144. Esperar que ocurra algo ·················380
何かが起こることを期待する

145. Querer algo ·············383
何かを望む

146. Pedir la opinión a alguien ················385
だれかに意見を求める

147. Dar la opinión ···········387
意見を言う

148. Evitar dar la opinión ···390
意見を言うのを避ける

149. Intentar convencer a alguien ················393
だれかの説得を試みる

150. Decir a alguien que está equivocado ···········396
間違えているとだれかに指摘する

151. Decir a alguien que está en lo cierto ············400
だれかに向かってあなたが正しいと言う

152. Preguntar a alguien si está de acuerdo ·········403
同意しているかどうかをだれかに聞く

153. Manifestar que uno está de acuerdo con alguien ················406
ある人がだれかと同意見だということを表明する

154. Manifestar que uno no está de acuerdo con alguien ················409
ある人がだれかの意見に賛成でないと表明する

155. Llegar a un acuerdo con alguien ············412
だれかと合意に達する

156. Pedir aprobación ········414
承認を求める

157. Expresar aprobación ···416
承認を表現する

158. Expresar desaprobación··························418
否認を表わす

語彙索引 ·····················421
伝達要素の索引 ···············429
訳者あとがき ·················437

I

RELACIÓN SOCIAL

1. Saludar a alguien
挨拶をする

ELEMENTAL / 初級会話

1. ¡Hola!
   オーラ
   やあ。

2. ¡Hola! ¿Qué tal?
   オーラ　ケ　タル
   やあ、元気？

3. ¡Buenos días!
   ブエノス　ディーアス
   おはよう。

4. ¡Buenas tardes!
   ブエナス　タルデス
   こんにちは。

5. ¡Buenas!
   ブエナス
   こんにちは。

6. ¿Qué hay?
   ケ　アイ
   どう？

7. ¿Cómo estás?
   コモ　エスタス
   元気ですか？

8. ¿Cómo te va?
   コモ　テ　バ
   調子はどう？

INTERMEDIO / 中級会話

9. ¿Cómo van las cosas?
   コモ　バン　ラス　コーサス
   調子はどうですか？

10. ¿Qué tal te va?
    ケ　タル　テ　バ
    調子はどう？

11. ¿Cómo vamos?
    コモ　バモス
    元気かな？

12. ¿Cómo andamos?
    コモ　アンダーモス
    元気かな？

| 13 | ¡Cuánto tiempo sin verte! | お久しぶり。 |

AVANZADO / 上級会話

14	Te veo muy bien.	元気そうだね。
15	¿Tú por aquí?	こんな所で君に会うとは。
16	¡Anda, qué sorpresa! No esperaba encontrarte aquí.	わあ、驚いた。ここで君に会うとは思わなかった。
17	Dale recuerdos a (…).	(…) によろしく言ってよ。
18	Saluda de mi parte a (…).	(…)に私からよろしくと伝えてよ。
19	Le saluda muy atentemente. E.	敬具。

2. Recibir a alguien
人を迎え入れる

ELEMENTAL / 初級会話

1	¡Adelante!	お入りください。
2	¡Pase, pase!	どうぞ、入ってください。
3	Entra, por favor.	どうぞ、入ってよ。
4	Puede pasar.	お入りなさい。
5	¡Bien venido!	ようこそいらっしゃいました。

INTERMEDIO / 中級会話

| 6 | ¡Entre, entre! | どうぞ、お入りなさい。 |

7. Siéntese, por favor.
   シエンテセ　ポル　ファボール
   どうぞおかけください。

8. Estaba esperándole.
   エスターバ　エスペランドレ
   お待ちしておりました。

9. Está usted en su casa.
   エスタ　ウステ　エン　ス　カサ
   気楽にしてください。

10. Tome asiento.
    トーメ　アシエント
    お座りください。

11. ¿¡Sí!?
    シー
    何か御用は？
    ☞ 会社や事務所でよく聞かれる表現。疑問とも感嘆ともつかないイントネーションで発せられ、人を迎え入れて、比較的すばやく何かを言うようにさせる。

AVANZADO　　　　　　　上級会話

12. Póngase cómodo.
    くつろいでください。

13. Espero que se encuentre como en su casa.
    気楽にしてください。

14. Tenga usted la bondad de pasar y sentarse. F.
    どうぞ、お入りになって、おかけください。

15. ¡Qué caro eres de ver! R.
    なかなかお会いできませんでしたね。
    ☞ caro という形容詞は、物の値段をすぐに連想しやすいが、親愛なるという querido の同意語であることを考慮すべきである。またこの文のように、固定した表現では、古い意味の difícil［難しい］に相当する。

16. ¡Dichosos los ojos! Enf.
    お会いできてうれしく思います。
    ☞ 丁重さを含んだ挨拶表現で、後に que le ven を補うとわかりやすい。dichoso［幸せな］は、feliz の類義語である。ただし pesado［しつこい］とか fastidioso［嫌な］という意味になることもある。

17. Aquí estará a sus anchas.
    ここでくつろいでください。
    ☞ a sus anchas［くつろいで］という表現は、人が自由で気持ちよいと感じたり、あるいはそのような状態にいることを指す。この文全体は相手を歓迎し、なんら気後れしなくてよいことを相手にわからせる表現である。

18. Aquí se sentirá como pez en el agua.　　ここでくつろいでください。

> pez en el agua［水を得た魚］の比喩表現は、迎え入れた人が肩肘はらずに自然な状態にいる状況を指す。上の17と同じように、割合長くいる時に使う。

3. Reclamar la atención de alguien
人の注意を引く

ELEMENTAL　　初級会話

1. ¡Eh!
   エー　　　　　　　　　　　　　　ねー。

   > ¡Eh! 叫ぶように言う間投詞で、呼びかけに使う。一回でも、また繰り返しても（¡Eh, eh!）、そしてまた呼びかけの人称代名詞（¡Eh, tú!［ねー、君］、¡Eh, usted!［ねー、あなた］）や、知覚動詞の命令形（¡Eh, oiga!［ねー、もし、もし］）と共に、使われる。

2. ¡Chsss!
   チス　　　　　　　　　　　　　　しー。

   > シーという間投詞。音をともなった動作で、人に呼びかけたり、静かにさせるために使われる。

3. ¡Oiga...!
   オイガ　　　　　　　　　　　　　もし、もし。

4. ¡Oye...!
   オィエ　　　　　　　　　　　　　もし、もし。

5. ¡Eh, usted, usted!
   エー　ウステ　ウステ　　　　　　ねー。あなた、ちょっと。

6. ¡Camarero!
   カマレーロ　　　　　　　　　　　ボーイさん。

INTERMEDIO　　中級会話

7. ¡Oiga, por favor!
   オイガ　ポル　ファボール　　　　もし、もし、すみません。

8. ¡Oiga, escuche..., escuche!
　オイガ　エスクーチェ　エスクーチェ
もし、もし、聞いてください。

9. ¡Señora..., la llaman!
　セニョーラ　ラ　ヤーマン
奥様、お電話です。

AVANZADO / 上級会話

10. ¡Socorro! — 助けてー。
11. ¡Auxilio! — 助けてー。
12. ¡Ejem..., ejem...! — えへん、えへん。

☞ 話し手が聞き手の注意を引くためにする軽い咳払いとか、咳をこのように表わす。話に介入し、自分が話したい時に使われる。

13. ¡Oiga, que me toca a mí! — もし、もし、私の番です。

☞ 「ねー、私の番です」とも訳せる。tocar という動詞は、3人称で、間接目的語(me,le,nos)とともに使われると、「ある人に順番がきた」という意味を表わす。故にゲームとか順番を待っている人たちがいる時に使われる。

14. ¡Escuche, es mi turno! — すみません、私の番です。
15. ¡Oiga! ¿Puede usted atenderme? — すみません、応対してもらえませんか？

4. Excusarse por un tiempo
少しの間、人を待たせる

ELEMENTAL / 初級会話

1. ¡Perdón!
　ペルドン
ごめん。

2. ¡Perdone!
　ペルドーネ
ごめんなさい。

3. ¡Un momento, por favor!
　ウン　モメント　ポル　ファボール
ちょっと、すみません。

4. 少しの間、人を待たせる

[4] ¡Ahora no!
アオラ ノ
今はだめです。

[5] Espere, por favor.
エスペーレ ポル ファボール
どうぞ、お待ちください。

[6] ¿Puede esperar un momento?
プエデ エスペラール ウン モメント
ちょっと、お待ち願えますか？

[7] ¡Ahora (mismito) vuelvo!
アオラ ミスミート プエルボ
今（すぐ）戻ります。

INTERMEDIO 中級会話

[8] Es que ahora (...).
エス ケ アオラ
実は、今（...）。

[9] Tendrá que esperarse.
テンドラ ケ スペラールセ
お待ちくださることになるでしょう。

[10] A ver, un momento, por favor.
ア ベール ウン モメント ポル ファボール
ええと、すみませんが、ちょっと。

☞ a ver には色々な意味と用法がある。この場合には、軽い水平調のイントネーションで、言いたいことを伝える前に、聞き手の注意を引く時に使われる。

[11] Espere, en este momento no puedo.
エスペーレ エネステ モメント ノ プエド
お待ちください。今はできません。

[12] En este instante me es imposible.
エネステ インスタンテ メー シンポシーブレ
今は私には不可能です。

[13] Enseguida estoy con usted.
エンセギーダ エストイ コヌステ
すぐお相手いたします。

| 14 | Ahora mismo le atenderán.
_{アオラ ミスモ レ アテンデラン} | 今すぐ御用を伺います。 |

| 15 | Sólo dos minutos y estaré a su disposición.
_{ソロ ドス ミヌート シエスタレ ア ス ディスポシシオン} | ほんの二分しましたら、すぐお相手いたします。 |

| 16 | Un momento, no puedo hablar con todos a la vez.
_{ウン モメント ノ プエド アブラール コン トードス ア ラ ベス} | ちょっとお待ちを、一度に皆さん全員とはお話しできません。 |

| 17 | ¡Ya voy, ya voy! No se ponga nervioso.
_{ヤ ボイ ヤ ボイ ノ セ ポンガ ネルビオーソ} | 今すぐ参ります。いらいらしないでください。 |

| 18 | Déjame que lo piense.
_{デーハメ ケ ロ ピエンセ} | 考えさせてください。 |

AVANZADO / 上級会話

| 19 | Con permiso. | 失礼。 |

☞ この表現は、席から立ち上がったり、そこから立ち去る時に、その動作をしながら発せられる。

20	Permítame un momento.	ちょっと失礼します。
21	Disculpe usted que le haga esperar.	お待たせしてすみません。
22	Tendrá que aguardar unos minutos.	数分お待ち願わなくてはなりません。
23	No se impaciente; es (sólo) cuestión de unos minutos.	いらいらしないでください。ほんの数分の問題ですから。
24	Le agradecería que esperara unos minutos.	数分お待ちくだされば、ありがたいのですが。
25	Si tuviera la amabilidad de esperar, ahora estoy ocupado.	お待ちいただきたいのですが、今忙しいので。

26. El caso es que ahora no puedo, 実を申しますと、今はできないの
 vuelva dentro de un rato. で、しばらくしてまたおいでくだ
 さい。

> el caso es que は、この文脈では、文の先頭に使われる表現で、話し手の
ちょっとしたためらいを表わしている。この用法は、言い訳をする文によ
く現れる。

27. ¿No ve que estoy ocupado? ご覧のとおり、今は忙しいので、
 Vuelva dentro de (...). Enf. (...分)後にまたおいでください。

28. Lo malo es que tendrá que 悪いのですが、少しお待ちになら
 esperar un poco. なくてはならないでしょう。

29. Ya ve cómo está esto (de このとおり、人でいっぱいなので、
 gente). ¿Le importa esperar? R. お待ち願えないでしょうか？

5. *Despedirse de alguien*
人と別れる

ELEMENTAL / 初級会話

1. ¡Adiós! さようなら。
 アディオス
> Adiós と Con Dios は、別れの表現で、前者はよく使われ、後者は、く
だけた表現である。1、14の場合は、動詞 (ser, estar, 22、24のような ir,
quedar) が昔省略されたのである。通常の挨拶 adiós は、早く発音される
と 'dios と書いてしまうように聞こえる。

2. ¡Hasta luego! またあとで。
 アスタ　　ルエゴ

3. ¡Hasta mañana! またあした。
 アスタ　　マニャーナ

4. ¡Hasta la vista! またお会いするまで。
 アスタ　ラ　ビスタ

5. ¡Hasta otro día! また今度。
 アスタ　オトロ　デイーア

6. ¡Adiós, hasta pronto! 　　さようなら、また今度。
   アディオス　アスタ　プロント

7. ¡Mucha suerte! 　　がんばって。
   ムーチャ　スエルテ

INTERMEDIO　　　　　　　　　　中級会話

8. ¡Hasta otra! 　　また今度。
   アスタ　オトラ

9. ¡Hasta la próxima! 　　また今度。
   アスタ　ラ　プロクシマ

10. Hasta ahora (mismo). 　　では（また）のちほど。
    アスタ　オラ　ミスモ

11. ¡Que vaya bien! 　　ご幸運を。
    ケ　バーヤ　ビエン

12. ¡Adiós, que te vaya bien! 　　さようなら、幸運を。
    アディオス　ケ　テ　バーヤ　ビエン

13. Espero verte muy pronto. 　　すぐまたお会いしましょう。
    エスペーロ　ベールテ　ムイ　プロント

14. ¡Con Dios! 　　ごきげんよう。
    コン　ディオス

    ☞ 1の注参照。

AVANZADO　　　　　　　　　　上級会話

15. ¡Abur! R. 　　バイバイ。

    ☞ agur はバスク語で augurio（前兆）と関係があるかもしれないが、その異形 abur は、とてもくだけた言い方であまり使われない。

16. ¡A más ver! 　　いずれまた。

    ☞ a más ver とその異形 hasta más ver は、親しい者同士で使う別れの挨拶だが、あまり使われない。

17. ¡Hasta nunca! Ir. 　　もう二度と会わないぞ。

    ☞ ¡Hasta nunca! は、よく使われる Hasta pronto の反対表現として作られ

た。副詞 nunca は再会が永遠に不可能になることを示しているので、この決まり文句は、皮肉で、人を傷つける表現になっている。

18. Espero que volvamos a vernos.　またお会いしましょう。

19. Si no hay nada más, me retiro por el foro.　もう何もなければおいとまします。

　　☞ por el foro は、移動を意味する動詞の後で使われる副詞表現である。foro は俳優が出入りする舞台奥手を意味する。また芝居特有の別の表現は、hacer mutis (por el foro) で、俳優が退場することを意味し、芝居以外でも、話し終わって出て行く時に使われる。

20. Ahí os quedáis.　お先に失礼します。

　　☞ 仕事場とか、あまり快適でない場所を立ち去るときの別れ言葉として皮肉を込めて使われる。立ち去ることができるのは幸運であり、その言葉を口にする者は、残る人に幸運を願うほかに、その場所に留まっていなくてはならないことを意味している。

21. Bueno, me las piro. l.　それでは、急いでいるので失礼。

　　☞ pirarse とか、女性代名詞をつけた pirárselas もありうるが、これは隠語で、恐らくジプシー起源で、急いである場所を立ち去ることを意味する：irse de pira (irse de juerga［遊び歩く］とか、pirandón (juerguista［どんちゃん騒ぎの好きな者］) という表現があるが、めったに使われない。

22. Vaya usted con Dios.　ごきげんよう。

　　☞ 1 の注参照。

23. Le saluda atentamente (...). E. 敬具。

　　☞ これと次の24の表現は書き言葉に特有のものである。23の方が自然な表現である。

24. Queda a su disposición (...). E. 敬具。

　　☞ 23の注参照。

6. Presentar a alguien o presentarse
人を紹介したり、自己紹介する

ELEMENTAL 初級会話

1. Te presento a (...).
   テ プレセント ア
   (...さんを) 紹介します。

2. Aquí está (...).
   アキ エスタ
   こちらは (...) さんです。

3. Soy (...).
   ソイ
   私は (...) です。

4. Me llamo (...).
   メ ヤーモ
   私は (...) と申します。

5. Mi nombre es (...).
   ミ ノンブレース
   私の名前は (...) です。

INTERMEDIO 中級会話

6. Quiero presentarte a (...).
   キエロ プレセンタールテ ア
   (...さん) を君に紹介したい。

7. ¿Conoces a (...)?
   コノーセサ
   (...さん) を知っているかい。

8. Tengo el gusto de presentarte a (...). F.
   テンゴ エル グスト デ プレセンタールテ ア
   (...さん) を紹介できて、うれしい。

9. Mira, éste es (...).
   ミーラ エステース
   ちょっと、こちら (...さん) です。

10 Aquí, (...); aquí, (...).   こちら (...さん)、こちら (...さん)。
アキ　　　　　　アキ

☞ 日常会話で aquí は、話し手のそばにいる人を指すために、aquí dice que...［この人はこう言っている］のように名前さえ省略して使われる。この副詞は紹介の時の表現として、手でその人を差し示しながら使われる。

11 Me presentaré, yo soy (...).   自己紹介しましょう。私は (...) です。
メ　プレセンタレ　ヨ　ソイ

12 ¿No te acuerdas de mí? Yo soy (...).   私のこと思い出さない？私は (...) です。
ノ　テ　アクエルダス　デ　ミ　ヨ
ソイ

| AVANZADO | 上級会話 |

13 Seguro que has oído hablar de (...).   (...さん) について話しているのをきっと聞いたことがあるはずだ。

14 Me gustaría presentarle a (...).   (...さん) をご紹介いたしたいと思いますが。

15 Permítame que le presente a (...).   あなたに (...さん) をご紹介させてください。

16 Tengo el (gran) honor de presentarles a (...). R.   謹んで (...さん) をご紹介いたします。

☞ この表現は、例えば講堂での講演で、聴衆に講演者を紹介する時に使われる。

17 Creo que usted no me conoce; yo soy (...).   私をご存じないと思います。(...) です。

18 ¿No nos habíamos visto alguna vez? Yo soy (...).   以前お目にかかったことありませんか？ 私は (...) です。

7. Responder a una presentación
紹介されて答える

ELEMENTAL / 初級会話

1. ¡Hola!
   オーラ

   やあ。

2. ¡Mucho gusto!
   ムーチョ　グスト

   はじめまして。

   ☞ この表現を使って返事をすると、el gusto es mío.［こちらこそ］という大変丁寧だが、あまり使われない表現が返ってくるかもしれない。この言い方で、紹介された人が自分より高い地位にあることが表わされる。

3. ¡Encantado!
   エンカンタード

   よろしく。

4. ¡Es un placer conocerle!
   エスン　プラセール　コノセールレ

   お目にかかれてうれしく思います。

5. ¡Tanto gusto!
   タント　グスト

   こちらこそ。

INTERMEDIO / 中級会話

6. Mucho gusto en conocerle.
   ムーチョ　グスト　エン　コノセールレ

   お目にかかれてうれしく思います。

7. No lo conocía. Mucho gusto.
   ノ　ロ　コノシーア　ムーチョ　グスト

   初めてお目にかかります。
   よろしく。

8. Encantado de conocerle.
   エンカンタード　デ　コノセールレ

   お目にかかれて、うれしく思います。

14

9. ¡Ah, me parece que nos conocemos!
なるほど、お会いしたことがあると思います。

10. No tenía el gusto de conocerlo.
いままでお目にかかれる機会がありませんでした。

11. Tenía ganas de conocerle.
お目にかかりたいと思っておりました。

12. Estoy contento de haberle conocido.
お目にかかれて、喜んでおります。

AVANZADO / 上級会話

13. Tu cara me suena.
君の顔には見覚えがある。

☞ 動詞 sonar は、音がすることを意味するほかに、だれかを見たり聞いたりしたことがある（この場合は顔だが）ことを意味する。

14. Su cara me resulta familiar, pero (...).
お顔は存じあげているのですが、(...)。

15. Creo que nos vimos en (...).
(...)でお会いしたと思いますが。

16. Hemos coincidido en (...), pero no habíamos hablado nunca.
(...)でご一緒でしたが、一度もお話しする機会がありませんでした。

17. ¡Hombre, he oído hablar mucho de ti!
やあ、君のことはずいぶん耳にしました。

18. ¡Vaya! ¡Por fin te conozco!
やれ、やれ、やっと会えたね。

19. Me es grato saludarle.
ご挨拶できてうれしく思います。

20	No sabes las ganas que tenía de conocerte.	私がどんなに会いたかったかわからないでしょう。
21	¡Me han hablado tanto de ti que es como si te conociera de toda la vida!	君のことをたくさん聞いたので、ずっと前から君のことを知っていたみたいです。
22	Ya nos conocíamos de vista.	もうお会いしていましたね。

8. Preguntar a alguien cómo está
相手の健康状態を聞く

ELEMENTAL / 初級会話

1. ¿Cómo estás?
   コモ エスタス
   調子はどうだい？

2. ¿Qué tal?
   ケ タル
   元気？

3. ¿Estás bien?
   エスタス ビエン
   元気かい？

4. ¿Cómo está usted?
   コモ エスタ ウステ
   ご機嫌いかがですか？

INTERMEDIO / 中級会話

5. ¿Qué tal (...)?
   ケ タル
   (...) は、元気ですか？
   ☞ この決まり文句は、相手自身のではなく、相手の身内の人の健康状態に関心がある時、使われる。

6. ¿Cómo vas?
   コモ バス
   調子はどうだい？

7. ¿Cómo va ese (...)?
   コモ バ エセ
   例の (...) さんは、いかがですか？

8. ¿Qué cuentas?
   ケ クエンタス
   調子はどうだい？

8. 相手の健康状態を聞く

9　¿Qué explicas?　　　　　　　　調子はどうだい？

10　¿Cómo andas?　　　　　　　　調子はいいかい？

11　¿Cómo andamos?　　　　　　　調子はどうですか？

☞ ¿Cómo andamos? は、動詞の一人称複数形であるけれども、実際は話し手は自分の事は考慮に入れずに、相手のことだけに関心がある。

12　¿Cómo te va la vida?　　　　　　暮しはどうだい？

13　¿Cómo marchan tus cosas?　　　仕事はどうだい？

14　¿Todo bien?　　　　　　　　　すべてはうまくいっていますか？

☞ ir が省略されたこの決まり文句は、いつも返事が返ってくるのを期待しておらず、機械的に言われることがある。bien を mal に代えることは考えられない。

AVANZADO	上級会話

15　¿Qué hay de nuevo?　　　　　　お変わりありませんか？

16　¿Qué es de tu vida?　　　　　　近ごろ君の暮しはどう？

17　De (...), ¿bien?　　　　　　　　(...) さん、元気？

☞ この表現において、会話に特有な語順の乱れが歴然としている。平叙文のイントネーションで話題になる人の名前を「de＋名前」で言い、estar とか seguir のような動詞を省略して、¿bien?と疑問文のイントネーションで続ける。

18　Por lo que veo, no hace falta que te pregunte cómo (...).　　　見たところ、元気かどうか聞くのは野暮だ。

9. Manifestar cómo se encuentra uno
健康状態を表わす

ELEMENTAL   初級会話

1. Bien, gracias.　　　　　　　　元気です。ありがとう。
   ビエン　グラシアス

2. ¡Estupendo!　　　　　　　　　すこぶる元気です。
   エストゥペンド

3. ¡Fatal!　　　　　　　　　　　最悪です。
   ファタル

4. Estoy muy bien.　　　　　　　とても元気です。
   エストイ　ムイ　ビエン

5. Estoy mal.　　　　　　　　　病気です。
   エストイ　マル

6. No estoy muy bien.　　　　　あまり元気ではありません。
   ノ　エストイ　ムイ　ビエン

7. Así, así, ...　　　　　　　　　まあ、まあです。
   アシ　アシ

   ☞ 水平調のイントネーションで、右手の甲を上にして、左右にふるジェスチャーをしながら、así を繰り返して言う。これは良くも悪くもないという 8 の表現 regular と同じである。

8. Regular ...　　　　　　　　　普通です。
   レグラール

9. Estoy mejor.　　　　　　　　良くなりました。
   エストイ　メホール

INTERMEDIO 中級会話

9. 健康状態を表わす

10. ¡Pse!
    プセー
    まあ、なんとか。

    ☞ この間投詞は、その発音に従って pse（開いた e）とか pschs と書かれ、多少の不快感とか元気のなさを表現する。やはり 8 の regular と同じである。

11. Voy tirando.
    ボイ　ティランド
    なんとかやっています。

    ☞ tirar の第一義は lanzar［投げる］という意味に近いが、助動詞 ir と一緒に使われると、不満の少ない暮しを意味する。時々挨拶の返事に機械的に使われる。

12. ¡A medias!
    ア　メディアス
    良くもないし、悪くもない。

13. ¡Como nunca!
    コモ　ヌンカ
    かつてないほどです。

14. ¡Como siempre!
    コモ　シエンプレ
    いつもと同じです。

15. ¡Ni bien ni mal!
    ニ　ビエン　ニ　マル
    良くもないし、悪くもない。

16. Peor, imposible.
    ペオール　インポシーブレ
    悪くなって、どうしようもない。

    ☞ 悲観的な心の状態を表す不愛想な表現。

17. Estoy pasando una mala racha.
    エストイ　パサンド　ウナ　マラ　ラーチャ
    ひどい嵐の状態を過ごしています。

    ☞ 名詞 racha は、突風を意味して、ここでは不幸がやって来ていることを表現している。

18. Paso malos días.
    パーソ　マーロス　ディーアス
    ひどい毎日を過ごしています。

19

19 ¡Pues ya ves...!　　　　　　　　　　ご覧のとおり。
　　プエス　ヤ　　ベス

　　☞この表現は、最後を水平調のイントネーションにするが、話し手の元気のなさと悲観的な考え方を表現し、聞き手に自分の調子の悪さを証明しようとしている。

20 ¡Tú mismo...! R.　　　　　　　　　君が見てのとおりだ。
　　トゥ　ミスモ

　　☞ ¡Juzga tú mismo! ［24。君が自分で判断しろ、自分で見ればわかるだろう］の省略した形の ¡Tú mismo! は自分から健康状態を言うのではなく、聞き手から見た話し手の外見とか、そのときの状況から勝手に健康状態を判断するようにしむける方法である。この表現は肩をすくめたり、腕や手を上げるジェスチャーを伴う場合がある。

AVANZADO	上級会話
21 ¡De pena!	情けない状態です。
22 ¿Y tú qué crees? Ir.	君はどう思う？
23 Bien, dentro de lo que cabe.	元気です、できる範囲でなんとか。
24 ¡Juzga tú mismo!	ご覧のとおり、自分で判断してよ。

　　☞20の注参照。

25 Me siento bajo de moral.　　　　　意気消沈です。

　　☞意気消沈という表現の bajo de moral は、con la moral baja とも言える。moral が心の状態と理解されねばならないのと同様に、形容詞が前に移動して moral に性数一致しないで、主語の性数に一致するのは興味深い。同じような表現には、un jersey ancho de mangas (con las mangas anchas) ［袖の長いセーター］とか un hombre oscuro de piel (con la piel oscura) ［肌の浅黒い人］という表現がある。

26 ¿!Qué quieres que te diga!?　　　　なんと答えてほしいの？
27 Estoy que (...).　　　　　　　　　(...) の状態です。

　　☞この後に続く結果を表す語が欠けている。例えば estoy que no puedo más.［もうこれ以上無理です］というような表現である。この表現は話し手がひどいと判断した状況 (estoy que muerdo.［私はかんかんに怒っている］) でいつも使われる。

28 Aquí me tienes.　　　　　　　　　まだくたばっていないよ。

　　☞時としてこの表現は援助を申し出る時に使われる。しかしこの挨拶をかわ

す状況では、話し手が身体状況が悪くとも、聞き手を前にしてしっかりしていることを示している。

29 Medio muerto. なかば死んでいます。

30 Estoy hecho polvo. くたくたです。

☞ スペイン語には estoy hecho で作られる熟語がたくさんある：estoy hecho un lío. [頭が混乱している]；estoy hecho papilla. [くたくたに疲れている]；está hecho un hombre. [立派な男になった] というものから、ある人に突然生じた特徴を指す名詞が続くものまである。estar hecho polvo [へとへとになった] はすごい疲れを感じていることを指す。

31 Estoy para el arrastre. 引っ張ってほしいくらいへとへとです。

☞ この決まり文句は闘牛用語からきている。para el arrastre [引きずられて行く、衰弱している] という表現は死んだ牛が闘牛場から引きずられて行く瞬間を表わしている。自分で働けないほどの疲れを表現している。

32 Estoy hecho un asco. やつれてひどい状態です。

10. Invitar a alguien
人を誘う

ELEMENTAL 初級会話

1 ¿Quieres (...)?
キエレス
君（...）したい？

2 Te invito.
テ インビート
私がおごるよ。

3 Venga, te invito.
ベンガ テ インビート
さあ行こう、私がおごるよ。

4 ¡Venga, vamos a (...)!
ベンガ バーモサ
さあ、（...）しましょう。

5 ¿Vienes?
ビエネス
来るかい？

☞ 日本語では、「行くかい？」とも訳せる。

INTERMEDIO　　　　　　　　　　中級会話

[6] Te invito a　(...).　　　　　（私が払うから）(...) しようよ。
　　テ　インビート　ア

[7] ¡Vamos a　(...)!　　　　　　(...) しましょう。
　　バーモサ

[8] ¿Por qué no　(...)?　　　　　(...) しませんか？
　　ポル　ケ　ノ

[9] ¿Te apetece　(...)?　　　　　(...) したくないかい？
　　テ　アペテーセ

AVANZADO　　　　　　　　　　上級会話

[10] Te convido a　(...).　　　　（私が払うから）(...) しようよ。

[11] ¿Qué te parecería si　(...)?　(...) したらいいと思わないかい？

[12] Ya sabes que puedes venir cuando quieras.　好きな時に来ていいということは、もうわかっているね。

[13] ¿Te vienes?　　　　　　　　一緒に来るかい？

☞ 5の注参照。このような人を誘う直接的な表現は注意して使用されるべきである。ラテンアメリカでは、スペインの correrse［絶頂に達する］というのに相当する性的な意味をはっきりと持っているからである。

[14] Espero que tenga usted a bien aceptar mi invitación.　私の招待を受けてくださるものと期待します。

[15] Cuento contigo.　　　　　　君を頼りにしています。

☞ contar は、量的な意味で数えるとか、referir［述べる］、narrar［物語る］に相当する意味のほかに、contar con で、人とか物を自由に利用することができるという確信を述べている。

11. Aceptar una invitación
招待に応じる

ELEMENTAL 　　　　　　　　　　　　初級会話

[1] Sí. gracias.　　　　　　　　　　承知しました。ありがとう（ござ
　　シ　グラシアス　　　　　　　　　　います）。

> ☞ gracias［ありがとう］は誘いに応じる時のどんな言い方とでも一緒に使うことができる表現である。最初に言っても良いし、最後でも良い。ある言い方が頻繁に使われると、その一部が不要となって消えて行くことがある。1の (dar las) gracias と7の (estar) agradecido にこの現象が起こっている。

[2] ¡Encantado, gracias!　　　　　喜んで、ありがとう（ございま
　　エンカンタード　グラシアス　　　　す）。

> ☞ 1の注参照。encantar は［魔法にかける］という意味のほかに喜びとか満足を表す。大変感情のこもった表現であり、一般に女性に良く使われるので、16でも encantada（女性形）にしてある。

[3] Vale, de acuerdo.　　　　　　　オー・ケー。承知しました。
　　バーレ　デ　アクエルド

> ☞ vale は、動詞の変化形で、ほとんど間投詞のように使われて来ていて、肯定というか承認の表現として、ますます多く使われている。

[4] ¡Con mucho gusto!　　　　　　喜んで。
　　コ　ムーチョ　グスト

[5] ¡Claro!　　　　　　　　　　　　もちろん。
　　クラーロ

[6] ¡Qué bien! Enf.　　　　　　　　素晴らしい。
　　ケ　ビエン

[7] Muy agradecido.　　　　　　　とてもありがたく思います。
　　ムヤグラデシード

> ☞ 1の注参照。

⑧ Me encanta.
　　メンカンタ
素晴らしいですね。

☞ 2 の注参照。

⑨ Me parece excelente.
　　メ　パレーセ　クセレンテ
素晴らしいと思います。

⑩ ¡Qué buena idea has tenido!
　　ケ　ブエナ　イデーア　アス　テニード
とても良い考えだね。

INTERMEDIO　　　　　　　　　　中級会話

⑪ Sí, me gustaría mucho.
　　シ　メ　グスタリーア　ムーチョ
お受けします。とてもうれしく思います。

⑫ Gracias, agradezco mucho su invitación. F.
　　グラシアス　アグラデスコ　ムーチョ　ス
　　インビタシオン
ありがとうございます。招待に大いに感謝致します。

⑬ ¿Por qué no?
　　ポル　ケ　ノ
もちろんです。

⑭ ¿Cómo no?
　　コモ　ノ
もちろんです。

☞感嘆文の形で、¡cómo no!は、品の良い肯定を表し、招待を拒否することが不可能なことを表している。

⑮ Por mí, no hay inconveniente.
　　ポル　ミ　ノ　アイコンベニエンテ
私は、さしつかえありません。

⑯ Iré encantada.
　　イレ　ンカンターダ
喜んで参ります。

☞ 2 の注参照。

⑰ No puedo decir que no.
　　ノ　プエド　デシール　ケ　ノ
いやとは言えませんね。

☞社交的な表現で、あることに参加したいというよりはむしろ、招待を断わ

ることにより起こると思われる無作法とか失礼をしたくないことを言っている。

AVANZADO / 上級会話

18. ¡Ya lo creo que iré! — もちろん、参ります。
19. ¿Quién podría negarse? — 行かないわけがありません。
20. ¡Vaya si iré! Enf. — もちろん、行きます。

☞ ir の接続法現在、三人称単数形 vaya は間投詞の性格を帯びている。単独で使われると一般に否定的な感情を表す感嘆詞である。si と一緒に使われて、si に続く動詞の行為を間違いなく遂行することを表現する。

21. ¡Allí estaré como un clavo! Enf. — 時間に間違いなくそこにいます。

☞ como un clavo［釘のように］という例えは、約束の場所に必ず向かうことを強調するのに使われる。動詞 estar と共に使われる。

22. ¡(No) faltaría más! Enf. — 無論です。
23. ¡A ver...! I. — 無論ですが。

☞ この表現は色々の意味を持つ。関心を示したり注意を喚起したりする。感嘆文の口調で ¡claro!［もちろん］に似た承諾に使われ、末尾に水平調のイントネーションを持つ。

24. Si me lo pides así.... R. — そう君が頼むのなら、
25. Gracias, me complace mucho su invitación. F. — ありがとうございます。ご招待とてもうれしく思います。
26. Le estoy muy agradecido por haber pensado en mí. — 私のことを考えてくださり、とても感謝しています。

12. Rehusar una invitación
招待を断わる

ELEMENTAL / 初級会話

1. ¡No! — だめです。

2. ¡No, gracias! — だめです。すみません。

3. No, no puedo. — だめです。できません。

4. Ahora no, gracias. — 今はだめです。すみません。

5. No puedo aceptar. — お受けできません。

6. Muchas gracias por su invitación, pero (...). — ご招待ありがとうございます。しかし、(...)。

7. Gracias, pero me es imposible. — ありがとうございます。しかし無理です。

INTERMEDIO 中級会話

8. Gracias, pero acabo de (...). — ありがとうございます。しかし (...) したばかりなのです。

9. Lo siento, me resulta imposible. — 残念ですが、無理です。

10. ¡No, otro día será! — だめです。またの日にしましょう。

☞ otro día は何かを未来のいつか別の日に延期する時の表現である。動詞 ser は、この場合 tener lugar、ocurrir、celebrarse のように、「行われる」という意味に似た意味を表わす。

11. Me gustaría, pero no puedo. — お受けしたいのですが、できません。

12. 招待を断わる

| 12 | ¡Lástima, no puedo! | 残念ですが、できません。 |

| 13 | Lo siento, pero es que tengo que hacer un recado. | 残念ですが、用事がありますので。 |

☞ 名詞 recado は、日常の消耗品とか必需品を意味する昔の意味から発展して、今では［伝言］を意味する。

| 14 | No creo que pueda. | 行けるとは思えないのですが。 |

AVANZADO / 上級会話

| 15 | Lo lamento mucho, pero hoy no puedo. Quizá más adelante. | 大変残念なのですが、今日は無理です。多分またの機会に。 |

| 16 | Tendré que disculparme. | お許し願わなくてはなりません。 |

| 17 | Me temo que no podré (...). | (...) できないのではないかと思うのですが。 |

| 18 | Lo siento, pero me resulta imposible. | 残念ですが、無理です。 |

| 19 | Gracias, pero esta vez me toca a mí (...). | ありがとうございますが、今回は (...) するのは私の番です。 |

☞ 動詞 tocar は、三人称単数形で、間接目的語を伴って使われると、何かの番がきたことを意味する。それゆえ、ゲームとか列を作っている時とか、友達同士が交代でおごる時に使われる。

| 20 | Bien, pero vamos a escote. | わかりました。でも割り勘でいきましょう。 |

☞ a escote という熟語は、友達の間で普通行われる支払い方法である。いわゆる割り勘のことである。

| 21 | Gracias por pensar en mí, pero (...). | 私のことを考えてくださり感謝いたしますが、(...)。 |

22	Me encantaría, pero es imposible.	とてもうれしいのですが、無理です。
23	¡Qué lástima que no pueda!	お受けできないのはとても残念です。
24	Lo siento, pero tengo otro compromiso.	残念ですが、別に約束があります。
25	Muchas gracias por su invitación. Me hubiera gustado ir. F.	ご招待ありがとうございます。行きたかったのですが。
26	¡Qué más quisiera yo! Enf.	とても行きたいのですが。

☞ これは、招待を断わる時の表現で「受けたいのだが、できない。」ことを意味する。動詞 querer の quisiera は、過去未来形 querría でもよい。「これ以上何を望めようか。」が逐語訳である。

13. Ofrecer algo a alguien
だれかに何かを差し出す

ELEMENTAL　　　　　　　初級会話

| 1 | ¿Quieres?
キエレス | 欲しいかい？ |
| 2 | ¿Quieres (...)?
キエレス | (...) が欲しいかい？ |
| 3 | ¿No quiere?
ノ　キエレ | いかがですか？ |

☞ この文が難解なのは、返事を要求しておらず、また否定の意味でもないことにある。すなわち、たばこやお菓子を差し出す時によく使う決まり文句である。否定の副詞は意味を強めるためだけにある。この文は、相手に物を差し出す動作を伴って発音される。

| 4 | Toma uno.
トーマ　ウノ | ひとつお取り。 |
| 5 | Coge.
コーヘ | お取り。 |

13. だれかに何かを差し出す

| INTERMEDIO | 中級会話 |

[6] Quiero ofrecerte (...).
　　キエロ　フレセールテ
君に（...）をあげたいと思って。

[7] Ya sabes que ésta es tu casa.
　　ヤ　サーベス　ケ　エスタ　エス　トゥ　カサ
ここが君のうちと同じということは、君はもう知っているね。（お気楽に）

[8] ¿En qué puedo servirle? R.
　　エン　ケ　プエド　セルビールレ
何かお手伝いできますか？

[9] Voy a hacerle una oferta.
　　ボイ　ア　セールレ　ウナ　オフェルタ
あなたにひとつプレゼント（提案）しましょうか？

[10] ¿Te apetece (...)?
　　テ　アペテーセ
（...）が欲しいかい？

| AVANZADO | 上級会話 |

[11] ¿No te tienta? I.
それは君の気をそそりませんか？

☞触覚に関した意味のほかに、動詞 tentar は誘惑とか、なにかが人に呼び起こす魅力を表わす。差し出すものが食事のようにあまり重要でないものの時には、この表現は効果的である。

[12] Te brindo (...).
君に（...）をあげます。

☞動詞 brindar は、乾杯の時に、高くグラスをあげてお祝いする時に使われる。ofrecer ［差し出す］に相当する意味ではあまり使われない。その際の目的語は助力を意味する名詞になる。再帰動詞で使われると、ofrecerse ［進んで～する］という意味になり、前置詞 a が来て、次に不定詞が来る。

[13] Me gustaría ofrecerte (...).
君に（...）を差し上げたいのですが。

[14] Ya sabes que puedes contar con (...).
知っていますね。（...）を自由に使っていいのですよ。

☞10章15の注参照。

29

15. Dígame en qué puedo servirle. R.　　何かお手伝いできるかどうかおっしゃってください。

16. Contad con (...).　　君たち (...) を受取りなさい。

17. ¿Se le ofrece a usted algo más?　　もっと御用はありますか？

☞ これは、話し手から何かして欲しいかどうかを尋ねる表現である。店員がお客にまだ買いたいものがあるかどうか聞く時とか、恐らく部下の人が、目上に対してまだもっと用事があるかどうか聞く時に使われる。

14.　Aceptar un ofrecimiento
申し出を受ける

ELEMENTAL — 初級会話

1. Sí.
    シ
    　　はい。

2. Gracias.
    グラシアス
    　　ありがとう。

3. Sí, gracias.
    シ　グラシアス
    　　はい、ありがとう。

4. ¡Ah sí, gracias!
    アー　シ　グラシアス
    　　あー、そうですか、ありがとう。

5. ¡Huy, qué bien! I.
    ウイ　ケ　ビエン
    　　ほー、大変結構です。

6. ¡Claro que acepto!
    クラーロ　ケ　アセプト
    　　もちろん、お受けいたします。

7. Encantado.
    エンカンタード
    　　喜んで。

8. Con mucho gusto.
    コ　ムーチョ　グスト
    　　大喜びで。

30

14. 申し出を受ける

9. ¡Claro que sí!
   クラーロ ケ シ

   もちろん結構です。

10. Te acepto (...).
    テ アセプト

    君の（...）はお受けします。

11. Gracias, sólo uno.
    グラシアス ソロ ウノ

    ありがとう、ではひとつだけ。

12. Me encanta.
    メンカンタ

    素敵だ。

☞11章2の注参照。

INTERMEDIO / 中級会話

13. Gracias por ofrecérmelo.
    グラシアス ポロフレセールメロ

    私に申し出ていただいて、感謝します。

14. Acepto encantado.
    アセプト エンカンタード

    喜んでお受けいたします。

AVANZADO / 上級会話

15. ¡No faltaría más! Enf.

    もちろんです。

16. Gracias por brindarme (...)

    （...）を私に与えてくれて、ありがとう。

☞13章12の注参照。

17. No sabes cómo te lo agradezco. F.

    私がどんなに感謝しているか、君にはわからないでしょう。

15. Rehusar un ofrecimiento
申し出を断わる

ELEMENTAL — 初級会話

1. ¡No!
   いいえ。

2. ¡No, gracias!
   いいえ、結構です。

3. Lo siento, pero (...).
   残念ですが、(...)。

4. No puedo aceptarlo, gracias.
   ありがとうございます。しかしお受けできません。

INTERMEDIO — 中級会話

5. ¡Ni hablar! Enf.
   とんでもない。

6. ¡De ningún modo! Enf.
   とんでもない。

7. Gracias por ofrecérmelo, pero (...).
   申し出ていただいてありがたいのですが、(...)。

8. Siento no poder (...).
   (...) できないのを、残念に思います。

9. Lo siento, ¡otro día será! R.
   残念ですが、またの日に。

10. ¡Hoy me es imposible, lo siento!
    今日は無理です。すみません。

| AVANZADO | 上級会話 |

⑪ Lo siento, pero no puedo aceptar. 残念ですが、お受けできません。

⑫ Me encantaría, pero (...). うれしいのですが、(...)。

⑬ Gracias por brindármelo, pero (...). 申し出ていただき、ありがたいのですが、(...)。

☞13章12の注参照。

⑭ Gracias por su buena disposición, pero (...). お心遣いに感謝いたしますが、(...)。

⑮ Me sabe mal, pero no puedo aceptárselo. それに対しては気が進まないのですが、お受けできません。

⑯ No, de ningún modo, no estaría bien que (...). 絶対にだめです。(...) は良くないでしょう。

⑰ Lamento no poder aceptarlo. お受けできないことを申し訳なく思います。

⑱ No se ofenda, pero es que (...). おこらないでください。でも実は (...) なのです。

⑲ Si me lo hubiera dicho antes, pero es que (...). もっと前にそれを言ってくだされればよかったのですが、実は (...) なのです。

⑳ Ya tienes tú bastantes problemas como para que encima yo (...). I. 君には、たくさんの問題があるのに、その上私が (...) すると、(だめですね)

㉑ No, gracias, me da no sé qué aprovecharme de tu buena disposición. I. いいえ、結構です。君の好意を受けるのは、気がすすまないのだが。

㉒ ¡Sólo faltaría que tú tuvieras que (...)! Enf. 君が (...) さえしてくれればいいのだが。

16. Proponer un plan
計画をもちかける

ELEMENTAL | 初級会話

1. ¿Quieres (...)?
   キエレス
   君は (...) したいかい？

2. ¿Vamos a (...)?
   バーモサ
   (...) しましょう。

3. Propongo (...).
   プロポンゴ
   (...) を提案します。

4. Sugiero (...).
   スヒエロ
   (...) したらどうかと思います。

5. Tengo una idea: (...).
   テンゴ ウナ イデーア
   私にひとつ考えがあります。それは (...)。

6. (...) es una sugerencia.
   エスーナ スヘレンシア
   (...) が私の提案です。

7. He planeado (...).
   エ プラネアード
   私は、(...) というプランを考えています。

8. ¿Te va bien (...)?
   テ バ ビエン
   (...) してもいいかい？

☞ 動詞 ir には、運動に関した第一義から、非常に幅広い意味まである。普通 bien/mal の副詞を伴って、賛否を表す。この表現では不定詞が次に来る。

INTERMEDIO | 中級会話

9. ¿No te gustaría (...)?
   ノ テ グスタリーア
   君は、(...) したくないかい？

10. Propongo que (...).
    プロポンゴ ケ
    (...) することを私は提案します。

16. 計画をもちかける

11　Sugiero que (...).
　　スヒエロ　ケ

(...) したらと思います。

12　Mi plan es el siguiente: (...).
　　ミ　プラ　ネ　セル　シギエンテ

私の計画は次のとおりです。

13　¿Qué te parece la idea de
　　ケ　テ　パレーセ　ラ　イデーア　デ
　　(...)?

(...) という考えを君はどう思うかい？

14　Tengo un plan estupendo:
　　テンゴ　ウン　プラ　ネストゥペンド
　　(...).

私には素晴らしい考えがあります。それは (...) です。

15　Vayamos a (...), ¿de
　　バヤーモサ　　　　　　デ
　　acuerdo?
　　アクエルド

(...) しましょう。いいですね。

16　He pensado que podríamos
　　エ　ペンサード　ケ　ポドリーアモス
　　(...).

(...) できるだろうと考えました。

17　¿Te apetecería (...)?
　　テ　アペテセリーア

君は (...) したいと思わないかい？

18　Luego vamos a (...),
　　ルエゴ　バーモサ
　　¿te vienes?
　　テ　ビエネス

次に (...) しましょう。君来るかい？

| **AVANZADO** | 上級会話 |

19　¿Te apuntas?　　　　　　　　君も参加するかい？

  ☞ 動詞 apuntar は、名詞 punta［先］を元にして作られていて、いくつかの意味を持っている：apuntar a alguien con un arma［ある人を武器で狙う］。再帰動詞として、何かの行事に参加するため名前を書くことを意味する。比喩として、計画とか提案を受け入れたり、それに参加したりすることを意味する。

20　¿Y si (...)?　　　　　　　　もし (...) したら。

  ☞ 提案のひとつのやり方は、疑問の形式で、条件文を言うことである。si の後に来る動詞は、直説法現在か、接続法過去であろう。

21　¿Qué te parece si (...)?　　　(...) するのは、君はどうかい？

22　¿No os vendría bien (...)?　　(...) するとしたら、君たちはいいかい？

23　¿Qué me decís de (...)?　　　(...) するのは、君たちはどう思う？

  ☞ この疑問文の decís は、ある文脈では、¿qué me decís de vuestro primo?［君たちのいとこについて何を話してくれますか？］のように contar［話す］に相当する時もあるが、ある計画を提案する時にも使われる。前置詞の後には、名詞か不定詞が現れうる。

24　Mi proyecto es el de (...).　　私の計画は (...) することです。

25　Quiero plantearos algo.　　　君たちにあることを提案したいのです。

26　Nos gustaría proponerles la siguiente iniciativa: (...). R.　　次のことをあなたがたに提案したいのですが、それは (...)。

27　Lo más indicado sería (...).　　最もふさわしいことは (...) でしょう。

28　Tenemos una propuesta para ustedes: (...).　　私たちはあなたがたに提案があります。すなわち (...)。

29　Nos gustaría sugerirles que (...).　　あなたがたに (...) したらと提案したいのですが。

30. Voy a exponeros mi plan. 君たちに私の計画を披露しましょう。

31. He planificado lo siguiente (...). 私は次のように計画しました。それは（...）。

17. Aceptar un plan
計画を受け入れる

ELEMENTAL — 初級会話

1. Sí.
   シ
   はい。

2. Cuéntame tu plan.
   クエンタメ トゥ プラン
   君の計画を話して。

3. Sí, acepto.
   シ アセプト
   はい、承知しました。

4. Vale.
   バーレ
   結構です。

5. Vale, de acuerdo.
   バーレ デ アクエルド
   結構です。承知しました。

6. Bueno.
   ブエノ
   よろしい。

7. ¡Qué buena idea!
   ケ ブエナ イデーア
   なんと良い考えでしょう。

8. ¡Estupendo!
   エストゥペンド
   素晴らしい。

9. ¡Encantado!
   エンカンタード
   素敵だ。

10. Con mucho gusto.
    コ ムーチョ グスト
    大喜びで。

| INTERMEDIO | 中級会話 |

11　Me parece bien.　　　　　　　　私はいいと思います。

12　Sí que me va bien.　　　　　　　もちろん、私は賛成だ。

13　Me parece una idea estupenda.　　私には素晴らしい考えだと思えます。

14　Me gustaría mucho.　　　　　　そうなったらとてもいいと思うのですが。

15　¡Claro que me gustaría!　　　　　もちろんそうなったらいいと思うのですが。

16　De acuerdo, vayamos a (...).　　承知しました。(…)しましょう。

17　Sí, me apetece.　　　　　　　　はい、そうしたく思います。

| AVANZADO | 上級会話 |

18　Sí, me apunto.　　　　　　　　はい、参加します。
　　☞16章19の注参照。

19　Sí, me seduce la idea.　　　　　はい、その考えに私は引かれます。

20　Saliendo de ti, tenía que ser un buen plan.　　君が考えたのだから、良い計画に違いないだろう。

21　Lo encuentro muy interesante.　　とてもおもしろそうですね。

22　Sí, vale la pena.　　　　　　　　ええ、やってみる価値があります。

| 23 | Sí, manos a la obra. | よし、始めようぜ。 |

☞間投詞的な表現 ¡Manos a la obra! [着手] は、仕事に手をつけさせようとする時に使う。

24	Sí, ahora cuéntame los detalles.	よし、では詳しく話してくれ。
25	Bien, cuéntame los pormenores.	よし、細かい点を話してくれ。
26	¿No pensarías que iba a decir que no? Pues claro que acepto.	私が不承知とは夢にも思わなかったろう。もちろん私は承知だよ。
27	¿Qué creías que iba a contestar? Pues que sí, por descontado.	私がなんと答えると思っていたのかね？ もちろん「はい」と答えるよ。

18. Rehusar un plan
計画を拒否する

ELEMENTAL / **初級会話**

1	No.	いやです。
	ノ	
2	No me interesa.	興味がありません。
	ノ メ インテレーサ	
3	No, no me gusta.	いいえ、気に入りません。
	ノ ノ メ グスタ	
4	No, imposible.	いいえ、できません。
	ノ インポシーブレ	
5	No, no puedo ir a (...).	いいえ、(...)へは行けません。
	ノ ノ プエド イーラ	
6	No, prefiero (...).	いいえ、(...)の方がいいです。
	ノ プレフィエロ	
7	Lo siento, no puedo.	残念です、できません。
	ロ シエント ノ プエド	

39

[8] Lo siento, pero es que (...).　残念ですが、実は (...) なのです。
　　ロ　シエント　ペロ　エス　ケ

INTERMEDIO / 中級会話

[9] No me apetece.　気がのりません。
　　ノ　メ　アペテーセ

[10] No me va bien.　賛成できません。
　　ノ　メ　バ　ビエン

[11] No tengo tiempo.　時間がありません。
　　ノ　テンゴ　ティエンポ

[12] Perdona, pero me es imposible.　すまんが、私には無理だ。
　　ペルドーナ　ペロ　メーシンポシーブレ

[13] No tengo ganas.　その気がありません。
　　ノ　テンゴ　ガーナス

AVANZADO / 上級会話

[14] No, no me apunto.　いいえ、参加しません。
　　☞16章19の注参照。

[15] ¡Para planes estoy yo!　その計画には不賛成です。
　　☞動詞 estar は、前置詞 para を従え、しばしば否定文の中で使われると、何かをする状態にない (no estoy para bromas. [冗談を聞く気にはならない]) ことを表わす。たとえ no がなくとも、「para＋名詞」を前に置き、間投文的な発音をすると、問題なく否定や拒絶の意味が出る。

[16] No me vengas con planes.　そんな計画の話は私にもちこむな。
　　☞動詞 venir は、移動の意味がなく、前置詞 con を従えると、だれかが言って来る作り話とか、言い訳 (¡me vino con unas exigencias...! [無理難題を言って来た]) とかを意味する。

[17] Me parece un plan disparatado.　でたらめな計画だと私には思われます。

18. 計画を拒否する

[18] Ha hecho una buena descripción de su plan, pero me parece inviable.
あなたは計画についてうまく説明なさいましたが、私には実現不可能と思われます。

[19] ¿Estás loco? Enf.
気は確かかね？

☞ 形容詞 loco は、精神異常を意味するほかに、無分別 (insensato) に相当する形容詞である。まったく実現不可能とみなされる計画を拒否するために使われる時、この意味が出る。

[20] ¿No lo dirás en serio?
まさか本気でそう言っているのではないだろうね。

[21] No lo veo claro.
はっきりとはわかりません。

☞ 動詞 ver は、その基本的な意味は視力の活動であるが、知的理解ができることを意味することがしばしばある：¿Ves ahora por qué lo he hecho? [なぜ、私がそれをしたか、今わかりますか？] の ver は、comprender の類義語である。時々、ver algo は、判断とか意見を意味の中に含んでいる：lo veo bien/mal, estupendo [それが、良い、悪い、素晴らしいと思う]、lo veo claro [はっきりとわかる]。

[22] Desde ahora ya te digo que no. Enf.
早速だめと言っておきます。

[23] Mi respuesta es no y no insistas.
私の返事はノーに決まっているので、これ以上自説を主張しないで。

[24] La verdad, no me entusiasma nada.
本当のことを言うと、ぜんぜんやる気にならないのです。

[25] ¡Qué disparates me propones!
なんとでたらめな提案をするのかね。

[26] Lo encuentro interesante, pero me es imposible participar.
おもしろいと思うのですが、私が参加するのは無理です。

[27] ¿Tú pensabas que iba a aceptar? Pues estabas muy equivocado.
私が引き受けると君は思ったかい？　それは大間違いだよ。

28	Ahórrate los detalles porque voy a decirte que no. Enf.	細かい話は結構だ。なぜならだめと言うつもりだから。
29	No te esfuerces más; no me seduce la idea...	これ以上無理しないで、どうもその考えには私は感心しないので…
30	Esa idea me parece descabellada.	その考えは馬鹿げていると思います。

☞ 形容詞 descabellado [思慮を欠いた] は、cabello [髪] から派生しているが、意味的にはこの元の名詞の内容とは関連していない。なぜならば、disparatado [間違った] とか absurdo [馬鹿げた] に相当するからである。

31	¡Se te ocurren unas cosas! ¡Mira que creer que yo me avendría a una cosa así!	君はへんなことを考えたものだ。私がそんなことに賛成しようなんて思うとは。

19. Pedir algo a alguien
だれかに何かを頼む

ELEMENTAL	**初級会話**
1	¡Dámelo! ダメロ	それを私にちょうだい。
2	¡Dame (...)! ダメ	(...) をちょうだい。
3	¿Me das (...)? メ ダス	私に (...) をくれる？
4	¿Puedes darme (...)? プエデス ダールメ	私が (...) をもらってもいい？
5	Por favor, déme (...). ポル ファボール デメ	どうぞ、(...) をください。

19. だれかに何かを頼む

6 Pásame (...).
パーサメ
(...) を渡してください。

☞ 動詞 pasar はたくさんの意味があるが、そのひとつはあるものを人に渡すために移動させることを表わす：pásame el pan, por favor.［パンをどうぞ回してください］。動詞 alargar［手を伸ばす］も同じように使える。

7 Déjame (...).
デーハメ
(...) を貸して。

8 ¿Me dejas (...)?
メ　デーハス
(...) を貸してくれる？

9 ¿Puedes dejarme (...)?
プエデス　デハールメ
私に (...) を貸してくれるかい？

INTERMEDIO — 中級会話

10 Proporcióname (...).
プロポルシオーナメ
(...) を私にくれ。

11 ¿Te importaría darme (...)?
テ　インポルタリーア　ダールメ
私に (...) をくれても構わない？

12 Préstame (...).
プレスタメ
(...) を私に貸して。

13 ¿Has visto por ahí mi (...)?
アス　ビスト　ポル　アイ　ミ
そのへんで私の (...) を見たかい？

14 ¿Dónde habré puesto mi (...)?
ドンデ　アブレ　プエスト　ミ
どこに私の (...) を置いたでしょうか？

15. Alcánzame (...). 　　　　　私に（...）を取って。
　　アルカンサメ

　　☞動詞 alcanzar は人に渡すためにちょっと離れた所にあるものをとる動作を表わす：alcánzame ese libro del estante de arriba.［上の棚からその本を私に取ってください］。動詞 acercar も同じように使える。

16. Acércame (...). 　　　　　私に（...）をよこして。
　　アセルカメ

AVANZADO　　　　　　　　　上級会話

17. Ráscate el bolsillo. 　　　　有り金をはたけ。
18. Larga la pasta. V. 　　　　　金を出せ。

　　☞動詞 largar は航海の専門用語で、ロープや綱を解く動作を表わす。強調した調子でいくらか軽蔑したニュアンスで言うと、hablar、confesar、declarar の類義語として使われる。またお金を出すことを表わすため soltar や aflojar ［財布のひもをゆるめる］と同じに使われる。名詞 pasta は、口語で「お金」を意味する。

19. Aporta algo. 　　　　　　　いくらか持ってこい。
20. Entregue su donativo. R. 　　寄付金を渡してください。
21. No quiero parecer un sablista, たかり屋みたいに思われたくない
    pero ¿podrías dejarme (...)? のだが、(...)を私にくれるかい？

　　☞剣に似た武器の一種を示すサーベルから sablear ［たかる］、sablazo ［たかり］、sablista ［たかり屋］などの「たかる」、「せびる」の関連語が生まれている。三つの単語は、なんらかの口実をもうけて人からお金をくすねること、あるいはくすねる人を表わしている。

22. ¡Por Dios! R. 　　　　　　　お願いですから。

　　☞お金をねだる時に限らず、ものを頼む時に付け加えるお祈りの言葉である。驚きとか不快も表わすことがある。

23. ¡Por lo que más quieras! R. 　後生だから。

　　☞感嘆句は、依頼とか願いの表現と一緒に使う。

20. Dar algo a alguien
だれかに何かを与える

ELEMENTAL　　　　　初級会話

1. ¡Toma!　　　　　　　　取ってよ。

2. ¡Tómalo!　　　　　　　それ取ってよ。

3. ¡Coge, coge!　　　　　取って、取って。

4. ¡Cógelo!　　　　　　　それ取ってよ。

5. ¡Ten!　　　　　　　　　持ってよ。（君にあげるよ）

6. ¡Tenga!　　　　　　　お持ちなさい。（あなたに差し上げます）

7. Esto es para ti.　　　これは君のです。

8. Te lo regalo.　　　　君にこれプレゼントするよ。

9. Te lo doy.　　　　　　君にこれあげるよ。

10. Se lo dejo.　　　　　あなたにこれ差し上げます。

INTERMEDIO　　　　中級会話

11. Aquí lo tienes.　　　これを君にあげるよ。

12. Ya es suyo.
    ヤ　エ　スーヨ
    これあなたのです。

13. Se lo entrego.
    セ　ロ　エントレーゴ
    あなたにこれ差し上げます。

14. Puedes quedártelo.
    プエデス　ケダールテロ
    それ君のものだよ。

15. Mira qué te he traído.
    ミーラ　ケ　テー　トライード
    いいか、君にいいものを持ってきたよ。

16. Te presto (...).
    テ　プレスト
    君に（...）を貸してあげます。

17. Ya te lo proporcionaré.
    ヤ　テ　ロ　プロポルシオナレ
    それをあげるよ。

18. Me haré cargo de (...).
    メ　アレ　カルゴ　デ
    （...）を引き受けましょう。

☞ この表現は起こったことが当人にはわかっていることを一方では表わす：me hago cargo de tu preocupación.［私はあなたの心配事がわかる］。また他方ではある人の経費を代わりに支払うことを表現する：me haré cargo de tus estudios.［君の勉学の財政面は引き受けよう］。

19. Yo te lo alcanzo.
    ヨ　テ　ロ　アルカンソ
    君に取ってあげよう。

☞ 19章15の注参照。

20. Sírvase usted mismo.
    シルバセ　ウステ　ミスモ
    セルフ・サービスでどうぞ。

20. だれかに何かを与える

| AVANZADO | 上級会話 |

21 Adjudicado. R.　　　　　　　　落札（あなたに落札しました）。

　　☞動詞 adjudicar はコンクールとか競売でほかの人と争って、ある人が求めていたものがその人に与えられたことを表わす。

22 ¡Asignado! R.　　　　　　　　当り！（これあなたに当たりました）。

　　☞動詞 asignar は atribuir と同じように「くじ」などが当たったことを表わしている。

23 El (...) te ha tocado.　　　　　(...) は君に当たっていますよ。

　　☞この動詞の意味の多くの意味の一つに、ごく普通の意味で何かを分配する際にその一部がだれかに当たったことを表わす。賞のこともあれば、仕事の分担のこともある : te ha tocado poner la mesa. [食卓の用意をするのは君の番だ]。

24 Todo lo que tengo es tuyo. Ir.　私のものはすべて君のものです。

25 ¡Aquí tiene (...)!　　　　　　ここに (...) があります。
　　　　　　　　　　　　　　　　((...) はあなたのものです)

　　☞このしりきれとんぼのような文は、人にチップとか施し物をあげるようなジェスチャーを伴う。お金を支払う時に使われるのは言うまでもない。

26 Doy este donativo para (...). R.　　この寄付金を (...) のために差し上げます。

27 Le gratificaremos con (...).　(...) であなたにお礼をしましょう。

28 ¡Ahí va (...)! I.　　　　　　　これ (...) ですよ。

　　☞この表現は単なる驚きの間投句でもあるが、この場合は聞き手に何かを差し出す動作を伴って用いられている。単独で発せられる時もあり、差し出されるものが後に続くこともある : ¡Ahí van tus libros! [ほら、これ君の本だよ]。

29 Quiero compensarte con (...). (...) で君に弁償したい。

30 Yo te costearé (...). R.　　　　私が君の (...) を負担しましょう。

21. Pedir ayuda
助けを頼む

ELEMENTAL / 初級会話

1. ¿Me ayudas?
   メ アユーダス
   手伝ってくれる？

2. ¿Puedes ayudarme?
   プエデサユダールメ
   手伝ってもらえる？

3. Necesito su ayuda.
   ネセシート ス アユーダ
   あなたの助けが必要です。

4. Necesito ayuda.
   ネセシート アユーダ
   助けが必要です。

5. ¡Auxilio!. R.
   アウクシリオ
   助けて！

6. ¡Socorro!. R.
   ソコーロ
   助けて！

7. ¡A mí! R.
   ア ミ
   私を助けて！

☞「前置詞 a＋一人称単数形の代名詞」を間投詞的に使って、救助を求める表現になる。

INTERMEDIO / 中級会話

8. Necesito que alguien me ayude.
   ネセシート ケ アルギエン メ アユーデ
   私はだれかに助けてもらわなくてはならない。

9. Quiero que me ayudes.
   キエロ ケ メ アユーデス
   私はあなたに助けてもらいたい。

10. ¿Podrías ayudarme?
    ポドリーアサユダールメ
    私を助けてくれる？

11. ¿Puedes ayudarme en (...)?
　　プエデサユダールメン
(...) して私を助けてくれる？

12. Te necesito para (...).
　　テ　ネセシート　パラ
(...) のために君が必要です。

13. ¡Ven, por favor, te necesito!
　　ベン　ポル　ファボール　テ　ネセシート
どうぞ、こちらに来て、君が必要なんだ。

14. Cuando tenga usted tiempo,
　　クワンド　テンガ　ウステ　ティエンポ
¿podría (...)?
　ポドリーア
お暇があったら、(...) してもらえますか？

15. ¿Podría usted colaborar con
　　ポドリーア　ウステ　コラボラール　コン
nosotros en (...)?
　ノソトロセン
私たちに力を合わせて (...) してもらえないでしょうか？

16. Queremos pedirte tu colabo-
　　ケレーモス　ペディールテ　トゥ　コラボ
ración para (...).
　ラシオン　パラ
(...) のために君の協力をお願いしたいのですが。

AVANZADO　　　上級会話

17. ¡Arrima el hombro!
手を貸して。

☞ arrimar el hombro [肩を寄せる] という表現で、何かある仕事に対してなされる協力を表わす。もし助けを求めるのに使われるなら、話し手同士の親しさが前提となる。

18. ¿Le importaría ayudarme a (...)?
私に手を貸して (...) くださっても構いませんか？

19. Me gustaría que me ayudaras.
私を助けてくれるとうれしいのですが。

20. Si fueras tan amable de ayudarme...
もし私をご親切にも助けてくださるなら…

21. ¿Podrías ayudarme a salir de este atolladero?　　この窮地から私を救ってくれないでしょうか？

 ☞ 名詞 atolladero ［ぬかるみ］は比喩的に「窮地、窮境」を指す。estar、meterse、salir 等と組んで使われる。

22. No te hagas el desentendido y ayúdame. l.　　知らんぷりしないで、助けてくれよ。

23. ¿Puedes hacer algo mientras tanto?　　その間何かしてくれないかい？

 ☞ mientras tanto と entre tanto (entretanto とも書かれる) は、二つの行動が同時に進行していることを表わす二つの表現である。

24. ¿Puedo contar con usted para (…)?　　(…) するのにあなたを当てにしていいですか？

25. ¡Échame una mano!　　ちょっと手を貸してよ。

 ☞ echar una mano のほかに mano［手］を使い「助け」を意味する表現がある：dar la mano［人を助ける］、ofrecer la mano［手助けを申し出る］、dejar (algo) en manos (de alguien)［なにかをある人の手に託す］、tender la mano［手を差しのべる］。

26. ¿No pensarás quedarte ahí mano sobre mano? l.　　そこで手をこまねいているだけじゃないだろうね？

 ☞ mano sobre mano という表現は sin hacer nada［なにもせずに］に当たる。この句は estar、quedarse のような動詞と一緒に使われる。

27. ¿Es que no vas a mover un dedo? l.　　他人を助けずに、じっとしているつもりか？

 ☞ no mover (ni) un dedo で、dedo［指］ほど小さな動きさえもしないことを表わす。比喩的に、体を動かす動かさないにかかわらず、手助けする様子が見えない人に対して使われる。

28. ¿Te molestaría mucho (…) tú también? lr.　　君も (…) して他人を助けるのがいやですか？

| 29 | ¿Y si hicieras algo por mí? Ir. | なにか私のためにしてくださったら？ |
| 30 | No te hagas el sueco: haz tú también algo. I. | 知らんぷりしないで、君も何かしろ。 |

☞ hacerse el sueco ［スウェーデン人のふりをする］は hacerse el desentendido ［知らんぷりをする］に相当する。すなわち no hacer caso de algo ［何かを気にとめない］とか ［何かに関わりがない］ ことを意味する。sueco ［スウェーデン人］は Suecia ［スウェーデン］から来た人を表わしているが、そのままの意味にとるべきではない。

31	Si fuera usted tan amable, ¿podría (...)?	もしあなたに親切心がおありなら、(...) してくださいますか？
32	¿Te sobra tiempo para (...)?	(...) する時間あるか？
33	¿Podría usted contribuir con algo?	役に立つことを何かしてくださいますか？
34	Me gustaría que pudiera usted cooperar con nosotros. F.	私たちに協力していただけるとありがたいのですが。
35	Solicito de la institución que usted representa una beca para (...). R.	あなたが代表をされている財団に (...) のための奨学金を申請したいのです。
36	Esperamos poder contar con su patrocinio. R.	あなたの後援を頼りにしたいと期待しています。

22. *Ofrecer ayuda y apoyo*
援助を申し出る

ELEMENTAL 初級会話

| 1 | ¿Te ayudo?
テ　　アユード | 手伝おうか？ |
| 2 | ¿Puedo ayudarte?
プエド　　アユダールテ | 手伝うことある？ |

3. ¿Puedo ayudarte en algo? 　　　　何か手伝うことある？

4. Yo lo haré. Enf. 　　　　私がそれをやりましょう。

☞ 二人の間に信頼関係があれば、何か手伝うことがあるかと言う代わりに、「それをしてやろう」と言うことがある。

5. Me ofrezco a (...). 　　　　私が進んで（...）しましょう。

6. ¿Necesita usted ayuda? 　　　　助けが必要ですか？

INTERMEDIO　　中級会話

7. Ya te ayudo yo. 　　　　もう私は君を事実手伝っているだろう。

8. ¿Quieres que te ayude? 　　　　手伝って欲しいかい？

9. ¡Déjeme hacerlo, por favor! 　　　　どうぞ私にそれをやらせてください。

10. ¿En qué puedo ayudarle? 　　　　私、何かのお役にたちますか？

11. ¿Me necesita para algo? 　　　　何かのために私が必要でしょうか？

12. Déjeme que te ayude. 　　　　私に手伝わせてください。

13. ¿Me permite que le ayude? 　　　　お手伝いさせてくださいますか？

14. (Estoy) a su disposición. 　　　　なんなりとお申しつけください。

15 ¡Ya voy! 今行きます。
　　ヤ　ボイ

| AVANZADO | 上級会話 |

16 ¿Te echo una mano? FH.　　ちょっと手を貸そうか？
　　☞21章25の注参照。

17 ¿Quieres que te eche una mano? FH.　　手を貸して欲しいかい？
　　☞21章25の注参照。

18 Déjalo en mis manos.　　私に任せなさい。
　　☞21章25の注参照。

19 Ya sabes dónde tienes un amigo.　　どこに友達がいるかわかっていますね。

　　☞「私は君のことならなんでもお手伝いする君の親友です」という意味であり、申し出の決まり文句である。ここでは個人的な申し出である。「いつでも泊まりに来てください」という表現に当たる言い方は、ya sabe dónde tiene su casa.［どこにあなたのうちがあるかわかっていますね］とか aquí tiene usted su casa.［ここにあなたのうちがありますよ］である。

20 Ya sabes que siempre puedes contar con mi apoyo.　　いつでも私の援助を当てにしていいんだよ。

21 ¡A mandar! R.　　なんでもご用命ください。

　　☞この決まり文句で手伝いを申し出ることがある。これを言う人は社会秩序からして、目下の人、部下の人で、言われた事は何でもする気であり、どんな望みもかなえるつもりの人である。このような状況以外で使われた時は、皮肉を込めて使われるだろう。

22 Deje, deje, ya lo haré yo. Enf.　　任せなさい。今私がやりましょう。

23 ¿Puedo hacer algo mientras tanto?　　その間何か私がやることありますか？
　　☞21章23の注参照。

24	Ya sabe que podrá contar siempre conmigo.	なんなりとお申しつけください。
25	Me tiene usted a su entera disposición. F.	あなたが必要な時はいつでも私がいますよ。
26	¿Hay algo que pueda hacer por usted?	あなたのためにすること何かありますか？
27	Ya sabe que estoy dispuesto a (...).	いつでも私には（...）する用意があるのはご存じですね。
28	Quizá yo podría servirle de ayuda.	こんな私でも多分お役にたてるでしょう。
29	Siempre estaré dispuesto a tenderte una mano. F.	私はいつでも救いの手を差しのべるつもりだ。

☞21章25の注参照。

30	Me brindo a (...).	私は進んで（...）します。

☞13章12の注参照。

31	Cualquier cosa que necesite...	必要なものはなんでも…
32	Si me necesita, no tendrá más que avisarme.	私が必要でしたら、お知らせくださるだけで結構です。
33	Quiero que sepas que puedes pedirme lo que quieras.	なんでもほしいものをねだってくれていいんだよ。
34	Puede usted contar con nuestra cooperación. R.	私どもの協力を頼りにしてくださって結構です。
35	¿Puedo contribuir con (...)? R.	（...）でお役にたてますか？
36	Les ofrecemos una subvención de (...). R.	（...）の援助金をさしあげたく思います。
37	Le concedemos una beca para (...). R.	（...）のための奨学金をさしあげます。

23. Aceptar una oferta de ayuda

援助の申し出を受け入れる

ELEMENTAL　　　　　　　　初級会話

1. Sí.
   シー

   はい、わかりました。

2. Sí, gracias.
   シ　グラシアス

   はい、ありがとうございます。

3. Sí, por favor.
   シ　ポル　ファボール

   はい、お願いします。

4. Sí, ayúdame.
   シ　　　アユーダメ

   はい、手伝ってちょうだい。

5. Sí, necesito ayuda.
   シ　ネセシート　　アユーダ

   はい、手伝いが要ります。

6. ¡Qué bien!
   ケ　　ビエン

   なんとうれしい！

7. ¡Qué amable!
   ケ　　アマーブレ

   なんとご親切に。

8. ¡Ay, sí, qué bien! Enf.
   アイ　シ　ケ　　ビエン

   あー、そう。なんとうれしことだ。

9. ¡Claro!
   クラーロ

   もちろん。

10. ¡Naturalmente!
    ナトゥラルメンテ

    もちろんです。

11. Sí, gracias por su colaboración.
    シ　グラシアス　ポル　ス　コラボラシオン

    はい、ご協力ありがとうございます。

INTERMEDIO 中級会話

12. Sí, muy amable.
    シ　ムヤマーブレ
    はい、とてもご親切さま。

13. Muy amable de su parte.
    ムヤマーブレ　デ　ス　パルテ
    とてもご親切さま。

14. Sí, gracias por su amabilidad.
    シ　グラシアス　ポル　ス　アマビリダー
    はい、ご親切に感謝いたします。

15. ¡Cómo no!
    コモ　ノ
    もちろんです。

    ☞感嘆文の形を持つ ¡Cómo no! は、教養ある人の用いる同意の表現である。招待であれ、手伝いの申し出であれ、断わることができないことを暗に言い表わす。

16. Sí, ¿puedes (...)?
    シ　プエデス
    はい、(...) してくれますか？

17. Sí, ¿podría (...)?
    シ　ポドリーア
    はい、(...) してくださいますか？

18. Sí, lléveme esto.
    シ　ィエーベメ　エスト
    はい、私の代わりにこれお願いします。

    ☞この文は、ほかの人が自分の代わりに骨の折れる仕事を引き受けてくれることに同意した時に使われる。

19. Gracias por su ofrecimiento.
    グラシアス　ポル　ス　オフレシミエント
    申し出てくださりありがとうございます。

20. Sí, se lo agradezco.
    シ　セ　ロ　アグラデスコ
    はい、感謝いたします。

21. Gracias, pero ¿no le molestará?
    グラシアス　ペロ　ノ　レ　モレスタラ
    ありがとうございます。でもご迷惑でないでしょうか？

㉒ Su ayuda siempre será bien recibida. F.
スアユーダ シエンプレ セラ ビエン レシビーダ

あなたのご援助はいつでも大歓迎です。

㉓ Sí, gracias, sabía que podía contar contigo.
シ グラシアス サビーア ケ ポディーア コンタール コンティーゴ

はい、ありがとう。君を頼りにできることはわかっていたよ。

AVANZADO	上級会話

㉔ ¡Cuánta amabilidad!

なんというご親切。

㉕ Sí, hombre, ¿cómo no? F.

ええ、君、もちろんだよ。

☞15の注参照。

㉖ Sí, ¿por qué no?

ええ、もちろんですよ。

㉗ Sí, le estaré muy agradecido.

はい、あなたにとても感謝いたします。

㉘ ¡Ay, sí, gracias, estoy reventado! I.

あー、そうですか。ありがとう。私は、くたくたです。

㉙ Sí, lo dejo en tus manos.

はい、君に任せるよ。

☞ en manos de という表現は、estar、poner、dejar と一緒に使われて、あることについてある人が責任をとることを示す。

㉚ ¡Ay, sí! ¡Gracias por echarme una mano! FH.

あー、そう。手を貸してくれてありがとう。

☞21章25の注参照。

㉛ No, no, es igual, no se moleste.

いや、いや、どちらでもいいです。お構いなく。

☞申し出の受諾を意味している。ただし丁重なる留保つきである。その留保が時にあまりに露骨過ぎて、外見上断わりの表現となることすらある。

32. Me sabe mal. ¿no será mucho trabajo para usted?   どうですかね。あなたにとってかなり大変ではないでしょうか？

☞31の注参照。

33. ¡Ay, sí, que cuatro ojos ven más que dos! FH.   あー、そうですね。二つの目より四つのほうがよく見えますからね。

☞この文で、話し相手の手助けが十分受け入れられ、役に立つことを意味する。目に見える協力をさすのが通例である。二人でする方が、一人でするより能率が良いことを表わす。

34. Sí, gracias, ¡qué maravilla saber que siempre puedo contar con tu apoyo!   はい、ありがとう。いつも君の手伝いを頼りにできるとは、なんと素晴らしいことだ。

35. Gracias por ofrecerse a colaborar con nosotros.   私どもに進んで協力してくださり、ありがとうございます。

36. Agradecemos su desinteresada cooperación.   献身的なご協力ありがとうございます。

37. Gracias por ofrecerse como patrocinador de (...).   (...)の後援者として申し出てくださり、ありがとうございます。

☞ patrocinador［後援者］という言葉は、何かの費用を負担する団体とか個人をさす場合に最もふさわしい言葉である。現代では、この語の代わりに、必要ないのに、英語の sponsor が使われる。英語では、動詞でも名詞でもある。

38. Sí, gracias, que Dios se lo pague. R.   はい、ありがとうございます。神様があなたにお報いになりますように。

39. Sí, que no quiero ir dando palos de ciego. FH.   はい、私もあてどなくやりたくないので。(あなたの手助けを得て、しっかり仕事をしたい)

☞ palos de ciego という表現は、「盲人の持っている杖」であり、「方向の定まらないふらふらした行動」を指す。この表現はすでに1611年の辞書にのっている。

24. Rehusar una oferta de ayuda
援助の申し出を断わる

ELEMENTAL / 初級会話

1. No. / お断わりします。

2. No, gracias. / いいえ、ありがたいが、お断わりします。

3. ¡Claro que no! / もちろんお断わりします。

4. ¡Naturalmente que no! / もちろんお断わりします。

5. ¡Que no, que no! Enf. / いいえ、お断わりします。

6. No, no necesito ayuda. / いいえ、助けは要りません。

7. No, es que tengo que hacerlo yo. / いいえ、私自身がしなくてはなりませんから。

INTERMEDIO / 中級会話

8. Muy amable de su parte, pero (...). / どうもご親切さまですが、(...)。

9. No, gracias, ya lo haré yo. / いいえ、ありがとう、私がやりますから。

⑩ **No, ya lo llevo yo.** R.
ノ　ヤ　ロ　ィエーボ　ヨ

☞23章18の注参照。

いいえ、あなたに代わって私がやりますから。

⑪ **No, pero gracias por su ofrecimiento.**
ノ　ペロ　グラシアス　ポル　ス
オフレシミエント

いいえ、でも申し出てくださりありがとうございます。

⑫ **Gracias por su atención, pero no.**
グラシアス　ポル　ス　アテンシオン　ペロ
ノ

ご親切、ありがとうございます。しかしお断わりします。

⑬ **No, hombre, no, de ninguna manera.** Enf.
ノ　オンブレ　ノ　デ　ニングーナ
マネーラ

いや、いや、絶対にだめです。

AVANZADO　　　　　　　　上級会話

⑭ **No, aunque se lo agradezco.**

いいえ、あなたに感謝はいたしますが。

⑮ **No te lo tomes a mal, pero (...).**

悪く取らないでください、でも（...）。

⑯ **Me sabe mal que pienses que es un desprecio, pero (...).**

君が軽蔑ととったら心外だが（...）。

⑰ **No, de ningún modo, no estaría bien que (...).**

いいえ、絶対にだめです。（...）はよくないでしょう。

⑱ **Yo me he metido en esto y yo solo tengo que salirme.** I.

私一人がこれにはまってしまいましたので、私一人でぬけださなければならないのです。

24. 援助の申し出を断わる

⑲ No, gracias, usted no sabe cómo va.　　　いいえ、ありがとうございます。でも使い方をご存じないでしょう。

☞ ir は、色々の意味があり、ここでは funcionar [動く] の意味で、何か器械(aparato)とか道具(herramienta)を使う時に、手助けを申し出た相手が使い方を知らないのではないかと思って、断わる時に使われる。

⑳ No, gracias, me da no sé qué aprovecharme de su buena disposición.　　　いいえ、ありがとうございます。でもあなたのご好意に甘えるのは気がすすみません。

㉑ Sólo faltaría que tú tuvieras que hacerlo por mí. Enf.　　　私に代わってそれを君が一人でしてくれるといいのだがなあ。

㉒ Ya tienes tú bastantes problemas como para que yo (....).　　　君は問題を抱え過ぎていて、私には（…）できません。

㉓ No, gracias, pero le estaré tan agradecido como si lo hubiera hecho.　　　いいえ、ありがとう。しかしそれをやり終えてくださったのと同じぐらい感謝いたしております。

㉔ Me basto yo solo. I.　　　私ひとりでやります。

☞ 動詞 bastar は llegar [届く]、alcanzar [達する]、ser suficiente [十分である] に相当する。間投詞として ¡basta! [もう十分] の形でも使われる。無主語で使われるのが普通だが (basta con que me expliques una vez. [一度説明してもらえば十分です])、一人称で使われると、ほかの人が必要でないということを意味する。この十分足りていることを意味するには、sobrar [余っている] という動詞を25のように付け加えるともっとはっきりする。

㉕ Yo me basto y me sobro. I.　　　一人でやりますので十分です。

㉖ No, que ya conozco cómo son tus ayudas. Ir.　　　いいえ、あなたのお手伝いはどんなものかわかっていますから。

㉗ Te lo agradezco en el alma, pero prefiero hacerlo yo solito. Ir.　　　心から感謝しますが、私一人でしたいのです。

[28] No, gracias, porque sería peor el remedio que la enfermedad. I.　いいえ、ありがとう。ほうっておいてください、ご援助いただくとかえって事態が悪化しますので。（←病気をほうっておくよりも、それを直すのに手を貸していただく方が厄介でしょうから）

[29] Hay ayudas que sirven de estorbo. I.　手伝っていただいても、かえって邪魔になりますから。

[30] No, ya me las arreglaré yo como pueda. I.　いいえ、私ができるだけうまく一人でやってみるつもりですので。

☞ arreglárselas はここでは、あるもくろみが達せられるように、obrar con acierto ［知恵を絞ってうまくやる］の意味である。componérselas とか apañárselas も同じような意味を持つ。

25. Solicitar una cita o convocar
待ち合わせとか会見の日時を決める

ELEMENTAL　　　　　　　　　初級会話

[1] ¿A qué hora (...)?
　　ア　ケ　オラ
　　何時に（...）？

[2] ¿Qué día podemos vernos?
　　ケ　ディーア　ポデーモス　ベールノス
　　何日に会えますか？

[3] ¿Cuándo nos vemos?
　　クワンド　ノス　ベーモス
　　いつお会いできますか？

[4] ¿Cuándo podemos encontrarnos?
　　クワンド　ポデーモ　センコン　トラールノス
　　いつお会いできるでしょうか？

25. 待ち合わせとか会見の日時を決める

5. Le llamo para pedir hora.
   レ ヤーモ パラ ペディー ローラ

   面会時間をお伺いしたいと思って電話しているのです。

   ☞面会時間を申し入れたり、決めたりするのに、動詞 pedir、tomar と dar が使われる。名詞 hora は具体的な指定時間を意味する。この表現は医者に診察を請う時とか、弁護士に面会を申し込む時に使われる。

6. ¿Podría darme hora para (...)?
   ポドリーア ダールメ オラ パラ

   面会時間を（...）にしていただけないでしょうか？

   ☞5の注参照。

7. ¿Quedamos el (...)?
   ケダーモセル

   （...）日にしましょうか？

8. Os convocamos para (...).
   オス コンボカーモス パラ

   君たち（...）に集合してくれ。

INTERMEDIO 中級会話

9. Querría pedir hora para (...).
   ケリーア ペディー ローラ パラ

   （...）に面会時間をお願いしたいのですが。

10. ¿Cuándo podríamos entrevistarnos?
    クワンド ポドリーアモ セントレビス タールノス

    いつお目にかかれるでしょうか？

11. ¿Cree usted que (...) podría recibirme hoy? R.
    クレー ウステ ケ ポドリーア レシビールメ オイ

    （...さん）は今日私に会ってくださるとお思いでしょうか？

12. ¿Podría atenderme (...)?
    ポドリーアテンデールメ

    （...）に私の相手をしていただけるでしょうか？

13 ¿Puedo tomar hora?　　　　　　　面会時間がいただけるでしょう
　　プエド　　トマー　　ローラ　　　　か？

　　☞ 5の注参照。

14 ¿Te va bien salir el （...）?　　（...日）に出かけるのは都合がい
　　テ　バ　ビエン　サリー　レル　　　いかい？

　　☞動詞 salir は、普通の移動を表わす (salir de un sitio ［ある場所から出
　　る］) 意味のほかに、社会的行動 (salir a cenar ［夕食に出かける］; salir
　　con amigos ［友達と出かける］; salir a menudo ［頻繁に出かける］) を述
　　べるために使われる。また恋愛関係 (Juan sale con mi hermana. ［フワン
　　は私の姉とデートをする］; hace dos años que salen. ［つきあうようにな
　　って二年になる］) をも表わす。

15 ¿A qué hora podríamos　　　　　何時に私あなたにお目にかかれる
　　ア　ケ　オラ　　ポドリーアモス　　でしょうか？
　　reunirnos?
　　レウニールノス

16 ¿A las （...） te va bien?　　　　（...）時は君に好都合かい？
　　ア　ラス　　　　　テ　バ　ビエン

17 ¿Te viene bien en （...）?　　　　（...場所）でいいかい？
　　テ　ビエネ　ビエネン

18 ¿Qué te parece el （...）?　　　　（...）はどう思うかね？
　　ケ　テ　パレーセ　ル

| AVANZADO | 上級会話 |

19 A ver si （...）. R.　　　　　　　（...）に会うのはどうかね？

　　☞ a ver には色々の意味がある。関心を示したり、注意を喚起したりとか、
　　独立して感嘆文の音調で用いられると、¡claro!［もちろん］の意味になる。
　　si で始まる条件節の前に来ると、起こりそうな出来事を意味する。

20 Quisiera concertar una cita con　あなたにお目にかかる日時を決め
　　usted. F.　　　　　　　　　　　させていただきたく思います。

21 ¿Podrás acudir a （...）?　　　　（...）へ来られる？

22	Por favor, no me dejes plantado; nos encontramos en (...), ¿vale?	どうか待ちぼうけをくわせないでね。(...)で会ましょう。いいでしょ？

☞ dejar a alguien plantado という表現は、約束した時間・場所に行かなかった状況を表わす。dar un plantón も同じ意味を持っている。dejar a alguien plantado はまた突然ある人との関係を打ち切る時にも使われる。

23	La conferencia está convocada para (...).	会合は (...) に設定されました。
24	¿Y si nos encontráramos esta noche?	もし今夜お会いできたらと…。

26. *Aceptar o conceder una cita*
会見の日時を受諾したり提示したりする

ELEMENTAL　　　初級会話

1	Sí. シ	はい、いいですよ。
2	Sí, gracias. シ　グラシアス	はい、ありがとうございます。
3	Vale. l. バーレ	いいですよ。
4	De acuerdo. デ　アクエルド	承知しました。
5	Vale, de acuerdo. l. バーレ　デ　アクエルド	いいですよ。承知しました。
6	Sí, con mucho gusto. シ　コ　ムーチョ　グスト	はい、喜んで。

7. Vale, a las (...).
   バーレ ア ラス

   オーケー、いいですよ。(...) 時にね。

   ☞ vale は、間投詞的な性格を持った動詞の変化形であり、肯定の返事として徐々に使われて来ており、今日ではますます頻繁になっている。vale, vale と繰り返しても使われる。会話を止めたり、急がせたりするために、basta [もう、いい] とか aprisa [早く] も使われる。中南米では、bueno とか、bueno, bueno が使われる。

8. De acuerdo, quedamos a las (...).
   デ アクエルド ケダーモサ ラス

   承知しました。(...) 時にしましょう。

9. Acepto encantado.
   アセプト エンカンタード

   喜んでお引き受けします。

INTERMEDIO / 中級会話

10. Sí, allí estaré puntualmente.
    シ アジ エスタレ プントゥアルメンテ

    はい、そこに、時間通りに行っていましょう。

11. Sí, ¿le va bien mañana?
    シ レ バ ビエン マニャーナ

    はい、明日はご都合よろしいでしょうか？

12. Le puedo dar hora para (...).
    レ プエド ダー ローラ パラ

    (...) 時にあなたの面会時間をとれます。

    ☞ 25章5の注参照。

13. Así que nos encontraremos a las (...) en (...).
    アシ ケ ノセコントラレーモ サ ラス エン

    それなら、(...) 時に (...) で会いましょう。

14. Sí, me va bien.
    シ メ バ ビエン

    はい、都合がよいです。

15. (...) puede recibirle a usted el (...).
  (...)日に(...さん)があなたにお会いになれます。

16. Lo dicho, nos vemos a las (...) en (...).
  決まりましたね。(...)時に(...)でお会いしましょう。

AVANZADO / 上級会話

17. Vente cuando quieras.
  いつでも好きな時に来いよ。
  ☞10章13の注参照。

18. Pásate por aquí cualquier día de éstos.
  近日中にいつでもいいので、こちらに立ち寄ってよ。

19. Tendría que ser el (...) a las (...).
  (...)日の(...)時になるでしょうね。

20. Sí, pero no me dejes plantado, ¿eh?
  いいですよ。でも待ちぼうけをくわせないでね。
  ☞25章22の注参照。

21. Sí, allí me encontrarás.
  はい、そこで会おうよ。

22. No te preocupes, no te dejaré plantado.
  心配しないで。待ちぼうけなんてくわせないよ。
  ☞25章22の注参照。

23. Sí, allí estaré como un clavo.
  はい、そこに必ず時間どおりにいますよ。
  ☞11章21の注参照。

24. Acudiré a la cita.
  約束の所にうかがいましょう。

25. Bien, podríamos convenir una cita para (...), si a usted le parece. F.
わかりました。もしよろしければ、(...) 時にお約束しましょう。

26. ¡Faltaría más! Enf.
もちろんです。
☞ この言い方や、¡Sólo faltaría! [とんでもない] という言い方は申し出を断わる時に使われる。

27. Rehusar o no conceder una cita
会う約束を断わったり、会う約束をしなかったりする

ELEMENTAL / 初級会話

1. No.
ノ
いいえ、結構です。

2. No, no puedo.
ノ ノ プエド
いいえ、だめです。

3. No, es imposible.
ノ エ シンポシーブレ
いいえ、できません。

4. Lo siento, pero (...).
ロ シエント ペロ
残念ですが、(...)。

5. ¡Lástima! Es que (...).
ラスティマ エス ケ
残念です。というのは (...)。

INTERMEDIO / 中級会話

6. ¡De ninguna manera!
デ ニングーナ マネーラ
絶対だめです。

7. ¡Ni hablar! I.
ニャ ブラール
だめです。話になりません。
☞ 前に述べられたことを突然否定、拒否、拒絶する言い方である。ni hablar に de eso という句をつけてもよい。

68

8	¡Ni pensarlo! I.	だめです。考えるまでもありません。（とんでもありません）

☞ ni pensarlo に対するほかの言い方は ni soñarlo である。

9	No, me es imposible.	いいえ、私にはできません。
10	¡Cuánto lo siento!	とても残念です。
11	El (...) es imposible.	(...) 日には無理です。
12	¡Qué pena! Pero ese mismo día (...).	とても残念ですが、ちょうどその日は (...)。
13	Otra vez será. R.	またの日にしましょう。
14	Ya quedaremos otro día.	別の日に会いましょう。
15	No, ese (...) no me va bien.	いいえ、その (...日) は私には都合がよくありません。
16	Me gustaría, pero (...).	そうしたいのですが、(...)。
17	Aceptaría encantado, pero (...).	喜んでお引き受けしたいのですが、(...)。

18. (...) no podrá recibirle.
    ノ　ポドラ　レシビールレ
    Tendrá que esperar a
    テンドラ　　ケスペラーラ
    (...). R.

(...さん)はあなたに会えないでしょう。あなたは(...するのを)待たねばならないでしょう。

AVANZADO

上級会話

19. No, no podré acudir a la cita.
    いいえ、約束の所には行けません。
20. Ya sabe usted que me hubiera gustado, pero (...).
    そうしたかったのはやまやまでしたが、(...)。
21. Habría aceptado si no (...).
    もし(...)でなければ、お引受けしたでしょうに。
22. Me sabe mal, pero (...).
    都合が悪いのですが、(...)。
23. Lo siento, pero si (...) tendré que declinar su invitación.
    残念ですが、(...)ならば、お誘いはお断りしなくてはならないでしょう。
24. No me convencerás.
    私は納得がいきません。
25. (...) no recibe. R.
    (...さん)はお会いになりません。
26. (...) no concede citas. R.
    (...さん)は面会されません。
27. Lo sentimos, pero no podemos atender su petición.
    残念ですが、ご希望にはそえません。

28. Dar las gracias
お礼を言う

ELEMENTAL — 初級会話

1. Gracias.
   グラシアス

   ありがとう。

   ☞ この表現はよく使われるので、省略表現が多くなる。(dar las) gracias の場合がそうである。

2. Muchas gracias.
   ムーチャス　グラシアス

   どうもありがとう。

   ☞ 1の注参照。

3. Muchísimas gracias.
   ムチーシマス　　グラシアス

   どうもありがとう（ございます）。

   ☞ 1の注参照。

4. Gracias por todo.
   グラシアス　ポル　トド

   いろいろありがとう。

   ☞ 1の注参照。

5. Gracias por (...).
   グラシアス　ポル

   (...) ありがとう。

   ☞ 1の注参照。

6. Quiero agradecer (...).
   キエロ　　アグラデセール

   (...) に感謝したいと思います。

7. Te doy las gracias por (...).
   テ　ドイ　ラス　グラシアス　ポル

   (...) にお礼を言います。

INTERMEDIO — 中級会話

8. Te lo agradezco.
   テ　ロ　アグラデスコ

   君に感謝します。

9. Le estoy muy agradecido.
   レストイ　　　ムヤグラデシード

   あなたにとても感謝しております。

10. Le agradezco mucho (...).
   レ　アグラデスコ　ムーチョ

   あなたに（...）をとても感謝します。

11. ¡Te estoy tan agradecido!
   テストイ　タナグラデシード

   君にとても感謝しています。

12. Siempre le estaré agradecido.
   シエンプレ　レスタレ　アグラデシード

   いつまでもあなたに感謝いたします。

13. ¡Cuánto se lo agradezco!
   クワント　セ　ロ　アグラデスコ

   私はどんなにかあなたに感謝していることか。

AVANZADO / 上級会話

14. Gracias, pero que muchas gracias. Enf.

   ありがとう。それもとてもありがとう。

   ☞ 言葉を繰り返し、その間に pero que mucho/muy の句を中に入れると、誇張した表現になる：名詞の例、gracias, pero que muchas gracias；形容詞の例、feo, pero que muy feo［醜い、それもとても醜い］；副詞の例、lejos, pero que muy lejos［遠い、それもとても遠い］。

15. Te lo agradezco con toda el alma.

   心より君に感謝します。

16. ¡Que Dios se lo pague! R.

   神様があなたにお報いになりますように。

   ☞ 人に助けてもらった人が感謝して言う表現で、恩人に向かって神からの報酬があるよう願うのである。

17. Espero que algún día podré corresponderle.

   いつの日かあなたに恩返ししたいと思います。

   ☞ 動詞 corresponder はたくさんの意味をもっているが、いずれの場合も二つのことを関連づけるのが基本的意味である。例えば corresponder a alguien con は、何かをくれた人に対するお返しの意味である。

18	No sabes cómo te lo agradezco.	どんなに君に感謝しているかわからないだろう。
19	Quiero expresarle mi más sincero agradecimiento por (...). F.	(...) に衷心より感謝の意を表したいと思います。
20	Le estamos muy reconocidos por (...).	(...) にとても感謝しています。

☞ reconocer という動詞には基本的意味が二つある。一つは identificar、confesar、admitir［認める］の意味であり、もう一つは mostrarse agradecido［感謝する］の意味である。自分のためになされた善に感謝する (agradecer) 人は、感謝している (agradecido＝reconocido) と見なされる。

21	Gracias por los servicios prestados. R.	手助けしてくださり、ありがとう。
22	Queremos manifestarle nuestra gratitud por (...). F.	(...) に感謝の意を表したいと思います。
23	¡Gracias, Dios le bendiga! R.	ありがとうございます。神様があなたを祝福されますように。
24	¡Cómo podré pagarle lo que hace usted por mí?	あなたが私のためにしてくださったことに対して、どうお返ししたらよろしいでしょうか？
25	Siempre estaré en deuda con usted.	ずいぶんあなたに借りを作りました。
26	Espero que algún día pueda corresponderle.	いつの日にかあなたに恩返しできたらと思います。

29. Devolver las gracias
感謝の言葉に返事をする

ELEMENTAL 初級会話

1. ¡De nada!
   デ　ナーダ

   どういたしまして。

   ☞ この言い方は、un sueldo de nada［無に等しい給料］のように形容詞句として poco importante［あまり重要でない］、insignificante［無意味な］を意味して、謝意を表した人に対しての典型的な答え方である。一回でもいいし、繰り返してもいい。3の注参照。

2. ¡Nada, nada!
   ナーダ　ナーダ

   なんでもありません。

3. ¡De nada, hombre, de nada!
   デ　ナーダ　オンブレ　デ　ナーダ

   どうってことないよ、君。どうってことないよ。

   ☞ 1の注参照。親密さをかもしだすための呼びかけの言葉 (hombre) を入れて味付けをしている。

4. No tiene importancia.
   ノ　ティエネ　インポルタンシア

   たいしたことありません。

INTERMEDIO 中級会話

5. ¡No hay de qué!
   ノ　アイ　デ　ケ

   どういたしまして。

   ☞ この言い方は、その前に感謝の言葉を言った人にたいしての答えである。5は不定詞句 (dar las gracias) を省略している。感謝される正当な理由がないことに対して謙虚な感情を表わした表現である。

6. Nada de gracias. Enf.
   ナーダ　デ　グラシアス

   ありがとうなんてとんでもない。

7. No tiene por qué agradecérmelo.
   ノ　ティエネ　ポル　ケ　アグラデ
   セールメロ

   私に感謝してくださるいわれはありません。

74

29. 感謝の言葉に返事をする

[8] No tienes que darme las gracias.
ノ ティエネス ケ ダールメ ラス グラシアス

私に礼を言わなくてもいいよ。

[9] Estoy a su disposición.
エストヤ ス ディスポシシオン

どういたしまして。

[10] ¡Si es que no me ha costado nada...! I.
シ エス ケ ノ メ ア コスタード ナーダ

私はぜんぜん面倒ではなかったのです。

[11] ¡Hombre, no es para tanto! I.
オンブレ ノ エス パラ タント

君、それほどでもないよ。

| AVANZADO | 上級会話 |

[12] ¡No hay por qué darlas!

お礼を言われる筋合いはありません。

☞ 5の注参照。

[13] ¡Por nada!

なんでもありません。

[14] Estoy para servirle. R.

どういたしまして。

☞相手の感謝の言葉に答えるとてもへりくだった言い方である。なぜなら奉仕の態度を明らかにしているからである。話し手の社会的な上下関係を表わしている。18の表現に似ている。18の注参照。

[15] No se merecen.

それには及びません。

☞この文は、las gracias no son merecidas.［感謝に値しない］というふうに受身でも使われる。

[16] Ya sabe que puede contar con nosotros.

ご存じでしょうが、私たちを当てにして結構ですよ。

☞10章15の注参照。

75

17 ¿De qué? ꜛ   何がですか。

> ☞ 疑問のイントネーションで発せられるこの表現は、疑念、不信、言い返しといった意味を持つ。相手の感謝の表現に対してこの表現で答えるのは、不適当であり、無作法である。

18 Para eso estamos.   そのために私たちがいるのです。

> ☞ 14の注参照。14の estoy para servirle.［あなたにお仕えするために手前はおります］に似た表現である。相手に対してすこしへりくだり過ぎと考える人もいる。

19 Lo he hecho con mucho gusto.   喜んでそうしました。

30. Desear buena suerte a alguien
だれかの幸運を望む

ELEMENTAL / 初級会話

1 ¡Suerte!
   スエルテ
   幸運を！

2 ¡Buena suerte!
   ブエナ　スエルテ
   幸運を！

3 Te deseo buena suerte.
   テ　デセーオ　ブエナ　スエルテ
   君に幸運を祈ります。

4 ¡Feliz (...)!
   フェリース
   (...) おめでとう。

5 ¡Buen (...)!
   ブエン
   良い (...) を。

INTERMEDIO / 中級会話

6 ¡Que te vaya bien!
   ケ　テ　バーヤ　ビエン
   君にうまくいきますように。

> ☞ 「ごきげんよう」を意味する。中南米では ¡que te vaya bonito! が使われる。形容詞 bonito はスペインの副詞 bien に相当する。

30. だれかの幸運を望む

[7] ¡Que tengas mucha suerte!
　　ケ　　テンガス　ムーチャ　スエルテ

君に幸運がありますように。

[8] Te deseo lo mejor.
　　テ　デセーオ　ロ　メホール

最高の幸せを君に望みます。

[9] Deseamos que lo pases bien.
　　デセアーモス　　ケ　ロ　パーセス　ビエン

ごきげんよう。（楽しく過ごされるよう望みます）

[10] ¡Ojalá (...)!
　　オハラ

(...) でありますように。

☞ ojalá は望みを表わす間投詞である。単独でも使われるし、動詞や文が続くこともある。動詞は接続法で、時制は現在でも過去でもよい。

[11] Espero que (...).
　　エスペーロ　ケ

(...) を期待します。

[12] Deseo que (...).
　　デセーオ　ケ

(...) を望みます。

[13] ¡Próspero Año Nuevo!
　　プロスペロ　アーニョ　ヌエボ

新年おめでとう。

[14] Deseo que pases un feliz día de aniversario.
　　デセーオ　ケ　パーセン　フェリース　ディーア　デ　アニベルサリオ

いい記念日を過ごされるよう望みます。

[15] ¡Que (...)!
　　ケ

(...) でありますように。

☞ 願望文においては、主節の動詞なしで、接続詞 que を文頭に置くことがしばしばある。このようにして、日常会話の表現（¡Que te vaya bien! [うまく行くように]；¡Que descanses! [おやすみなさい]；¡Que aproveche! [おいしく召し上がれ]）が作られる。

[16] ¡Verás cómo todo sale bien!
　　ベラス　コモ　トド　サレ　ビエン

すべてうまく行きますよ。

[17] ¡Por muchos años!
　　ポル　ムーチョ　サーニョス

いつまでもお幸せに！

77

| **AVANZADO** | 上級会話 |

18　¡Que te sea leve! l.　　　　困難になるべく出くわさないように。

☞この表現で、幸運があるようにとか、あるいは困難とか危険とか重苦しさを伴う状況を乗り越えるように人に望む意味が出せる。あることに立ち向かわなければならない人を元気づけるために使われる。19の注参照。

19　¡Que no te pase nada! lr.　　何も起こりませんように。

☞18の ¡Que te sea leve!より強い表現で、人が立ち向かう状況が困難とか危険を伴うことがはっきりしているけれども、幸運を祈る時に使われる。相手を元気づけようとするのだが、この句を発した人はなんらかの不幸を予感している。

20　¡Que Dios te bendiga! R.　　神様が君を祝福されますように。

21　¡Dios quiera que todo salga bien! R.　　すべてうまく行くように神様が望まれますように。

22　¡Que todos tus sueños se conviertan en realidad!　　君の夢すべてが現実のものとなりますように。

23　¡Que entres en el Año Nuevo con buen pie!　　幸多き新年を迎えられるように。

☞"con buen pie"、"con el pie derecho"［出足好調に］という表現は、"con buena suerte"［幸運に］、"de forma acertada"［適切に］と同じような意味である。empezar, entrar のような動詞とともに使われる。反対の意味を表わすためには、それぞれの反対語の "con mal pie"［ツキに見放されて］、"con el pie izquierdo"［出だし不調で］といった表現が使われる。

31. *Expresar condolencia*
哀悼の意を表わす

ELEMENTAL / 初級会話

1. Lo siento.
   ロ　シエント

   残念に思います。

2. Siento la muerte de （...）.
   シエント　ラ　ムエルテ　デ

   （...さん）が亡くなられて残念に思います。

3. Lo siento mucho.
   ロ　シエント　ムーチョ

   とても残念に思います。

4. Le expreso mi condolencia.
   レクスプレーソ　ミ　コンドレンシア

   お悔やみ申し上げます。

INTERMEDIO / 中級会話

5. Le acompaño en el senti-
   レ　アコンパーニョ　エネル　センティ
   miento.
   ミエント

   心からお悔やみ申し上げます。

   ☞ だれかの死に際して、家族に向かって哀悼の意を表する時の、最も決まりきった表現である。

6. No somos nada.
   ノ　ソモス　ナーダ

   人生ははかないものです。

   ☞ no ser nada があることが重要でないことを表わすように、例えば no es nada ［何でもありません］は人に足を踏まれた場合、相手をなだめる時に言う。no somos nada で、人の死に際した時、いやというほど人生のはかなさが表現される。

7. En casa todos hemos sentido
   エン　カサ　トード　セーモ　センティード
   mucho la pérdida de （...）
   ムーチョ　ラ　ペルディダ　デ

   （...さん）が亡くなられて、うちの者は皆とても残念に思っています。

8. Te doy mi más sentido pésame.
   テ ドイ ミ マ センティード ペサメ

   心よりお悔やみ申し上げます。

9. No encuentro palabras para expresarle la tristeza que siento por (...).
   ノ エンクエントロ パラブラス パラ エクスプレサールレ ラ トリステーサ ケ シエント ポル

   (...) に対して私が感じる悲しみをあなたに表現する言葉が見つかりません。

10. Le expreso mi más sincera condolencia por (...). F.
    レクスプレーソ ミ マ シンセーラ コンドレンシア ポル

    (...) に対し心からお悔やみ申し上げます。

11. Lamento lo ocurrido.
    ラメント ロクリード

    このたびのことを残念に思っています。

    ☞ この表現は、人の死に際した時に哀悼の意を表するとは限らない。不幸、災害にあった人の悲しみに同情する気持ちを表わす時にも使われる。

12. Todos estamos de luto por (...).
    トドセスターモス デ ルート ポル

    (...) で私たちも悲しく思っています。

    ☞ luto〔喪〕という言葉は、家族とか知り合いの死の後の状況を表わす。estar de と共にしばしば使われる。ただ単に悲しい時にも比喩的に使われる。この表現で自分も悲しんでいることを関係者に伝えようとするのである。

AVANZADO　　　上級会話

13. El motivo de la presente es expresarle a usted mi más sentido pésame por la muerte de (...). E.

    本状を差し上げますのは、あなたに（...さん）のご逝去にたいして私の心よりなる哀悼の意を表したいからです。

14　No sabes cuánto lo siento.　　　どんなに残念に思っているかおわかりにならないでしょう。

15　No sé cómo expresarle mi dolor por la muerte de (...).　　　(...さん) が亡くなられて、私の悲しみをどのようにお伝えすべきかわかりません。

16　Estoy desolado.　　　悲嘆にくれています。

17　Todo (...) está de duelo por (...). R.　　　(...) 中が (...) で悲嘆にくれています。

18　¡Cómo me compadezco de usted! Sé lo que está pasando en estos momentos.　　　どんなに私はあなたに同情しておりますことか。今起こっていることがわかっていますので。

19　Estoy deshecho por (...).　　　(...) でまいっています。

32. *Hacer cumplidos*
お世辞を言う

ELEMENTAL　　　初級会話

1　¡Qué (...)!
　　ケ
なんと (...)。

2　Estás (...).
　　エスタス
君は (...) なんだね。

3　¡Qué bien (...)!
　　ケ　　ビエン
なんとすばらしく (...)。

4　¡Qué bello!
　　ケ　　ベーヨ
なんときれいなことか。

☞ この感嘆文は、bello の所を hermoso や lindo にしてもよい。スペインより中南米で広く用いられている。スペインではこういう場合 bonito である。

5. Te veo igual que siempre.
   テ　ベーオ　イグワル　ケ　シエンプレ
   いつも変わりないようだね。

6. Eres una persona (...).
   エレスナ　ペルソーナ
   君は（...）な人です。

INTERMEDIO / 中級会話

7. ¡Qué bien te veo!
   ケ　ビエン　テ　ベーオ
   とてもお元気に見えますね。

8. Todo lo haces bien.
   トド　ロ　アーセス　ビエン
   お元気のようですね。

　☞この表現は ¡Qué buen aspecto tienes!［元気そうですね］や ¡Qué estupendo estás!［まったく元気ですね］と同じ意味である。中南米では、再帰動詞を使って、¡Qué bien te ves!も使われる。

9. ¡No has cambiado nada!
   ノ　アス　カンビアード　ナーダ
   ちっとも変わらないね。

10. Cada día estás más (...).
    カダ　ディーア　エスタス　マス
    日ごとにますます（...）だね。

11. Estás más (...) que nunca.
    エスタス　マス　ケ　ヌンカ
    いつになく（...）だね。

12. Cada día te veo mejor.
    カダ　ディーア　テ　ベーオ　メホール
    日ごとに元気になっているように見えるよ。

13. ¡Pero si estás igual que hace veinte años!
    ペロ　シ　エスタス　イグワル　ケ　アーセ　ベインテ　アーニョス
    それにしても君は20年前と同じだね。

14. No es por hacer cumplidos, pero (...).
    ノ　エス　ポラセール　クンプリードス　ペロ
    お世辞ではないのですが、でも（...）。

15　Nunca había (...) nada igual.
未曾有の (...) です。

16　En mi vida había (...) tan bien.
私の人生でこんなに良い (...) はありませんでした。

AVANZADO　　上級会話

17　No soy muy amigo de hacer cumplidos, pero la verdad es que usted (...).
お世辞を言うのはあまり好きではないのですが、本当の事を言うとあなたは (...) です。

18　Eres único.
君のような人はいない。

19　Eres de lo que no hay.
君のような人はほかにいない。

20　Eres (...) donde los haya.
君は類まれな (...) だ。

☞ この文章は、hombre［人］、artista［芸術家］のような名詞が (...) に入って完成するが、比較に基づいた強調表現である。その特性をほめたたえるだけでなく、反対に欠点をほのめかすのにも使われる。haber を使った eres (...) como hay pocos, eres (...) si los hay, eres de lo que no hay のような表現もある。

21　Tú vales mucho.
君はかけがいのない人です。

22　Viniendo de ti, ha de ser bueno.
君の発想だから、素晴らしいに違いない。

23　Por ti no pasan los años.
君は万年青年だね。

24　¡Qué bien te conservas!
なんとうまく若さを保っていることか！

33. Felicitar a alguien
だれかにお祝いを言う

ELEMENTAL　　　　　　　　　　　　　　初級会話

1. ¡Felicidades!
   おめでとう。

2. ¡Muchas felicidades!
   どうもおめでとう。

3. Te deseo muchas felicidades.
   大いに幸あれと祈ります。

4. ¡Feliz aniversario!
   (...) 周年おめでとう。

5. ¡Feliz Navidad!
   クリスマスおめでとう。

6. ¡Feliz en tu día!
   君の聖人の日（誕生日）おめでとう。

7. Te felicito.
   おめでとう。

8. Te felicitamos de todo corazón.
   心から「おめでとう」と言います。

INTERMEDIO　　　　　　　　　　　　　中級会話

9. Felicidades por (...).
   (...) おめでとう。

10. Hombre, te felicito por (...).
    やあ、君、(...) おめでとう。

33. だれかにお祝いを言う

[11] Reciba usted mis más sinceras felicitaciones por (...). F.
レシーバ ウステ ミス マ シンセーラス フェリシタシオーネス ポル

私の心よりの祝意をお受けください。

[12] ¡Felicidades! Creo que es un éxito bien merecido.
フェリシダーデス クレーオ ケー スネクシト ビエン メレシード

おめでとう。まったく当然の成功です。

[13] ¡Enhorabuena!
エノラブエナ

おめでとう。

☞ このような表現は何度も使われるので、いくつかの部分が余計と思われ、ついにはなくなってしまう。これは (te doy la) enhorabuena. (te doy mi) enhorabuena. に発している。enhorabuena は hora と buena を一緒にした合成名詞である。昔から幸運、不運に関して en buena/mala hora (良い時に、悪い時に) という表現は存在する。

[14] ¡Mi enhorabuena!
ミ エノラブエナ

私からおめでとう。

☞ 13の注参照。

[15] ¡Por muchos años!
ポル ムーチョサーニョス

とわに幸あれ。

☞ 幸運がいつまでも続くように望む意味だが、省略して全文を書く必要がない。もし書くなら、願望文だから、動詞は接続法にする

[16] ¡Qué bien, me alegro!
ケ ビエン メ アレグロ

とてもよかった。うれしいよ。

[17] Me alegro mucho por ti.
メ アレグロ ムーチョ ポル ティ

君のことで私は喜んでいます。

| AVANZADO | 上級会話 |

[18] Se te felicita. I.

おめでとう。

[19] Quiero expresarle mis más sinceras felicitaciones con motivo de (...). F.

(...) のことで、私の心よりのお喜びを申し上げます。

85

20. Reciba usted mis más sinceras congratulaciones. R.　私の心よりの祝意をお受け取りください。

21. Me satisface poder darle la enhorabuena.　あなたにお祝いが言えて私は満足です。

22. Todos nos congratulamos por el éxito de (...).　(...) が成功して私たち皆喜んでいます。

23. ¡Mis sinceros plácemes por (...)! F.　(...) に対し心よりおめでとうございます。

☞ placet という語形はラテン語で aprobación（承認、賛成）と類語である。名詞の placer（喜び）からは意味がかけはなれていて、beneplácito と同じで、felicitación（お祝い）に相当する pláceme（お祝い）に似ており、これは動詞の活用形と代名詞からなっている。

34. Responder a los cumplidos y felicitaciones
お世辞やお祝いの言葉に答える

ELEMENTAL　初級会話

1. Gracias.
グラシアス
ありがとう（ございます）。

2. Muchas gracias.
ムーチャス　グラシアス
とてもありがとう（ございます）。

3. ¿De verdad?
デ　ベルダー
本当ですか？

☞ 3、4、5 は似た意味の三つの言い方だが、疑問文の抑揚で言われると、驚き、本当かなという気持ちを表わす。もしもそれがお世辞に対する返事だとしたら、まだ相手にお世辞を続けてほしいという気持ちがある一方で、悦にいっていることを表わす。

4. ¿De veras?　☞ 3 の注参照。　本当？
デ　ベーラス

5. ¿En serio?　☞ 3 の注参照。　冗談でなくて？
エン　セリオ

34. お世辞やお祝いの言葉に答える

6 ¿Qué dices?
ケ　ディーセス

なんですって？

☞ 7と同様、この文章は疑問文の抑揚を持っているが、たとえお祝いとかお世辞に対する返答として発せられるとしても、これはすこしも疑問の気持ちを含んでいない。¿Qué dices? [何ですって] という言葉で、表面的に驚いた様子を表わしているのだろうが、実は内心うれしいのである。

7 ¿Tú crees?
トゥ　クレース

そう思う？

☞ 6の注参照。

8 Pues mira, no sé...
プエス　ミーラ　ノ　セ

ええと、私はよくわからないのですが…

9 Sí, es que (...).
シ　エス　ケ

ええ、というのは (...).

INTERMEDIO　　　　　　　　　　中級会話

10 Se hace lo que se puede.
セ　アーセ　ロ　ケ　セ　プエデ

できるだけのことをしただけです。

11 Me alegro de que (...).
メ　アレグロ　デ　ケ

(...) をうれしく思います。

12 Gracias, pero no tiene importancia.
グラシアス　ペロ　ノ　ティエネ
インポルタンシア

ありがとう（ございます）。でもたいしたことではありません。

13 Te agradezco (...).
テ　アグラデスコ

(...) ことを私は君に感謝する。

AVANZADO　　　　　　　　　　上級会話

14 ¡No seas exagerado!

おおげさに言わないでください。

15 ¡Huy, qué exagerado eres!

わあ、君はなんとおおげさなことか。

16 No hay para tanto.

それほどでもありません。

| 17 | Harás que me sonroje. | 顔が赤くなります。 |
| 18 | Me sacarás los colores. | 顔が赤くなります。 |

☞ color [顔色] の複数形 colores は、内気さというか恥ずかしさから、顔が赤くなった状態を表現する。sacarle a uno los colores のほかに、subirle a uno los colores [赤面する]、ponerse uno de mil colores [顔色を変える] という表現がある。

19	Tú, que sólo ves en mí lo bueno.	君に私の良い所だけ見てもらって、(ありがとう)。
20	Eso es que tú me ves con buenos ojos.	君に好意的に見てもらってありがとう。
21	Gracias, todo ha sido cuestión de suerte.	ありがとう（ございました）。すべて運が良かっただけです。
22	¡Menos coba! Ir.	おべっかはいいです。

☞ 名詞 "coba" が、文中に現れると、動詞 dar とか、gastar の直接目的語となり、本心ではない、むしろわざとらしいお世辞を表わす。また事実を冗談ととってあまり重視しないのであれば、単にお世辞に感謝するだけの句としても用いられる。

| 23 | Reciba usted mi más sincero agradecimiento por (...). F. | (...) に対する私の心からの謝意をお受けください。 |

35. Pedir disculpas a alguien
だれかに弁解する

ELEMENTAL 初級会話

| 1 | ¿Perdón!
ペルドン | ごめん（なさい）。 |

☞ 4 と同様、このような構文はよく使われるので、(te pido [君に請う]) perdón の括弧内の部分が余計に感じられ消滅することがある。es que が現れるのは、その行動を正当化する説明を付け加える時である。

| 2 | Perdona.
ペルドーナ | すみません。 |

35. だれかに弁解する

[3] Lo siento (mucho).　　　　　　（誠に）すみません。

[4] ¡Perdón! Es que (...).　　　　　ごめん（なさい）。実は（...）。
　　☞1の注参照。

[5] Disculpe.　　　　　　　　　　すみません。

[6] Excúseme. R.　　　　　　　　すみません。

INTERMEDIO　　　　　　　　　　中級会話

[7] Perdóname.　　　　　　　　　ごめんね。

[8] Lo lamento.　　　　　　　　　残念です。

[9] ¿Me perdonas?　　　　　　　　許してくれる？

[10] Le ruego que me perdone.　　　許してくださるようにお願いします。

[11] Con perdón.　　　　　　　　　失礼。

[12] Usted perdone.　　　　　　　許してください。

[13] No lo haré más. R.　　　　　　もう二度としません。

[14] Siento lo ocurrido.　　　　　　起こったことを残念に思います。

[15] ¡Cómo lo siento!　　　　　　　なんと残念なことでしょう。

89

16. Le ruego que me excuse con (...). F.　　（...）で許してくださるようお願いします。

17. De verdad que lo lamento.　　本当に残念です。

18. Ha sido sin querer.　　わざとではなかったのです。

19. Lo hice sin darme cuenta.　　気がつかずにしてしまったのです。

AVANZADO / 上級会話

20. Perdón, no creía que (...).　　すみません。（...）とは思わなったのです。

21. Lo siento, yo no pensé que (...).　　すみません。（...）とは考えもしなかったのです。

22. No ha sido con mala intención.　　悪意だったわけではありません。

23. No pretendía ofenderte.　　君を侮辱するつもりはなかったんだ。

24. Le ruego que disculpe mi (...).　　私の（...）を許してくださるようお願いします。

25. Por favor, presente mis disculpas a (...). F.　　どうぞ、（...さん）に私からのお詫びの意を伝えてください。

26. Me disculpo por (...).　　私は（...）を謝ります。

27. ¡Dispense! R.　　すみません。

28. Le ruego que me perdone por no haberle (...) antes.　　あなたに以前（...）しなかったことを許してくださるようお願いします。

[29] Chico, de verdad, no lo hice a posta.　　君、本当に、わざとしたのではありません。

 ☞ posta［郵便馬車］は、かつて輸送に用いられた馬に関係しているが、現在では、a posta (aposta) という熟語は、voluntariamente［自発的に］とか、教養語の ex profeso［わざと］や a mala idea［悪意から］を意味する。

[30] Por favor, no me lo tomes en cuenta por esta vez.　　どうぞ、今回は大目に見て下さい。

 ☞ contar と関係した cuenta という名詞は、次のようによく使われる：dar cuenta［伝える］、darse cuenta de algo［あることに気が付く］、tomar en cuenta［考えに入れる］、tener en cuenta［考慮する］。 No me lo tomes en cuenta. は、自分が相手にしたことに対して、たいしたことと思わないように頼む時に使う。echar a buena parte［良く解釈する］も大変似た表現で、自分がしたことを善意に評価してくれるように頼む時に使う。

[31] Desearía que olvidaras lo sucedido.　　すんだことは忘れていただきたいと願っております。

[32] ¿No podrías hacer la vista gorda una vez? FH.　　一回だけ大目に見てもらえないだろうかね。

 ☞ hacer la vista gorda［知らんぷりする］は、disimular［見逃す］とやや似ており、何かを見ていないとか、わからないふりをすることを意味する。大目に見るように相手に頼むのは、間違いをしたが、寛大な態度をとってくれるように願っているからである。

36. Aceptar las disculpas de alguien
だれかの弁解を聞く

ELEMENTAL　　初級会話

[1] ¡Perdonado!
　ペルドナード　　もういいよ。

 ☞ この構文は、よく使われるので、estar/quedar が余計に感じられて消滅した。「もう弁解はたくさんだ。とっくに君を許している」という意味。

2. Estás perdonado.　　　　　　　　もういいよ。
　　エスタス　ペルドナード

3. ¡Disculpado!　　　　　　　　　　もういいよ。
　　ディスクルパード

　　☞1の注参照。

4. Estás disculpado.　　　　　　　　もういいよ。
　　エスタス　ディスクルパード

5. No importa.　　　　　　　　　　構わないよ。
　　ノ　インポルタ

6. No tiene importancia.　　　　　　大したことではありません。
　　ノ　ティエネ　インポルタンシア

INTERMEDIO / 中級会話

7. No se preocupe.　　　　　　　　心配しないでください。
　　ノ　セ　プレオクーペ

8. No ha sido nada.　　　　　　　　なんでもありません。
　　ノ　ア　シード　ナーダ

　　☞例えばバスの中で足を踏まれたりした時などに、大したことでないと思わせるための文句である。もしだれかが謝った後でこれを使うと、迷惑がかかっていないことを伝える文句になる。

9. ¡No hay de qué!　　　　　　　　なんでもありませんよ。
　　ノ　アイ　デ　ケ

　　☞お礼の言葉がかけられたのに対してこの表現が使われ、自分のしたことはあまり大したことではないことを伝える。

10. Sí, te perdono.　　　　　　　　あー、もういいよ。
　　シ　テ　ペルドーノ

11. No tiene ninguna importancia.　まったくなんでもありません。
　　ノ　ティエネ　ニングーナ　インポルタンシア

12. Tú no has tenido la culpa.　　　君には罪はありません。
　　トゥ　ノ　アス　テニード　ラ　クルパ

[13] Ya sé que tú no has sido el culpable.
君が悪くなかったことは知っています。

[14] Me consta que no lo hiciste a propósito.
君がわざとやったのではないことは私には確かです。

AVANZADO / 上級会話

[15] Bien, pero que no vuelvas a hacerlo. R.
よし、でももう二度としないように。

[16] Bien, de acuerdo, pero no lo hagas más. R.
よし、わかった。でももうこれ以上しないように。

[17] Quedas dispensado. R.
許してあげるよ。

[18] Todos podemos tener un mal momento.
みんなついていない時があるものです。

☞相手が謝った時に、この表現を使うと、過ちを共有するというのでなく、相手に起こったことは自分にも起こるかもしれないことを想像させる。mal momento とは、あまりついていない時とか、弱り目にたたり目の時を言う。

[19] Eso le ocurre a cualquiera.
そんなことはだれにでも起こることです。

[20] No se hable ya más de ello.
もうこれについては話さないことにしましょう。

☞これは相手の釈明に応えるための普通の明快な表現である。ただしそれで事を決定的に治めるということは、必ずしも本当に相手を許したことを意味しない。引き続き傷ついているのだが、もうこれ以上この件を考えたくないという場合もありうるのである。

[21] Ya ni me acordaba, de verdad.
その件はとっくの昔に忘れておりました。本当ですよ。

22. **Por esta vez no te lo tomaré en cuenta.**　　今回は気にかけないでおきましょう。

☞ contar と関連した cuenta という名詞は、次のようによく使われる：dar cuenta［伝える］、darse cuenta de algo［あることに気が付く］、tomar en cuenta［考えに入れる］、tener en cuenta［考慮する］。No te lo tomo en cuenta. は「起こったことをもう忘れよう」という約束を意味する。

23. **De acuerdo, haremos tabla rasa.** FH.　　わかりました。白紙に戻しましょう。

☞ 名詞 tabla は平らな薄い板のことを意味する。hacer tabla rasa (de algo) は完全になにかを無視することを意味する。人が謝った後にこの句が使われると、済んだ事を忘れることを意味する。

24. **Corramos un tupido velo, ¿de acuerdo?**　　口にチャックをしましょう。いいですね。

☞ この句はデリケートなテーマ、あるいは物議をかもす恐れのあるテーマについては、もう話さない方がよいことを表わす。「きめの細かいベールをかけよう」というのが直訳である。

25. **¡Pelillos a la mar!** FH.　　すべて水に流しましょう。

☞ pelillo は、pelo［髪の毛］の縮小辞形である。echar pelillos a la mar［海に髪の毛を投げ入れる］は二人がその意見の食い違いから来る不和を忘れたり、もめごとの火種となることを無視したりすることを意味する。どうしてこういう言い方をするのかわからないが、仲直りをしたい時に若者が習慣的に用いる句である。

37. *Hacer un brindis*
乾杯をする

ELEMENTAL 　　　　　　　　　　　　　　初級会話

1. ¡Salud!　　　　　　　　　　　　　　　　乾杯。
   サルー

2. ¡Por (...)!　　　　　　　　　　　　　　(...) のために！
   ポル

3. Vamos a brindar por (...).　　　　(...) のために乾杯しましょう。
   バモサ　ブリンダール　ポル

4. ¡Chin, chin! ʟ.　　　　　　　　　　　　チン　チン（グラスが当たる音）。
   チン　チン

   ☞ グラスを交わす時のチン、チンという擬音語を用いて乾杯する。スペイン人が皆この言い方を知っていて使うわけではない。

INTERMEDIO　　　　　　　　　　　　　　中級会話

5. ¡Brindemos!　　　　　　　　　　　　　　乾杯しましょう！
   ブリンデーモス

6. Brindo por (...).　　　　　　　　　　　(...) のために乾杯。
   ブリンド　ポル

7. ¡Viva (...)!　　　　　　　　　　　　　(...) 万歳！
   ビーバ

8. ¡A tu salud!　　　　　　　　　　　　　ご健康を！
   ア　トゥ　サルー

9. ¡A la salud de (...)!　　　　　　　　(...さん) の健康を願って！
   ア　ラ　サルー　デ

10. Bebamos por (...).　　　　　　　　　(...) のために飲みましょう。
    ベバーモス　ポル

11. Levantemos las copas para brindar por (. . .).
レバンテーモス ラス コーパス パラ ブリンダール ポル

(...)のため乾杯するためにグラスを上げよう。

| AVANZADO | 上級会話 |

12. Hagamos un brindis por (. . .).

(...)のために乾杯しましょう。

13. ¿Y si brindáramos por (. . .)?

(...)に乾杯したらどう？

14. ¡Va por tu salud! I.

君の健康のために！

15. Choquemos las copas. I.

グラスを交わしましょう。

☞ 動詞 chocar は、二つの物がぶつかる音を想像させるが、乾杯に際してグラスを交わすこと、グラスをぶつけあうことを意味する。entrechocar という語も使われる。力強く握手する時にも se chocan las manos と言う。このほかに chocar は sorprender［びっくりさせる、ショックを与える］の類義語として使われる。

II
INFORMACIÓN Y COMUNICACIÓN
情報とコミュニケーション

38. Iniciar una conversación o charla
会話とかおしゃべりを始める

挨拶の決まり文句のほかに、会話やおしゃべりを始めるために使われる語句として、言い訳に過ぎない句でも、聞き手の能動的な介入を必要とするので、ここに含めた。最も普通のやり方は、時間を尋ねたり、天気について話したり、たばこの火を借りたり、たばこを勧めたり、ねだったり、知り合いであると言ったりすることである。

ELEMENTAL / 初級会話

1. ¡Hola! ¿Qué tal?
   オーラ　ケ　タル
   やあ、調子はどう？

2. ¡Hola! ¿Eres de aquí?
   オーラ　エレス　デ　アキ
   やあ、君はここの出ですか？

3. Bien, (...).
   ビエン
   元気です、(...)。

4. ¡Oye, escuha! I.
   オィエ　エスクーチャ
   ねー、聞いてよ。

5. ¡Qué tiempo hace!
   ケ　ティエンポ　アーセ
   いい天気だね。

6. ¿Me da fuego, por favor?
   メ　ダ　フエゴ　ポル　ファボール
   火をかしてくださいますか？

7. ¿Tiene hora, por favor?
   ティエネ　オーラ　ポル　ファボール
   何時ですか？

8. Vamos a hablar de (...).
   バモサブラール　デ
   (...) について話しましょう。

9. ¿Sabes que (...)?
   サーベス　ケ
   (...) を知っている？

INTERMEDIO　　　　　　　　中級会話

10. Quiero decirte que （…）.
    キエロ　デシールテ　ケ

    私は、（…）を君に話したい。

11. ¿Le molesta que fume?
    レ　モレスタ　ケ　フーメ

    タバコを吸ってもいいですか？

12. Os comunico que （…）.
    オス　コムニーコ　ケ

    （…）と君たちに伝えておくよ。

13. Me gustaría hablarte de
    メ　グスタリーアブラールテ　デ
    （…）.

    君に（…）についてお話ししたいのですが。

14. Hace tiempo que tengo ganas
    アーセ　ティエンポ　ケ　テンゴ　ガーナス
    de hablar contigo.
    デ　アブラール　コンティーゴ

    君と話したいと長いこと思っていました。

15. Perdone, es que no soy de
    ペルドーネ　エス　ケ　ノ　ソイ　デ
    aquí, pero ¿podría decirme
    アキ　ペロ　ポドリーア　デシールメ
    （…）?

    すみませんが、私はここの者でないのですが、（…）を教えていただけないでしょうか？

16. ¿No nos hemos visto antes?
    ノ　ノセーモス　ビスト　アンテス

    前にお会いしたことありませんか？

17. Oiga, ¿no nos conocemos de
    オイガ　ノ　ノス　コノセーモス　デ
    algo?
    アルゴ

    もし、もし、何かのはずみでお会いしたことありませんか？

AVANZADO　　　　　　　　上級会話

18. A propósito, （…）.

    ところで、（…）。

19	Quisiera informarle de (...).	(...) をあなたにお知らせしたいのですが。
20	El tema de hoy trata de (...).	今日の話は (...) についてです。
21	Querría deciros que (...).	君たちに (...) と言いたいのですが。
22	Hablando de (...), (...).	(...) を話題にすれば、(...) だ。
23	Estoy seguro de que no se acuerda usted de mí, pero yo soy (...).	きっと私を覚えておられないと思いますが、私は (...) です。
24	Como íbamos diciendo, (...).	この前述べたように、(...)。
25	Perdone, pero ¿no es usted por casualidad (...)?	すみませんが、ひょっとしてあなたは (...さん) ではありませんか？

39. Concluir una conversación o charla
会話やおしゃべりを終える

ELEMENTAL　　　　初級会話

1	En fin, (...). エン フィン	結局、(...)。
2	Eso es todo. エソ エス トド	これで終わりです。
3	Para terminar, (...). パラ テルミナール	最後に、(...)。
4	Para acabar, (...). パラ カバール	最後に、(...)。

39. 会話やおしゃべりを終える

[5] Para concluir, (...).
パラ　コンクルイール

最後に、(...)。

[6] Y ya está.
イヤ　エスタ

これで終わりです。

[7] Fin.
フィン

おしまい。

[8] ¡Y punto! Enf.
イ　プント

終わり。

☞ 名詞 punto は、ピリオドのことである。punto final [終止符] は、一段落の終わりを示す。比喩的に用いられると、punto final [終止符] は話をやめ、終わったことを示す言葉である。実際には final なしで、単独でよく使われるが、その前に接続詞 y がついている。きっぱりとした、強い調子で発音される。

[9] ¡Punto final! Enf.
プント　フィナル

おしまい。

☞ 8 の注参照。

INTERMEDIO 中級会話

[10] No hay más. I.
ノ　アイ　マス

もうこれ以上何もありません。

[11] Con eso concluimos.
コネソ　コンクルイーモス

これで終わりにします。

[12] ¡Bueno! Ya está bien por hoy. I.
ブエノ　ヤ　エスタ　ビエン　ポロイ

では、今日はこれでおしまいです。

[13] ¡He dicho! Enf.
エ　ディーチョ

ご静聴感謝いたします。

[14] El resto ya lo sabes.
エル　レスト　ヤ　ロ　サーベス

あとのことはもうご存じでしょう。

101

15 **¡Basta ya de charla!** Enf.
　　バスタ　ヤ　デ　チャルラ

　　☞ 動詞 bastar は、llegar [到達する]、alcanzar [到達する]、ser suficiente [十分である] に相当するが、¡basta! [もう結構です] という形でよく使われ、間投詞的で、感嘆詞的な抑揚で発音され、黙るようにとか、いずれにしても、相手が話しているのを中断させようとする目的で用いられる。この決まり文句の力強さは、名詞 charla が付け加わると、ますますはっきりする。

おしゃべりはもうたくさん。

16 **Concluiremos con (. . .).**
　　コンクルイレーモス　コン

(...) でおしまいにしましょう。

17 **Bueno, pues no hay más.**
　　ブエノ　プエス　ノ　アイ　マス

では、もうこれ以上（お話することは）ありません。

18 **Muchas gracias por su atención.** R.
　　ムーチャス　グラシアス　ポル　ス
　　アテンシオン

気を使っていただき、ありがとうございます。

19 **No quiero saber más.**
　　ノ　キエロ　サベール　マス

もうこれ以上知りたくありません。

20 **Dejémoslo. Mañana será otro día.**
　　デヘーモスロ　マニャーナ　セラ　オトロ
　　ディーア

もうやめましょう。あしたはあしたの風が吹きますから。

21 **Y se acabó.**
　　イ　セ　アカボ

おしまい。

| AVANZADO | 上級会話 |

22 **En resumidas cuentas, (. . .).**　要約すると、(...)。
23 **Terminaremos diciendo (. . .).**　最後に (...) と言うことにしましょう。
24 **No me hable más de ello.**　もうこれ以上その話はしないでください。

|25| Lo doy por terminado. もうそれは終わりとみなします。

|26| Así daremos por acabada la reunión. R. では会合はこれで閉幕にします。

|27| Colorín, colorado, este cuento se ha acabado. FH. めでたし、めでたしでこのお話は終わりました。

☞ colorín は color の縮小辞形であり、colorado は、ほとんど rojo［赤い］とか encarnado［赤くなった］に相当する。これは童話を終える伝統的な決まり文句である。

|28| Y fueron felices y comieron perdices. そして幸せに暮らしました。めでたし、めでたし。

☞ これで童話を終える伝統的な決まり文句で、もし完璧に言うなら、se casaron, fueron felices y comieron perdices.［二人は結婚して、幸せに暮らしました。めでたし、めでたし］。直訳すると最後は「perdices［しゃこ］を食べました」になる。

|29| ¡Sanseacabó! それでおしまい。

☞ これは、santo の省略形 san と acabar の無人称形の se acabó からできた表現である。すこし乱暴であるが、討論を途中で遮ったり、やめたりする時の決まり文句として使われる。

|30| Se acabó lo que se daba. 話はおしまい。

☞ この表現で、もう話すべき事はないことを表わす。それゆえ、これはやや親しい仲間うちで、出し抜けに使われるが、いずれにせよ、会話を終える表現である。

40. Afirmar algo
肯定的返答をする

ELEMENTAL 初級会話

1. ¡Sí!
   シー
   はい。

2. ¡Sí, hombre, sí!
   シ　オンブレ　シ
   はい、そうだよ、君。

3. ¡Claro!
   クラーロ
   もちろん。

4. ¡Seguro!
   セグーロ
   間違いないです。

5. ¡Por supuesto!
   ポル　スプエスト
   もちろん。

6. ¡Ya!
   ヤ
   なるほど。

7. ¡Eso!
   エソ
   そのとおり。

8. Ya lo creo.
   ヤ　ロ　クレーオ
   もちろんです。

9. Es cierto.
   エス　シエルト
   それは確かです。

10. Es verdad.
    エス　ベルダー
    本当です。

11. Es evidente.
    エセビデンテ
    はっきりしています。

12. Ciertamente.
    シエルタメンテ
    確かです。

40. 肯定的返答をする

13. Evidentemente.
    エビデンテメンテ
    明らかです。

14. Naturalmente.
    ナトゥラルメンテ
    当然です。

15. Claro que sí.
    クラーロ ケ シ
    もちろんそうです。

INTERMEDIO 中級会話

16. Pues claro.
    プエス クラーロ
    そりゃ、もちろん。

17. ¿Cómo no? Enf.
    コモ ノ
    もちろん。
    ☞ 間投詞句で、¡Cómo no!は、丁寧な同意を表わす。

18. Está claro que sí.
    エスタ クラーロ ケ シ
    そのとおりです。

19. Di que sí.
    ディ ケ シー
    そのとおりだろ。

20. Te digo que sí.
    テ ディーゴ ケ シー
    間違いなくそのとおりだよ。

21. Claro, hombre, claro.
    クラーロ オンブレ クラーロ
    もちろん、そうです。

22. ¡Que sí, hombre, que sí!
    ケ シー オンブレ ケ シー
    そのとおり、はい、そのとおりです。

AVANZADO 上級会話

23. ¡A ver! I.
    もちろん。
    ☞ この表現は色々の意味を表わす。自分の好奇心から発した「どれどれ」という意味を表わす。感嘆文の抑揚で、¡claro!に似た肯定の副詞句としても使われる。

24 ¡Sólo faltaría! Enf.　　　　そうに違いありません。

☞ 何か受け入れがたいことや申し出を拒否する時に使われる表現である。間接的に肯定するためにも使われる。

25 ¡No faltaba más! Enf.　　　　もちろん。

☞ 24の注参照。

26 ¡Y que lo digas!　　　　そのとおり。

☞ 親しみのある調子で発音される、肯定を表わす間投詞である。¡Y dígalo! も同じタイプの表現である。

27 ¡Ni que decir tiene! Enf.　　　　言うまでもない。

☞ 非常に強い肯定表現である。話題になっていることに関してなんらの疑いの余地がないことを意味している。

41. Negar algo
否定の返答をする

ELEMENTAL　　　　初級会話

1 No.　　　　いいえ。
　 ノ

2 No es así.　　　　そうではありません。
　 ノ　エサシ

3 No, hombre, no.　　　　いや、君、違うよ。
　 ノ　オンブレ　ノ

4 No es cierto.　　　　確かではありません。
　 ノ　エス　シエルト

5 No es verdad.　　　　本当ではありません。
　 ノ　エス　ベルダー

6 Mentira.　　　　うそだ。
　 メンティーラ

41. 否定の返答をする

|7| ¡Nada!
　　ナーダ

まったくそうではありません。

☞ nada［ぜんぜん（...）ない］は en absoluto［まったく（...）ない］の意味で、前に言われたことを力強く否定する。¡nada!はアクセントのかかる音節をオーバーに力強く発音し、また長く引き延ばすので、庶民の発音に特徴的な短縮形 ¡na!がよく聞かれる。

|8| De eso, nada.
　　デーソ　　ナーダ

それについてはぜんぜんそうではありません。

☞ 7の注参照。

|9| No, eso sí que no.
　　ノ　エソ　シ　ケ　ノ

いいえ、まったくそうではありません。

INTERMEDIO　　　中級会話

|10| ¡Qué va!
　　ケ　バ

とんでもない。

☞動詞 ir が、元の意味をとどめずに使われる間投詞句。反対、不賛成の意志を表わすために使われる否定の副詞句である。

|11| Ni mucho menos.
　　ニ　ムーチョ　メノス

それどころではありません。

|12| Está claro que no.
　　エスタ　クラーロ　ケ　ノ

もちろん違います。

|13| Es evidente que no.
　　エセビデンテ　　ケ　ノ

そうでないことは明らかです。

|14| Seguro que no.
　　セグーロ　ケ　ノ

きっとそうではありません。

|15| ¡Ni hablar (de eso)! Enf.
　　ニャ　ブラール　　デーソ

（それについては）とんでもない話です。

☞27章7の注参照。

16　Te digo que no.　　　　　　　　　そうではないんだよ。
　　　テ　ディーゴ　ケ　ノ

17　No, no, no y mil veces no . Enf.　違う、違う、違うの千倍。
　　　ノ　ノ　ノ　イ　ミル　ベセス　ノ

AVANZADO	上級会話

18　¡Ca! R.　　　　　　　　　　　　　とんでもない。

　　☞否定する時にも使われる間投詞的な表現で、単独でもいいし、また呼びかけの要素を伴って、¡Ca, hombre! [とんでもない、君] のように使われる。

19　¡Narices! V.　　　　　　　　　　　そんな馬鹿な。

　　☞あることを否定したり、拒否する時に使われ、怒りを表わす。身体部分の用語は、しばしば複数形で使われ、単独で間投詞として使われるほかに、多くの熟語の中で使われる。estar de algo hasta las narices [なにかが鼻につく、なにかにうんざりする]、tocarle a uno las narices [だれかをうんざりさせる]。

20　¡Nones! R.　　　　　　　　　　　ぜんぜん。

　　☞多分この形は non (impar [奇数]) の複数形とみなすべきであろう。否定の返事をする時に使われる。熟語で estar de nones [相手がいない、ひとりでいる] としても使われる。

21　¡Y qué más...! Ir.　　　　　　　　そんなことないでしょう。

　　☞この否定の決まり文句は、前に言われたことが大げさで、不可能であるとみなして、その前言に対して否定する気持ちを表わす。

22　¡Naranjas de la China! FH.　　　　ぜんぜんそんなことありえない。

　　☞拒否とか不服の気持ちを表わす侮辱的、通俗的な否定の表現である。

23　¡He dicho que no y cuando yo　　だめだと言ったらだめです。
　　digo que no, es que no! Enf.

　　☞22の注参照。

42. Cambiar de tema
話題を変える

ELEMENTAL — 初級会話

1. ¡Ah!, otra cosa (...).
   あー、別の話なのですが、(...)。

2. Oye, por cierto...
   えー、ところで…

3. Oye, y de (...), ¿qué?
   えー、で (...) の話は、どうなった？

4. Perdón, pero (...).
   すみません、でも。

5. Sí, sí, pero (...).
   えー、そうですね。でも (...)。

INTERMEDIO — 中級会話

6. Vamos a lo que importa.
   肝心な話に入ろう。

7. ¡Ah! Ahora que lo pienso, (...).
   あー、今それを考えていたところなんだが、(...)。

8. A todo esto, (...).
   ところで、(...)。

9. ¡Oye! ¿Por qué no cambiamos de tema?
   ねえー、話題を変えようよ。

[10] Perdone que le interrumpa, pero (...). F.
お話を遮って悪いのですが、(...)。

[11] ¿No sabes hablar de otra cosa? I.
違う話題にできないの？

[12] No quiero seguir hablando siempre de lo mismo.
ずうっと同じ事を話してばかりいたくないのですが。

[13] Hablando de otra cosa, (...).
話題を変えさせてもらいますが、(...)。

[14] Eso que dices me hace pensar en (...).
君の話からすると、(...)を考えざるとえないのだが。

[15] Perdona, pero no quiero ni oír hablar más de eso.
すみませんが、そのことについてはもうこれ以上話をうかがうことすらしたくないのですが。

AVANZADO / 上級会話

[16] Perdona, ¿sabes qué se me ha ocurrido?
すまんがね、私が何を思いついたか知ってる？

[17] ¡A otra cosa, mariposa! FH.
違う話を。

☞ otra cosa ［ほかの事］とは cosa distinta ［違う事、物］を意味する。例えば、次のように使われる：el vestido que has comprado hoy ya es otra cosa, porque el de ayer era feísimo.［今日君が買った服は段違いだ。なぜなら昨日のはとてもひどいものだったから］。a otra cosa という言い方は、ある

変化を、この場合は話題を変えることを意味する。二番目の部分 mariposa［蝶］は、意味に関係なく、脚韻を踏むための言葉遊びである。

| 18 | Corramos un tupido velo. | その話はやめようよ。 |

☞36章24の注参照。

| 19 | Pasemos página. | 違う話に移りましょう。（←次のページに移りましょう） |

| 20 | Oyeme, antes de que me olvide, (...). | えーと、忘れないうちに (...)。 |

43. *Interrumpir o cortar a alguien*
相手の話を中断したり、遮ったりする

ELEMENTAL 初級会話

| 1 | Perdón, (...). | すみませんが、(...)。 |
ペルドン

| 2 | Oye, (...). | ねえー、(...)。 |
オィエ

| 3 | ¡Alto! | 待って（ストップ）。 |
アルト

| 4 | ¡Basta! | たくさんだ。 |
バスタ

☞動詞 bastar［十分である］は llegar［到達する］、alcanzar［届く］、ser suficiente［十分である］に相当する。39章注15参照。無主語の3人称単数形で使われるのが普通である：basta con que me lo expliques una vez.［一度私にそれを説明してくれれば十分だ］。¡Basta!は間投詞的性格を持っている。感嘆文のイントネーションで、相手が言ったり、何かをしたりしているのを中断させる意味合いを出す。

5. ¡Basta ya! — もうたくさんだ。
   ☞ 4の注参照。

6. No sigas. — もうその話やめてよ。

7. Cállate. — 黙れ。

8. No hables más de eso. — もうこのことについては話さないで。

9. No quiero oírte más. — もうこれ以上君の話は聞きたくない。

INTERMEDIO / 中級会話

10. ¡Calla, calla! — 黙って、黙って。

11. Deja eso ya. — もうその話はやめてよ。

12. Que te calles, te digo. — 「黙って」と言ったでしょう。

13. Ya basta, ¿no? Enf. — もうたくさんだよ。
    ☞ 4の注参照。

14. Basta de eso ya. — もうその話はたくさん。

15. Haz el favor de callarte. — お願いだから黙ってよ。

43. 相手の話を中断したり、遮ったりする

| AVANZADO | 上級会話 |

16 ¡Quita, quita! いい加減にやめてよ。

☞命令形から来ているけれども、原義から離れてしまったこの間投詞は、相手が言っている事を断固として拒否するために使われる。相手の言うことを途中で遮る手段である。

17 ¡Cambia, cambia! 別の話題に変えてよ。

18 Cambia de tema. 話題を変えてよ。

19 ¡Corta el rollo! v. くだらん話はやめてくれ。

☞動詞 cortar［切る］は、基本的な意味のほかに、detener［やめさせる］とか interrumpir［中断する］を意味する。相手を遮って、話をやめさすために使われるきつい言い方である。名詞 rollo は相手の話の退屈さを意味する。若い人特有の言い方である。

20 Perdona que te corte, pero (...). l. 遮って悪いんだが、(...)。

☞19の注参照。

21 Que cortes, te digo. v. 「やめて」と言っているのだ。

☞19の注参照。

22 ¡No te enrolles! v. もうくどく言うのはやめて。

☞動詞 enrollar は、何か（紙、はりがね）を筒の形にすることを言う。人が話すのを妨げるためのしつこい制止を意味する。時々 te enrollas como una persiana.［ブラインドを巻くように君はくどくど話すね］という言い方もある。若い人特有の言い方である。

23 Punto en boca. 口にチャックを。

24 Cierra el pico. v. 口に封を。

☞鳥に関係した名詞 pico［くちばし］は、しばしば boca の代わりに使われる。それゆえ、口がたつ者を、tiene un pico de oro.［金のくちばしを持っている］と言う。

44. Resumir una conversación o charla
会話や話の内容を要約する

ELEMENTAL 初級会話

1. En resumen, (...).
   エン　レスーメン
   要するに、(...)。

2. Para resumir, (...).
   パラ　レスミール
   要約すると、(...)。

3. Resumiendo, (...).
   レスミエンド
   以上をまとめると、(...)。

4. Vamos a resumir (...).
   バモサ　レスミール
   (...) を要約しましょう。

INTERMEDIO 中級会話

5. Total, que (...).
   トタル　ケ
   つまり、(...) なのだ。

6. En pocas palabras, (...).
   エン　ポカス　パラブラス
   つづめると、(...)。

7. Para abreviar, (...).
   パラブレビアール
   簡潔に言うと、(...)。

8. Abreviando, (...).
   アブレビアンド
   簡潔にすると、(...)。

9. Lo dicho : (...).
   ロ　ディーチョ
   私が言ったことは、(...) なのだ。

AVANZADO　　　　　　　　　　上級会話

[10] Como síntesis, (...).　　　　総括すると、(...)。

[11] Pensándolo bien, (...).　　　熟慮の上、(簡潔な表現に変えると、)(...)。

[12] Así que (...).　　　　　　　そういうわけで、(...)。

[13] Conque, (...).　　　　　　　それで、(...)。

☞ 前置詞 con と que からなる接続詞 conque は、普通前に言われたことの結論とか結果を導入するために使われる。

[14] Lo que se puede sacar en claro es que (...).　　　以上まとめると (...) となる。

[15] Podemos sacar la conclusión de que (...).　　　(...) という結論を引き出すことができます。

[16] Resumimos diciendo que (...).　　　私達が要約すると、(...) となります。

[17] Lo que he querido decirte ante todo es que (...).　　　なによりもまず君に言いたいことは、(...) なのだ。

[18] Concretando, diremos que (...).　　　もっとはっきり言うならば、(...)。

[19] Bien mirado, (...).　　　　よく考えてみると、(...)。

☞ この言い方は、条件文の si bien se mira [もしよく考えてみると] に相当して、前の言葉に注釈を加えたり、言い直したりするために用いられる。

[20] Recapitulemos (...). F.　　　(...) をまとめてみましょう。

☞ capitular [協定する] という動詞は余り使われないが、その派生語形の recapitular はよく使われる。resumir [まとめる] とか sintetizar [総括する] の類義語である。

45. Pedir a alguien que repita lo que ha dicho
もう一度繰り返して言ってもらうよう人にお願いする

ELEMENTAL / 初級会話

[1] Perdón, ¿puede repetir?
ペルドン　プエデ　レペティール

すみません。もう一度言ってくださいますか？

[2] Repítalo, por favor.
レピータロ　ポル　ファボール

どうぞ、もう一度おっしゃってください。

[3] ¿Me lo repite, por favor?
メ　ロ　レピーテ　ポル　ファボール

どうぞ、もう一度おっしゃってくださいますか？

[4] ¿Cómo dice?
コモ　ディーセ

なんとおっしゃいましたか？

[5] ¿Qué dice?
ケ　ディーセ

なんとおっしゃいましたか？

[6] ¿Eh?
エー

なんですって？

[7] ¿Qué, cómo?
ケ　コモ

なに、なんだって？

[8] ¿Cómo, cómo?
コモ　コモ

なに、なんだって？

INTERMEDIO / 中級会話

[9] ¿Podría decirlo de nuevo?
ポドリーア　デシールロ　デ　ヌエボ

もう一度そのことを言っていただけますでしょうか？

45. もう一度繰り返して言ってもらうよう人にお願いする

10 ¿Le importaría repetirlo una vez más?
　レ　インポルタリーア　レペティールロ　ウナ　ベス　マス
もう一度言っていただけないでしょうか？

11 ¡Otra vez, por favor!
　オトラ　ベス　ポル　ファボール
もう一度どうぞ。

12 ¿Qué ha dicho?
　ケ　ア　ディーチョ
なんと言われましたか？

13 ¿Qué, qué (...)? I.
　ケ　ケ
なに、なに？

☞相手にもう一度繰り返してもらうための言い方である。疑問文で文末のイントネーションは上がりも下がりもしない水平調で終わる。

14 ¿Que si qué (...)? I.
　ケ　シ　ケ
なんだって？

☞13の注参照。14では、最初のque（接続詞）の前に、動詞decir［言う］が省略されている。二番目のquéは、疑問代名詞である。イントネーションも13と同じである。

15 Debo de estar sordo... Ir.
　デーボ　デ　エスタール　ソルド
聞こえなかったのですが…

16 No le he oído bien.
　ノ　レ　エ　オイード　ビエン
よく聞こえなかったのですが。

☞相手に繰り返すように促す言い方である。場合によっては脅迫、おどし文句にもなりうる。「もう一度言ってみなさい」。

AVANZADO 上級会話

17 ¿Tendría la amabilidad de repetírmelo? F.
恐れ入りますが、もう一度言っていただけないでしょうか？

18 ¡A ver, a ver, que yo me entere bien! Enf.
どれ、どれ、わからなかったのでもう一度。

19 ¿Tendrá la bondad de repetírmelo?
恐れ入りますが、もう一度繰り返していただけるでしょうか？

46. Repetir de otra manera lo ya dicho
すでに言った事を違う言い方で繰り返す

ELEMENTAL / 初級会話

1. Repito, (...).
   レピート

   繰り返します、(...)。

2. Es decir, (...).
   エス デシール

   つまり、(...)。

   ☞ 物事の意味をはっきりさせる常用表現で、はっきりさせるべき表現の前にこれを置いておく。o sea は時々 o séase と言われることがある。

3. O sea, (...).
   オ セーア

   すなわち、(...)。

   ☞ 2の注参照。

4. Mejor dicho, (...).
   メホール ディーチョ

   言い替えれば、(...)。

   ☞ 前に言ったことを訂正する表現である。

INTERMEDIO / 中級会話

5. Dicho de otro modo, (...).
   ディーチョ デ オトロ モード

   言葉を変えて言えば、(...)。

6. Dicho de otra manera, (...).
   ディーチョ デ オトラ マネーラ

   言葉を変えて言えば、(...)。

7. O, lo que es lo mismo, (...).
   オ ロ ケース ロ ミスモ

   同じことなんですが、(...)。

8. Dicho con otras palabras, (...).
   ディーチョ コノトラス パラブラス

   違う言葉で言えば、(...)。

9. Mira, lo mismo que si (...).
   ミーラ ロ ミスモ ケ シ

   ねえ、(...) と言っても同じです。

|10| Viene a ser como (...).　　　まあ (...) といったことになりますね。

|11| Es igual que si (...).　　　(...) と言っても同じです。

|12| Mira, es lo mismo que si (...).　　　いいかい、(...) と言っても同じことです。

|13| Equivale a (...).　　　(...) ということになります。

|14| Es sinónimo de (...).　　　(...) と同じです。

AVANZADO / 上級会話

|15| Como acabo de decir, (...).　　　いま申しましたように、(...)。

|16| Lo que es lo mismo que decir (...).　　　それは (...) と言っても同じです。

|17| Lo que equivale a decir que (...).　　　それは (...) と言っても同じです。

|18| Más fácil, para que me comprendas, (...).　　　わかってもらうために、簡単に言うと、(...)。

47. Poner un ejemplo
例を出す

ELEMENTAL / 初級会話

|1| Por ejemplo, (...).　　　例えば、(...)。

|2| Como ejemplo, (...).　　　例を出すと、(...)。

3. O sea, (...).
   オ セーア
   すなわち、(...)。

   ☞ この言い方は、話の途中でより詳しい説明や例をはさみたい時に用いられる。

4. Es decir, (...).
   エス デシール
   すなわち、(...)。

   ☞ 3の注参照。

INTERMEDIO | 中級会話

5. A modo de ejemplo, (...).
   ア モド デ エヘンプロ
   例として出すならば、(...)。

6. Es como decir que (...).
   エス コモ デシール ケ
   (...)と言うようなものです。

7. Es como aquello de (...).
   エス コモ アケーヨ デ
   (...)のようなものです。

8. Este es el caso de (...).
   エステ エス エル カーソ デ
   これは(...)のケースです。

9. Ejemplificando, (...).
   エヘンプリフィカンド
   たとえて言うと、(...)。

10. Sirva de ejemplo (...).
    シルバ デ エヘンプロ
    (...)が例として役に立つでしょう。

AVANZADO | 上級会話

11. Pongamos por caso (...).
    例として(...)を考えてみましょう。

12. Verbigracia, (...). F.
    すなわち、(...)である。

    ☞ このラテン語の熟語の書き方は、上のように一語だったり、verbi gracia のように、二語であったりする。por ejemplo と似たような意味だがもっと教養ある言い方である。

13. Es igual que si (...).
    (...)としても同じだ。

| 14 | Mira, es lo mismo que si (...). | いいかい、(...)と言っても同じだ。 |

☞ lo mismo que si とか como si で、仮定の比較文が作られる。

| 15 | Por no citar más que un caso, (...). | 一つだけ例を引くと、(...)。 |

48. Manifestar atención
相手の言ったことに関心を表わす

ELEMENTAL 　　　　　　　　　　**初級会話**

| 1 | ¡¿Ah, sí?! | あー、そうですか？ |
| | アー　シー | |

☞ 相手の言葉に対しての驚きとか、より深い関心とかを示す感嘆の表現である。相手がさらに話し続けるように誘ったり、促したりする。

| 2 | ¿Sííí...? | そうですか？ |
| | シー | |

| 3 | ¡No me digas! | まさか！ |
| | ノ　メ　ディーガス | |

☞ この言葉で今聞いたばかりのことに対しての驚きを表わす。相手の話に深い関心を示していることがうかがえる。

| 4 | ¡¿Cómo, cómo?! | なに、なんだって。 |
| | コモ　　コモ | |

| 5 | ¡Ah...! | あー！ |
| | アー | |

| 6 | ¿Y... entonces? | えー、それで？ |
| | イ　エントンセス | |

| 7 | ¿Quééé...? Enf. | なんですって？ |
| | ケー | |

8　¡¿De verdad?!　　　　　　　　　　本当？
　　デ　　ベルダー

9　¡¿De veras?!　　　　　　　　　　　本当に？
　　デ　　ベーラス

INTERMEDIO　　　　　　　　　　　中級会話

10　¡Anda...!　　　　　　　　　　　　あれまあ！
　　アンダー

 ☞ 感嘆詞 ¡anda! は多くの意味を持っている。驚きの気持ちを表わす用法もそのうちの一つである。ここでは相手の言葉に対する反応、深い関心を表わしている。

11　¡Vaya...!　　　　　　　　　　　　あらまあ！
　　バーヤ

 ☞ ir の接続法現在三人称単数形 vaya は、驚き、失望、不快、不満の感情も表わせるが、時々感嘆をも表わすことができる。その上名詞 (¡Vaya suerte! [なんという幸運！] とも、名詞句 (¡Vaya forma de llover! [なんという雨の降りかた！] とも結びつく。

12　¿En serio?　　　　　　　　　　　本当？
　　エン　セリオ

 ☞ 副詞句 en serio [真面目に] は、様態の副詞 seriamente に相当する。すなわち de verdad [本当に] と同じことを意味する。疑問文の抑揚で言うと驚きを表わし、これを聞くと聞き手はさらに話し続けようという気になる。

13　Sí..., sí...　　　　　　　　　　　なるほど、なるほど。
　　シ　　シー

14　¿Y...?　　　　　　　　　　　　　それで？
　　イ

15　¡Ya, ya!, ¿y qué más?　Enf.　　わかった、わかった。でその先
　　ヤ　　ヤ　イ　ケ　マス　　　　　　は？

48. 相手の言ったことに関心を表わす

16　¡Fíjate!
　　フィーハテ
　　　　　　　　　　　　　　　　　あれまあ、本当かね。

☞ この命令形は注意を引く時に使う。二人称命令形をとっているが、実は聞き手の自分が、話し手の言うことに深い関心を示していることを表わす。

17　¡Sigue, sigue!
　　シーゲ　　シーゲ
　　　　　　　　　　　　　　　　　続けて、その先は。

18　¡Cuenta, cuenta!
　　クエンタ　　クエンタ
　　　　　　　　　　　　　　　　　話して、話して。

19　Sigue contando.
　　シーゲ　　コンタンド
　　　　　　　　　　　　　　　　　続けて話してよ。

20　¡A ver, cuéntame!
　　ア　ベール　クエンタメ
　　　　　　　　　　　　　　　　　さあ、話してくれ。

AVANZADO　　　　　　　　　　上級会話

21　Te sigo, te sigo.　　　　　　話を続けてよ、聞いているからね。

22　Soy todo oídos.　　　　　　　耳の穴をほじくって聞いています。

☞ 直訳は「私は体全体を耳にしています」である。人が大いに注意して聞いていることを意味する。

23　Te escucho con mis cinco sentidos.　　　体全体を耳にして聞いています。

☞ この副詞句 los/mis cinco sentidos［五感］は、人があることに注意したり、気をつけていることを意味する。色々な動詞（oír/escuchar［聞く］、trabajar［働く］）と一緒に使われる。

24　Tomo (buena) nota.　　　　　一言も聞き漏らさないようにしています。

☞ tomar (buena) nota［気にとめる］は、人があることに深い関心を示していることを意味する。

25　Estoy pendiente de tus palabras.　　　　一言も聞き漏らさないようにしています。

49. Poner algo de relieve
何かを強調する

ELEMENTAL 初級会話

1. Pero, ¡ojo!, (...). E.
   ペロ　オーホ

   でも、気をつけて、(...)。

2. Quiero subrayar (...).
   キエロ　スブラヤール

   私は (...) と強調したいのです。

3. Preste atención: (...).
   プレステ　アテンシオン

   注意してください。つまり (...) なのです。

INTERMEDIO 中級会話

4. Deseo enfatizar (...).
   デセーオ　エンファティサール

   (...) を強調したいのです。

5. Me gustaría poner de relieve (...).
   メ　グスタリーア　ポネール　デ　レリエーベ

   (...) を強調したいのですが。

6. Y que conste que (...).
   イ　ケ　コンステ　ケ

   (...) ということをはっきりさせたく思います。

7. Me consta que (...). Enf.
   メ　コンスタ　ケ

   (...) は私には明々白々です。

8. Para que quede bien claro, (...).
   パラ　ケ　ケーデ　ビエン　クラーロ

   もっとはっきりさせるならば、(...) です。

9. Conviene destacar (...).
   コンビエネ　デスタカール

   (...) ことをはっきりさせることが望ましい。

[10] Hay que poner más énfasis en (...).
　　アイ　ケ　ポネール　マセンファシセン

（...）をもっと強調せねばなりません。

[11] Vale la pena insistir en (...).
　　バーレ　ラ　ペーナ　インシスティーレン

（...）と主張する価値があります。

AVANZADO　　　　　　　　　上級会話

[12] Quiero recalcar lo siguiente: (...).

次のことを力説したいと思います。すなわち（...）

[13] Nada menos que (...).

（...）にほかなりません。

☞ 人を驚かすほど強調したい事柄の前、特に日付、数字とか名詞の前に使われる。

[14] No es de despreciar (...).

（...）を軽んずべきではありません。

[15] (...), ¡fíjate tú! Enf.

（...）なんだよ、いいかね。

[16] (...) como quien no dice nada.

（...）ということはとても大事なことなんですよ。

☞ como 以下の句は直訳すると、[何も言わない人として言うならば] という意味であるが、実はこれは反語文であり、[とても重要なことを言う者として言わせてもらうが] の意味である。

[17] (...) como quien no quiere la cosa.

（...）ということはとても大事なことなんですよ。

☞ como 以下の句は直訳すると [そのことを望まない人として] という意味であるが、実はこれは反語文であり、[その重要なことを言いたい者として言わせてもらうが] の意味である。この句は必ず文末に置かれる。

[18] No es hablar por hablar. ただの無駄話ではありません。

☞ hablar por hablar［話すために話す］、または hablar por no estar callado［沈黙しないために話す］という語句は、大したことのない話を話すという行為とか、目的のない話し方とかを意味する。

[19] ¡Ahí es nada! Enf. 大したものです。

☞ この句を直訳すると「それは無です」という意味だが、これまた反語文で「これは大変重要なことです」という意味を表わす。

[20] Tome (buena) nota de (...). (...) にご留意ください。

50. Quitarle importancia a algo
あることを過小評価する

ELEMENTAL 初級会話

[1] No es nada.
ノ　エス　ナーダ
なんでもありません。

[2] No vale la pena.
ノ　バーレ　ラ　ペーナ
大した価値はありません。

[3] ¡No tiene importancia!
ノ　ティエネ　インポルタンシア
大したことはありません。

[4] No importa.
ノ　インポルタ
大したことありません。

[5] Da igual.
ダ　イグワル
どっちにせよ似たようなものです。

[6] Da lo mismo.
ダ　ロ　ミスモ
どっちにせよ似たようなものです。

[7] Es igual.
エシグワル
どっちにせよ似たようなものです。

[8] ¡Exagerado!
エクサヘラード
おおげさですよ！

INTERMEDIO　　　　　　　　　　中級会話

9　¡Qué más da!　　　　　　　　　それがどうした！
　　ケ　マス　ダ

　　☞この感嘆表現は、あることが値打ちがなく、話し手にとって関心がないことを表わす。

10　¡Hala! ᴸ⋅　　　　　　　　　　　大したことないな。
　　アーラ

　　☞ hala は、色々な意味を表わす独特な間投詞である。中には人をせかす意味（Hala, termina de una vez.［それ、すぐに終えなさい］）もある。

11　Eso y nada es lo mismo.　　　それはつまらないものだ。
　　エソ　イ　ナーダ　エス　ロ　ミスモ

12　Si no es más que eso, (...).　　もしそれだけなら、(...)。
　　シ　ノ　エス　マス　ケエソ

13　No hay para tanto.　　　　　それほどでもありません。
　　ノ　アイ　パラ　タント

14　¡Bah, bah, ...! ᴸ⋅　　　　　　　ばかばかしい。
　　バー　バー

15　No le des tanta importancia.　それをそんなに過大評価するなよ。
　　ノ　レ　デス　タンタ　インポルタンシア

16　No le des más importancia de　それをそんなに過大評価するなよ。
　　ノ　レ　デス　マス　インポルタンシア　デ
　　la que tiene.
　　ラ　ケ　ティエネ

AVANZADO　　　　　　　　　　上級会話

17　¡Tanto da! ᴸ⋅　　　　　　　　たいした値打ちはない。
　　
　　☞直訳は「それはたいそうな価値を与える」である。9 の注参照。

18　¿Por eso?　　　　　　　　　　それで（たいしたことないではないか）？

19	¿Por tan poca cosa?	そんなにたいしたこともないものに？
20	¡Ya será menos! Enf.	たいしたことなかろう。
21	No te lo tomes tan a pecho.	そんなに深刻にとらないように。
22	No te lo tomes tan en serio.	そんなに真面目にとらないように。
23	¡Ni que (...)! Enf.	(...) がなんだって言うんだい。
24	¡Pues sólo faltaría! Enf.	それだけのことか！
25	¿¡Y para eso tanta historia...!? I.	そんなものをこんなに高くかうのかい？

☞ あるものからその価値を取り去る間接的な一つの方法は、例えば努力の大きさと成果の小ささを比較することである：¿Para escribir estas cuatro páginas tanto leer y leer? ［たった4枚書くために、こんなに読むの？］。名詞 historia は、cuento［話］に似た意味である。二つの名詞とも何か嫌なこと、複雑なことを意味する。

26	¡Mucho ruido y pocas nueces! FH.	大山鳴動鼠一匹。
27	Hay que quitar hierro al asunto.	話半分に聞きおくべきだ。
28	Eso son trivialidades.	それはつまらないことです。

☞ 名詞 trivialidad［つまらないこと］は、だれでも知っている何か基本的なものとか、普通のものを意味する形容詞 trivial の派生語である。minucia［ささいなもの］のほかに、nonada（［つまらないもの］副詞の no と nada の合わさったもの）とか pequeñeces［小さなもの］も使える。これらの語すべてが小さくて、ほとんど価値のないものを指している。29参照。

| 29 | ¡Esto es una minucia! | それはささいなことです。 |

☞ 28の注参照。

51. Comprobar que alguien ha comprendido
相手が理解したことを確かめる

ELEMENTAL 初級会話

1. ¿Me entiendes?
   メンティエンデス

   私の言うことがわかる？

2. ¿(Me) comprendes?
   メ　　　コンプレンデス

   （私の言うこと）わかる？

3. ¿Comprendido?
   コンプレンディード

   わかった？

4. ¿Lo entiendes bien?
   ロ　エンティエンデス　ビエン

   それよくわかっているの？

5. ¿Ya? l.
   ヤ

   わかった？

   ☞ 質問の語調で、この間投詞を言って、聞き手が話し手の言っていることをわかっているか、理解しているかどうかを話し手が知ろうとする時に用いられる。

6. ¿Vale? l.
   バーレ

   いいですか？

7. ¿De acuerdo?
   デ　　アクエルド

   よろしいですか？

8. ¿Está claro?
   エスタ　　クラーロ

   はっきりわかっていますか？

9. ¿Me explico?
   メクスプリーコ

   私の言いたいことわかりますか？

10. ¿Puedo continuar?
    プエド　　コンティヌワール

    続けてもいいですか？

11. ¿Podemos seguir?
    ポデーモセギール

    続けていいですか？

| INTERMEDIO | 中級会話 |

12　¿Lo ves?　　　　　　　　　　　　　わかった？
　　　ロ　ベス

　　　☞動詞 ver は見ることを意味するが、しばしば notar［気が付く］とか comprender［理解する］とか知的活動を意味することもある。

13　¿Estás? I.　　　　　　　　　　　　いいかい？
　　　エスタス

　　　☞この強調表現は、¿comprendes? に相当する。聞き手が理解したかどうかを確かめるために役に立つ強い表現である。奇妙なのは、二人称単数だけでなく、14のように一人称複数でも使われていることである。この場合には一人称単数の yo［私］という概念は、その中に入っておらず、ただ聞き手の関心の度合を確かめるだけである。

14　¿Estamos?　　　　　　　　　　　　いい、わかっているね？
　　　エスターモス

　　　☞13の注参照。

15　¿Me sigues?　　　　　　　　　　　私の言っていること聞いてる？
　　　メ　シーゲス

　　　☞20とこの表現とでは、運動を表わす動詞が空間的、時間的に真の移動を表わしていない。むしろ精神的な運動を表わしている。seguir［ついて行く］は、聞き手が表わす考えに「ついて行く」ことを、また ir［行く］は表現された考え、思考のたどる筋道を意味している。

16　¿Te das cuenta?　　　　　　　　　気がついてる？
　　　テ　ダス　クエンタ

| AVANZADO | 上級会話 |

17　¿Te aclaras? I.　　　　　　　　　　わかってる？
18　¿Caes? I.　　　　　　　　　　　　わかった？

　　　☞動詞 caer は大変意味の広い動詞である。そのひとつの意味は、ocurrirse［思いつく］のように、ある考えがある概念、思想、解決にたどり着くことである。

19　¿Lo captas?　　　　　　　　　　　わかったかい？

20 ¿Ves por dónde voy? なにを話しているかわかってる？

☞15の注参照。

52. Mantener un diálogo telefónico
電話で話をする

この本はレヴェル別の表現集であるが、この章では各レヴェルごとに初めに電話を受ける人が使う表現、次に電話をかける人が使う表現の順に並べてみた。

ELEMENTAL　　　　　　　　　　初級会話

1 ¡Diga!
　ディーガ
はい。（お話しください。）

2 Dígame.
　ディーガメ
(...)。はい。（お話しください。）

3 (...); dígame.
　　　　　ディーガメ
(...)。はい。（お話しください。）

4 ¡¿Sí?!
　シー
はい？

5 No, (ahora) no está.
　ノ　アオラ　ノ　エスタ
いいえ、（今は）おりません。

6 ¿De parte...?
　デ　パルテ
どちらさまで...？

7 ¿De parte de quién?
　デ　パルテ　デ　キエン
どちらさまでしょうか？

8 Un momento, por favor.
　ウン　モメント　ポル　ファボール
ちょっとお待ちください。

131

⑨ Enseguida se pone.
　　エンセギーダ　セ　ポーネ

すぐに出ます。

☞ 動詞 poner は、たくさんの意味の中で、「電話にだれかを出させる」という意味を持っている。再帰動詞として se を伴って、ponerse al aparato［電話に出る］は、話すために受話器を取ることを表わす。17、28、38、39参照。

⑩ No te oigo.
　　ノ　テ　オイゴ

聞こえません。

⑪ Llame más tarde.
　　ヤーメ　マス　タルデ

もっと後でかけてください。

⑫ No, se equivoca.
　　ノ　セキボーカ

いいえ、かけ違いです。

⑬ ¿A qué número llama?
　　ア　ケ　ヌメロ　ヤーマ

何番をおかけですか？

⑭ ¿Está (...), por favor?
　　エスタ　　　　ポル ファボール

(...さん) おられますか？　お願いします。

⑮ ¿Puedo hablar con (...)?
　　プエド　アブラール　コン

(...さん) とお話しできるでしょうか？

⑯ (...), por favor.
　　　　　ポル ファボール

(...さん)、お願いします。

⑰ Con (...), por favor.
　　コン　　　　ポル ファボール

どうか (...さん)、お願いします。

☞ 9の注参照。このように動詞 poner が省略されることもある。

⑱ ¿Eres (...)?
　　エレス

(...さん) かい？

⑲ Soy (...).
　　ソイ

こちら (...) です。

⑳ Hola, soy (...). ¿Está (...)?
　　オーラ　ソイ　　　　エスタ

やー、こちら (...) です。(...さん) おられますか？

|21| De parte de (...). こちら（...）ですが、
ﾃﾞ ﾊﾟﾙﾃ ﾃﾞ

|22| Aquí (...). こちら（...）です。
ｱｷ

INTERMEDIO   中級会話

|23| ¿Quiere dejarle algún recado? なにかことづてありますか？
ｷｴﾚ ﾃﾞﾊｰﾙﾚ ｱﾙｸﾞﾝ ﾚｶｰﾄﾞ

☞ 名詞 "recado" は、日常消耗品とか必要品一式を最初は意味したが、現在では、送ったり、伝えたりする伝言を意味するために使われる。電話で伝言をする時の動詞は dejar か dar で、伝言を受ける時の動詞は tomar か coger である。

|24| No cuelgue. 切らないでください。
ﾉ ｸｴﾙｹﾞ

|25| Vuelva usted a llamar. もう一度おかけ直しください。
ﾌﾞｴﾙﾊﾞ ｳｽﾃ ｱ ﾔﾏｰﾙ

|26| ¡Qué mal se oye! よく聞こえません。
ｹ ﾏﾙ ｾ ｵｨｴ

|27| ¿Puede usted llamar más tarde? もっと後でかけていただけますでしょうか？
ﾌﾟｴﾃﾞ ｳｽﾃ ﾔﾏｰﾙ ﾏｽ ﾀﾙﾃﾞ

|28| Ahora le pongo. 今彼を出します。
ｱｵﾗ ﾚ ﾎﾟﾝｺﾞ

☞ 9 の注参照。

|29| Enseguida le paso. すぐにお回しします。
ｴﾝｾｷﾞｰﾀﾞ ﾚ ﾊﾟｰｿ

☞ 動詞 pasar は、いろいろな意味の中で、電話での会話では「とりつぐ」という意味を表わす。

|30| ¿Podría hablar con (...)? （...さん）とお話しできるでしょうか？
ﾎﾟﾄﾞﾘｰｱﾌﾞﾗｰﾙ ｺﾝ

|31| Quisiera hablar con (...). （...さん）とお話ししたいのですが、
ｷｼｴﾗﾌﾞﾗｰﾙ ｺﾝ

32 ¿Le puede dar usted un recado a (...)?
レ プエデ ダール ステ ウン レカード ア

（…さん）に伝言お願いできるでしょうか？

☞ 23の注参照。

33 ¿Cuál es el prefijo de (...)?
クワレセル プレフィーホ デ

（…さん）の市外局番は何番でしょうか？

34 ¿Podría darme el número de (...)?
ポドリーア ダールメ ル ヌメロ デ

（…さん）の番号教えていただけるでしょうか？

35 ¿Qué número tengo que marcar para (...)?
ケ ヌメロ テンゴ ケ マルカール パラ

（…）するには、何番をダイヤルしたらよろしいのですか？

| AVANZADO | 上級会話 |

36 Está comunicando.

話し中です。

☞ この動詞 comunicar は、電話が「お話し中」の信号音を出している状況を表わしている。中南米のスペイン語圏 (Hispanoamérica)では、"está ocupado"［お話し中］が使われている。

37 Habla el contestador automático de (...).

（…）の留守番電話がお答えしております。

38 Que se ponga (...).

（…さん）をお願いします。

☞ 9の注参照。

39 Póngame con (...).

（…さん）をお願いします。

☞ 9の注参照。

40 ¿Podría ponerme con la extensión (...)?

内線（…）番につないでいただけますでしょうか？

41 Perdone, el teléfono no da señal de marcar.

すみません。ツーと言う通話音が聞こえません。

[42] No encuentro el número de (...) en el listín.　　電話帳に（...）さんの電話番号が見あたらないのですが。

　　　☞名詞 listín は、lista に縮小辞がついた形で、guía telefónica［電話帳］とか、時々英語の引き写しの directorio［電話帳］とかを意味する。

[43] Perdone que le llame otra vez, pero se había cortado la comunicación.　　またおかけしてすみませんが、途中で電話が切れてしまったので。

[44] Quisiera poner una conferencia con el número (...), de (...).　　（...）の（...）番に長距離電話したいのですが。

　　　☞名詞 conferencia は、discurso［演説］、charla［トーク］と同じことを意味するほかに、「長距離電話」を意味する。

[45] Quisiera hablar con el (...), de (..).　　（...）の（...さん）とお話ししたいのですが。

[46] Querría hacer una llamada a cobro revertido.　　コレクト・コールをかけたいのですが。

　　　☞通話を申し込んだ者でなく、電話をかけられた者が電話料金を払う約束をする通話を llamada a cobro revertido［コレクト・コール］と呼ぶ。

[47] ¿Puede decirme si el número (...) está averiado?　　（...）番は故障しているかどうか教えていただけますか？

53. *Pedir información*
情報を教えてもらう

ELEMENTAL　　初級会話

[1] Perdone, ¿sabe usted (...)?
　　ペルドーネ　サーベ　ウステ
　　すみませんが、（...）をご存じですか？

2. ¿Tienes (alguna) idea de (...)?
ティエネス アルグーナ イデーア デ

(...)について知ってる？

3. Por favor, necesito información sobre (...).
ポル ファボール ネセシート インフォルマシオン ソブレ

すみませんが、(...)について情報が欲しいのですが。

4. ¿Qué sabes de (...)?
ケ サーベス デ

(...)についてなにか知ってる？

5. ¿Me dices (...)?
メ ディーセス

(...)を教えてくれますか？

6. ¿Puede decirme alguien (...)?
プエデ デシールメ アルギエン

どなたか(...)を教えてくださいますか？

INTERMEDIO / 中級会話

7. Me interesaría saber (...).
メ インテレサリーア サベール

私は(...)を知りたいのですが。

8. ¿Podría decirme, por favor, (...)?
ポドリーア デシールメ ポル ファボール

どうか、(...)を私に教えていただけませんか？

9. Perdone, ¿podría explicarme cómo (...)?
ペルドーネ ポドリーア エクスプリカールメ コモ

すみませんが、どのように(...)のか私に説明していただけるでしょうか？

10. ¿Por casualidad sabría usted (...)?
ポル カスワリダー サブリーア ウステ

もしかして(...)をご存じでしょうか？

11	A ver si puedes decirme (...). ア ベール シ プエデス デシールメ	(...) を教えてもらえるかな。

AVANZADO	**上級会話**
12 Por favor, quisiera saber (...).	どうか、(...) を知りたいのですが。
13 Perdone, ¿dónde podrían informarme sobre (...)?	すみませんが、どこで (...) について教えていただけるでしょうか？
14 Buenas tardes. ¿Quizá usted pueda informarme de (...)?	こんにちは、多分あなたが私に (...) のことについて教えてくださると思うのですが。
15 Perdone la molestia, pero ¿podría indicarme (...)? F.	ご迷惑とは思いますが、(...) を私に教えていただけますか？
16 Buenas. Espero que usted pueda darme información acerca de (...).	こんにちは。(...) について教えていただきたいと願っております。
17 Les agradecería que me enviaran información relativa a (...). E.	(...) についての情報を送っていただけると、ありがたいのですが。

54. Preguntar a alguien si sabe algo
だれかに何かを知っているかどうか尋ねる

ELEMENTAL	**初級会話**
1 ¿Qué sabes de (...)? ケ サーベス デ	(...) について何か知ってる？

2. ¿Ha oído (...)?　　　　　　　(...) をお聞きになりました
　　ア　オイード　　　　　　　　　　　　か？

3. ¿Sabes si (...)?　　　　　　(...) かどうか知っているか
　　サーベ　シ　　　　　　　　　　　　　い？

4. ¿Sabe usted algo acerca de　(...) について何かご存じです
　　サーベ　ウステ　アルゴ　アセルカ　デ　　か？
　　(...)?

INTERMEDIO　　　　　　　　　中級会話

5. ¿Tiene usted idea de (...)?　(...) についてご存じですか？
　　ティエネ　ウステ　イデーア　デ

6. ¿Se ha enterado usted de que　(...) ということがお耳に達しま
　　セ　ア　エンテラード　ウステ　デ　ケ　　したか？
　　(...)?

7. ¿No te has enterado de (...)?　(...) を聞いたかい？
　　ノ　テ　アセンテラード　デ

8. ¿Se ha dado cuenta usted de　(...) に気がつかれましたか？
　　セ　ア　ダード　クエンタ　ウステ　デ
　　que (...)?
　　ケ

9. ¿Ha oído usted hablar de　　(...) について話しているのを聞
　　ア　オイード　ウステ　アブラール　デ　　きましたか？
　　(...)?

10. ¿Ya ha tenido noticias de　　(...さん) の消息ご存じですか？
　　ヤ　ア　テニード　ノティシアス　デ
　　(...)?

11. Pero, ¿no sabías que (...)?　でも、(...) を知らなかったの？
　　ペロ　　ノ　サビーアス　ケ

12 ¿Seguro que no sabes nada de (...)?
セグーロ ケ ノ サーベス ナーダ デ

本当に（...）について何も知らないの？

| AVANZADO | 上級会話 |

13 ¿Es usted consciente de (...)?　（...）に気づいていますか？
14 ¿Qué me cuentas de (...)? ｌ.　（...）についてどんな意見持っている？
15 ¿Ha llegado a sus oídos algo sobre (...)?　（...）について何かご存じですか？
16 ¿Está usted al corriente de lo que ha ocurrido?　その出来事についてご存じですか？
17 ¿Te dice algo el nombre de (...)?　（...）という名前について何か君に心当たりあるかい？

☞ 動詞 decir は、基本的な意味のほかに、いくつかの意味を持っている。ここでは、だれかにある名前が呼び起こす心当たりを意味している。

18 Oye, ¿estás al tanto de (...)? ｌ.　ねー。（...）について知っているかい？

☞ estar al tanto は、何かに精通しているとか、何かをよく知っているという意味である。この場合 tanto という単語は、強調とか比較の意味はすこしもない。

19 ¿Te suena (...)? ｌ.　（...）に聞き覚えあるかい？

☞ 動詞 sonar は、音を出すことを意味するほかに、だれかに喚起される思い出とか、前から知っていることを意味する。

55. Decir que uno está informado de algo
何かについて知っていると言う

ELEMENTAL / 初級会話

[1] Sí, sí, ya lo sé.
はい、はい、もう知っています。

[2] Sí, he oído hablar de eso.
はい、それについて話しているのを聞いたことがあります。

[3] Sí, ya sé que (...).
はい、もう（…）は知っています。

[4] Sí, algo sé de (...).
はい、（…）について少し知っています。

INTERMEDIO / 中級会話

[5] Ya me lo habían dicho.
もうそのことは聞いたことがありました。

[6] Me he enterado de que (...).
（…）ということを私は知りました。

[7] Tengo entendido que (...).
（…）と理解しております。

[8] Algo de eso he oído.
それについて少し聞いたことがあります。

[9] Esa es la información que tengo.
それが私が手にしている情報です。

[10] Eso es lo que me han dicho.
それが私が知らされたことです。

11. Me han hecho saber que (...). （...）を私は知らされました。

12. Nos han notificado que (...). R. 私たちは（...）を知らされました。

13. Lo sabemos de buena fuente. 確かなところからそれを聞いています。

☞ de buena fuente という表現は、信用のできる情報のことを指している。de buena tinta も同じ意味を持っている。

| AVANZADO | 上級会話 |

14. Me consta que (...). （...）は私には確かです。

15. Ya estamos sobre aviso. 私たちはすでに承知しています。

☞ estar sobre aviso は、これから起こることにたいして estar avisado［承知している］、estar preparado［用意している］を表わす。

16. Esto no me coge de sorpresa. これは寝耳に水ではありませんでした。

☞ coger a alguien de/por sorpresa［人を不意うちで襲う］という表現で、人が用心していなかったことが急に起こった様子を表わしている。もし否定で使われると、不意うちでなくもうすでに何かが知られていたということを表わす。

56. *Transmitir lo que ha dicho otro*
ほかの人が言ったことを伝える

| ELEMENTAL | 初級会話 |

1. Dice que (...). 彼は（...）と言っています。

2. Me ha dicho que (...).
   メ ア ディーチョ ケ
   彼は（...）と私に言った。

3. Opina que (...).
   オピーナ ケ
   彼は（...）という意見だ。

4. Me dijo: "(...)".
   メ ディーホ
   彼は「...」と言った。

   ☞ この文は、ほかの人が言ったことを直接話法で引用している。また間接話法でも表現できる。その際、主動詞 dijo の後にくる従動詞は、三人称、不完了過去形をとる。

INTERMEDIO / 中級会話

5. Le parece que (...).
   レ パレーセ ケ
   彼には（...）と思われる。

6. Ha hablado de (...).
   ア ブラード デ
   彼は（...）について話した。

7. Nos ha comentado que (...).
   ノサ コメンタード ケ
   彼は（...）と私たちに語った。

8. Me ha explicado que (...).
   メ ア エクスプリカード ケ
   彼は私に（...）と説明した。

9. Nos ha contado que (...).
   ノサ コンタード ケ
   彼は（...）と私たちに語った。

10. Os envía recuerdos (...). R.
    オセンビーア レクエルドス
    （...）が君たちによろしくだって。

11. Les manda saludos (...). R.
    レス マンダ サルードス
    （...）があなたがたによろしくと言っております。

12. (...). Éstas fueron sus palabras. F.
    エスタス フエロン スス パラブラス
    （...）。これが彼の言葉です。

⑬ (...). Esto fue lo que nos dijo.
エスト フエ ロ ケ ノス
ディーホ

(...)。これが私たちに彼が言ったことです。

| AVANZADO | 上級会話 |

⑭ Comentó: "(...)". 彼は「...」と言った。
⑮ Señaló: "(...)". 彼は「...」と指摘した。
⑯ Subrayó : "(...)". R. 彼は「...」と強調した。
⑰ Vino a decir más o menos que (...). 彼はあらまし(...)と言った。

☞ venir a ＋不定詞（おおよそ...である）は、100％確かではないことを言うために使われる近似的意味の表現である。この近似的意味は、この例では aproximadamente と類義の más o menos によって補完されている。

⑱ Me parece que lo que quiere decir es que (...). 彼が言わんとすることは、(...)だと私は思います。
⑲ Si no me equivoco, lo que ha dicho es que (...). 私に間違いがなければ、彼が言ったことは(...)です。
⑳ Me parece que se refiere a (...). 彼は(...)について述べていると私には思えます。
㉑ Creo que lo que viene a decir es (...). 彼が言っていることはだいたい(...)だと思います。
㉒ Leyendo entre líneas, lo que viene a decir es que (...). 彼が言いたいことの裏を読むと、彼が言っていることはおおよそ(...)です。

☞ entre líneas ［行間］という表現は、書かれたり言われたりしていないにもかかわらず、行間から推察されることについて使われる。decir、leer、haber という動詞と一緒に使われる。

57. No saber responder a lo que se pregunta
尋ねられたことについて答えられない

ELEMENTAL 初級会話

[1] No lo sé.
ノ ロ セ

わかりません。

[2] Lo siento, pero no lo sé.
ロ シエント ペロ ノ ロ セ

すみませんが、わかりません。

[3] Lo lamento, pero no estoy
ロ ラメント ペロ ノ エスト
informado.
インフォルマード

残念ですが、私は存じません。

[4] Lo siento, pero es que no
ロ シエント ペロ エス ケ ノ
sé nada.
セ ナーダ

残念ですが、私は何も知らないのです。

[5] ¡Y yo qué sé!
ィヨ ケ セ

私が知るもんですか。

☞ この感嘆文は自分の知らないことを反語的に明らかにしている。同時に時々自分の意見を言うのがめんどうなので、ある種の無関心をも意味することがある。

INTERMEDIO 中級会話

[6] ¡Ni idea! Enf.
ニ デーア

ぜんぜんわかりません。

[7] Lo ignoro.
ロ イグノーロ

知りません。

☞ ignorar［知らない］は、saber［知っている］の反対語である。この意味を表わすのに no saber を使う方がかなり多い。ignorar の派生語を覚えておくと役に立つ。名詞は ignorancia［無知］で知識がまったくないことを意味し、形容詞 ignorante で無知な状態にある人に用いられる。人を馬鹿にする時にも使われる。

57. 尋ねられたことについて答えられない

[8] **Temo que no podré decirle nada sobre (...).**
(...) については、あなたに何も言えないのではないかと心配です。

[9] **Lamento decirle que no lo sé.**
わかりませんと申し上げるのは残念なことです。

[10] **Tengo que admitir que no sé nada acerca de (...).**
(...) については何も知らないことを認めざるをえません。

[11] **Aún no tengo ninguna información sobre ese tema.** F.
まだその件に関しては何も情報を持っておりません。

AVANZADO 上級会話

[12] **¡Ojalá lo supiera!**
できたらそれを知りたいものです。

[13] **No sabría decirle.**
言えと言われても申し上げられません。(知らないからです)

[14] **¡No tengo ni la más remota idea!** Enf.
ぜんぜんこれっぽっちもわかりません。

[15] **¡Ni me lo preguntes!** I.
そんなこと私に聞くなよ。

☞ この文章を使って話し相手がするかもしれない質問に先手をうち、質問をしないようにさせる。答えがわからないこともあるし、わかっていても教えたくないかもしれない。人を突き放す表現である。

[16] **¡Qué más quisiera yo que saberlo!** Enf.
私の方こそそれが知りたいのです。

☞ 仮定的な願望を表わす ¡Qué más quisiera! [それ以上私は何も望まない] という句を用いると、言外に何も知らないことをほのめかすことができる。この例文のように、ある行為 (saberlo) を付け加えることもできるし、文脈で意味が十分わかるならば単独でも使われる。

17 Tendrá que decírtelo otro, porque lo que es yo... lr.　　そのお答えはほかの人にまかせたいところです。実は私は（知らない）ので。

☞ この後に動詞と目的語が省略されている。すなわち no lo sé という言葉が。

18 Como no se lo preguntes a otro, (...). l.　　ほかの人に聞かない限りは、（私には答えられない）。

☞ 省略された部分は条件文の後半部分であるが、前半の部分だけで話し手が答えを知らないことを理解するのに十分である。

19 ¿Y cómo quieres que yo lo sepa?　　どうして私が知っていなくてはならないのだ。

☞ この構文は、答えることができないことをはっきりさせている上、答えることも彼の義務ではないことを表わしている。すなわち聞き手にある種の批判を込め、己の無知に対して自己弁護をしている。

58. Preguntar a alguien si le ocurre algo
どうしたのと人に尋ねる

ELEMENTAL　　初級会話

1 ¿Qué te pasa?
　　ケ　テ　パーサ
どうしたの？

2 ¿Te pasa algo?
　　テ　パーサ　アルゴ
君、どうかしたの？

3 ¿Estás bien?
　　エスタス　ビエン
大丈夫かい？

4 ¿Cómo te encuentras?
　　コモ　テ　テンクエントラス
どんな具合かね？

5 ¿Te sientes mal?
　　テ　シエンテス　マル
気分が悪いのかい？

6　¿No te sientes bien?　　　　　気分が良くないのかい？

7　¿Va todo bien?　　　　　　　すべてうまくいっていますか？

8　¿Estás preocupado por algo?　君は何か心配事があるかい？

INTERMEDIO　　　　　　　　　中級会話

9　¿Hay malas noticias?　　　　　悪い知らせがあったのですか？

10　¿Seguro que estás bien?　　　　本当に大丈夫？

11　Pareces un poco preocupado...　すこし心配事があるみたいだね…

12　¿Le ocurre algo?　　　　　　　なにか起こったのですか？

　　☞ 動詞 ocurrir は、suceder とか pasar と似た意味を持っている：ocurrió un accidente espantoso.［恐ろしい事故が起こった］。再帰動詞 ocurrirse は、「思いつく」を意味する：se me ocurre que podríamos ir a bailar.［ダンスに行けたらなあと思った］。

13　¿Te sucede algo?　　　　　　　どうかしたの？

14　¿No estarás (...), verdad?　　（…）ではないんだろうね？

　　☞ この文は疑問文であるが、話し相手の中に（…）で表わされている肉体的および精神的特徴を話し手がはっきりと感じ取った時に用いられる。（…）には形容詞または副詞が入る。

AVANZADO　　　　　　　　　上級会話

15　Se te nota que estás inquieto, ¿no es así?　　君が落ち着かないのが見え見えだよ。そうじゃない？

16. Me pregunto si no está usted un poco decepcionado. F.　　あなたが少しがっかりしておられるのではないかと思います。

17. ¡A ti te pasa algo! Enf.　　君、何かあったね。

☞この感嘆文は疑問文の形をとっていない。しかしこの有無を言わさないはっきりした態度で言われると、相手はなにか説明せざるをえなくなるほどである。この文を使うのは大変危険である。なぜならしばしば返事は説明ではなくて、否定か肩すかしになるからである。

18. Por tu cara, se diría que (...). I.　　君の顔に（...）と書いてあるよ。

☞前置詞 por は、この場合は a través de［によって］の意味である。juzgar［判断する］のような動詞が省略されているとも考えられる：a juzgar por tu cara (...)［君の顔から判断すると(...)］。いずれにせよ人の精神状態は cara［顔］に出るものである。

59. Manifestar curiosidad por algo
何かに好奇心を持っていることを表わす

ELEMENTAL　初級会話

1. ¿Sí...?
   シー
   そうですか？

2. ¿Ah, sí...?
   アー　シー
   あー、そうなんですか？

3. ¿De verdad?
   デ　ベルダー
   本当ですか？

4. ¿De veras?
   デ　ベーラス
   本当？

5. Cuenta..., cuenta.
   クエンタ　クエンタ
   話して…、話して。

6. Habla..., habla.
   アブラ　アブラ
   話して…、話して。

59. 何かに好奇心を持っていることを表わす

INTERMEDIO — 中級会話

[7] ¡¿Que qué?! I.
　ケ　　ケ

なんですって？

☞ この表現は前に聞いた言葉を繰り返してくれるように頼む時用いられる。そうすると好奇心とか興味を示していることが明らかになる。文脈によっては、ある種の疑いを表わすこともある。最初の que は接続詞で前に動詞 decir が省略されていると考えられる。二番目の qué は疑問代名詞である。

[8] ¿Cómo dices?
　コモ　ディーセス

なんと言った？

☞ この表現は前に言われたことを繰り返してくれるように頼む時用いられる。それは、よく聞こえなかったからか、それが信じ難かったためか、好奇心がもっと情報を得たいという願望に変わったためかである。

[9] ¡No me digas! Enf.
　ノ　メ　ディーガス

まさか。

[10] Me interesaría mucho saber (...).
　　　メ　インテレサリーア　ムーチョ　サベール

私は（…）をとても知りたいのですが。

[11] Sería interesante saber (...).
　　　セリーア　インテレサンテ　サベール

（…）を知るのはおもしろいでしょう。

[12] Me pregunto (...).
　　　メ　プレグント

（…）はどうだろう。

[13] ¿Has oído algo de (...)?
　　　アソイード　アルゴ　デ

（…）について何か聞いた？

[14] Me encantaría saber (...).
　　　メンカンタリーア　サベール

（…）を知るとうれしいのですが。

☞ 動詞 encantar［魔法をかける、魅了する］は、魔術と関係した意味のほかに、喜びとか楽しみを表わす。とても表現性豊かな動詞で普通女性の間で使われる。

[15] Siento mucha curiosidad por saberlo.
　　　シエント　ムーチャ　クリオシダー　ポル
　　　サベールロ

それを知りたくて、知りたくてたまりません。

16. Me interesa mucho que me lo cuentes.
メ インテレーサ ムーチョ ケ メ ロ クエンテス

君が私にそれを話してくれるととてもうれしいな。

AVANZADO	上級会話

17. ¿Es verdad eso de que (...)? — (...) というのは本当ですか？
18. Daría cualquier cosa por enterarme de (...). Enf. — (...) を知るためなら、なんでも差し上げます。
19. Podrías adelantarnos algo. — 君はあることを私たちだけに小出ししてくれったっていいのに。
20. No me disgustaría saber (...). Ir. — (...) を知るのは悪い気がしませんが。
21. Estoy muerto de curiosidad. Dime, ¿tú sabes (...)? — 私は好奇心のかたまりだ。ねー、(...) を知っているかい？

☞ estar muerto de は、熟語で名詞がその後に続き、その表わす感情や状態に完全に支配されている人を示す。muerto de miedo [恐怖で死にそう]、muerto de envidia [妬みで死にそう]、muerto de hambre [空腹で死にそう]。

22. Me muero de ganas de enterarme. Enf. — 死ぬほど知りたいのです。

23. Me pica la curiosidad. ¿Dónde (...)? — 好奇心でうずうずしています。(...) はどこですか？

☞ 動詞 picar [つつく] は、鳥がくちばしでついばむ行為を表わすが、比喩的に刺激とか誘発を表わすために使われる。

24. Estoy sobre ascuas. — 知りたくてうずうずしています。

☞ スペインのある地方では、おき（炎はないが真っ赤に燃えている石炭、木材やその他の物のかけら）の上をはだしで歩くアラビア起源の伝統が生き続けている。estar sobre ascuas は、不安な状態とか、かなりの好奇心を持っている状態を言う。

25. No quiero parecer entrometido, pero, por favor, dígame (...). おせっかいと取られたくはないのですが、でもどうぞ（...）を教えてください。

26. Aunque sea meterme donde no me llaman, cuéntame (...). お呼びでない所に首をつっこむことになろうとも、ぜひ（...）を話してよ。

☞ meterse alguien donde no le llaman とか meterse alguien en lo que no le importa は、歓迎されざる客のくせに何かを理解したい時とか、何かに口を出したい時の行為を意味する。

27. Lo que he oído ha despertado mi curiosidad. ¿Sabes algo más? それを聞いてから、好奇心がわいてきました。もっと何か知らないかい？

28. Lo que en realidad yo quisiera saber es (...). 本当に私が知りたいことというのは、（...）です。

60. Preguntar sobre lo ocurrido
何か起こったことについて質問する

ELEMENTAL　初級会話

1. ¿Qué ha pasado?
   ケ　ア　パサード
   何があったのですか？

2. ¿Qué ha sucedido?
   ケ　ア　スセディード
   何が起こったのですか？

3. ¿Cómo fue?
   コモ　フエ
   どんなだったのですか？

4. ¿Fue todo bien?
   フエ　トド　ビエン
   すべてうまく行きましたか？

5. ¿Qué ocurrió? 何が起こったのですか？
☞58章12の注参照。

6. ¿Cómo ocurrió? どうしてそれが起こったのですか？
☞58章12の注参照。

INTERMEDIO / 中級会話

7. ¿Qué ha sido eso? それはどうだったのですか？

8. ¿Marchó todo bien? すべてうまく行きましたか？

9. Cuéntame lo sucedido. 起こったことを私に話してよ。

10. ¿Qué novedades ha habido? 何か新たに起こりましたか？

11. ¿Pasó algo importante? 何か重要なことが起こりましたか？

12. ¿Ha habido daños considerables? R. かなり悪いことがあったのですか？

13. ¿Cómo ha quedado? 結局はどうなったのですか？

AVANZADO / 上級会話

14. ¿Ha habido algún incidente? 何か事件があったのですか？

15. ¿Ha ocurrido alguna desgracia? R. 何か悪いことが起こったのですか？
☞58章12の注参照。

16	¿Crees que valió la pena?	やってみる価値があったと思う？
17	¿Podrías ponerme al corriente?	私に知らせてもらえる？
18	¿Conoce usted las causas?	原因をご存じですか？

61. Preguntar a alguien si está seguro de algo
だれかにそれは確かであるかどうか聞く

ELEMENTAL — 初級会話

[1] ¿Seguro?
セグーロ
確かですか？

[2] ¿De verdad?
デ ベルダー
本当ですか？

[3] ¿De veras?
デ ベーラス
本当？

[4] ¿Está usted seguro?
エスタ ウステ セグーロ
あなたには確信がおありですか？

[5] ¿Estás del todo convencido?
エスタス デル トド コンベンシード
君はすべて納得している？

[6] ¿Lo has mirado bien?
ロ アス ミラード ビエン
それをちゃんと見たかい？

[7] ¿Lo has oído bien?
ロ ア ソイード ビエン
それをちゃんと聞いたかい？

INTERMEDIO — 中級会話

[8] ¿Cree usted que está en lo cierto?
クレー ウステ ケスタ エン ロ シエルト
それは確かだと信じていらっしゃいますか？

9. ¿Cree usted que es cierto lo que dice? / 彼の言っていることが確かだとお思いですか？

10. Perdóneme, pero ¿está usted completamente seguro? / すみませんが、完全に間違いありませんか？

11. ¿Has comprobado bien todos los datos? / 君はすべての資料をちゃんと確かめましたか？

12. ¿Te has asegurado bien? / ちゃんと確認した？

13. ¿Lo sabes de cierto? / 君は確かにそれを知ってる？

14. ¿Lo jurarías? I. / 誓えと言われたら誓える？

AVANZADO　上級会話

15. ¿Y si no fuera así? / もしそうでなかったら？

☞ この疑問文は、聞き手にそれについて確かかどうか間接的に聞く形式である。これによって話し手の不安感が聞き手に伝わる。

16. ¿No le cabe ninguna duda? / 疑問の余地はまったくありませんか？

17. ¿No cabe la posibilidad de que esté equivocado? / 間違っているという可能性はありませんか？

18. ¿Pondrías las manos en el fuego? FH. / 絶対間違いないと誓えますか？

☞ この文は、直訳では、「火に手を入れることができますか？」で、por algo［なんらかのために］という前置詞句が抜けているが、それは文脈でわかり、あることの信憑性について答えを相手に要求する行為を表わしている。

19 ¿Descartas cualquier posibilidad de error?　　間違いの可能性はこれっぽちもないんだね？

62. Decir que uno está seguro de algo
人があることにつき確信をこめた答えをする

ELEMENTAL — 初級会話

1 ¡Sí!
　シー
　はい。

2 ¡Sí, claro!
　シ　クラーロ
　はい、もちろん！

3 ¡Sí, por supuesto!
　シ　ポル　スプエスト
　はい、無論です！

4 ¡Sí, desde luego!
　シ　デスデ　ルエゴ
　はい、もちろん！

5 ¡Seguro!
　セグーロ
　確かです。

6 ¡Seguro que sí!　Enf.
　セグーロ　ケ　シー
　確かにそうです。

7 ¡Segurísimo!
　セグリシモ
　絶対確かです。

8 Estoy (completamente) seguro.
　エストイ　コンプレータメンテ　セグーロ
　私には（100%）確信があります。

9 Estoy absolutamente convencido.
　エスト　ヤブソルータメンテ　コンベンシード
　完全に確信しています。

10 Tiene que ser cierto.
　ティエネ　ケ　セール　シエルト
　確かなはずです。

155

INTERMEDIO 中級会話

11. No tengo ninguna duda.
    ノ　テンゴ　ニングーナ　ドゥーダ
    まったく疑問の余地はありません。

12. Sé que estoy en lo cierto.
    セ　ケストイ　エン　ロ　シエルト
    私が間違っていないということはわかっております。

13. Es obvio.
    エ　ソブビオ
    明かです。

14. ¡Te lo juro! Enf.
    テ　ロ　フーロ
    誓います。

15. Te prometo que es así.
    テ　プロメート　ケ　サシ
    私はそうだと君にはっきり言えます。

16. ¡Puedes estar bien seguro! Enf.
    プエデスタール　ビエン　セグーロ
    君は大船に乗った気でいなさい。

17. Lo sé de fijo.
    ロ　セ　デ　フィーホ
    私はそれを明確に知っています。

    ☞19の a ciencia cierta と共に、de fijo は con seguridad［確かに］と類義語である。動詞 saber の後に使うのが普通である。

18. Lo tengo muy claro. R.
    ロ　テンゴ　ムイ　クラーロ
    それは私には明々白々です。

19. Lo sé a ciencia cierta.
    ロ　セ　ア　シエンシア　シエルタ
    私はそれを確実に知っています。

    ☞17の注参照。

AVANZADO 上級会話

20. Quien diga lo contrario, miente. Enf.
    私に反対の者がいれば、その人は嘘つきである。

21. No creo que pueda haber ninguna duda.
    なんらかの疑いがあるとは思いません。

22. No me cabe la menor duda.
    全然疑いの余地はありません。

23　Es tan cierto como es de día. Enf.　　火を見るより明らかです。

 ☞ 比較表現 como es de día［昼間のように］は、あることの正しさを強調するために使われる。

24　No tiene vuelta de hoja.　　裏はありません。

 ☞ no tener algo vuelta de hoja［あるものが紙の裏を持っていない］とか sin vuelta de hoja［紙の裏なしに］は、あるものの明白さと疑いのなさを表わす句である。

25　Lo sé de buena tinta.　　確かな筋から知っています。

 ☞ de buena tinta と de buena fuente という熟語は、確かで信用できる消息筋を表現する。

26　Yo pondría las manos en el fuego. FH.　　私だったら絶対間違いないと誓えます。

 ☞ 61章18の注参照。

63. *Decir que uno no está seguro de algo*
人があることに確信がないと言う

ELEMENTAL　　初級会話

1　No (lo) sé.
 ノ　ロ　セ　　　私は知りません。

2　¡Yo qué sé! I.
 ヨ　ケ　セ　　　私が知るわけがないでしょう。

 ☞ Yo qué sé, qué sé yo.［私が何を知っているか］は、すぐ前に聞いたり、尋ねられたりしたことに対しての驚きとか無知を表わすための感嘆文である。その際伴うイントネーションしだいでは、軽蔑のニュアンスを出すこともある。

3　¡Qué sé yo! I.
 ケ　セ　ヨ　　　知るわけがないでしょう、私が。

 ☞ 2の注参照。

157

4　Quizá.
　　キサ
多分。

5　Tal vez.
　　タル　ベス
おそらく。

6　No lo sé seguro.
　　ノ　ロ　セ　セグーロ
はっきりとは知りません。

7　Tengo mis dudas.
　　テンゴ　ミス　ドゥーダス
わからないことがあるのです。

8　Bueno, ya veremos.
　　ブエノ　ヤ　ベレーモス
そうですね、今にわかるでしょう。

9　No sé, es que　(...).
　　ノ　セ　エス　ケ
わかりません、実は（...）なのです。

☞ しばしば説明とか釈明の前に用いられる表現である。この連続符は水平調のイントネーションを表わしている。この場合は意見を言うのを遅らせるために用いられているが、もっと簡単には自信のなさとか言葉への表わしにくさを表わすこともある。

10　Perdone, pero no lo sé con seguridad. F.
　　ペルドーネ　ペロ　ノ　ロ　セ　コン　セグリダー
すみませんが、はっきりとは知りません。

INTERMEDIO　　　　中級会話

11　¡Hummm...!
　　フム
ウーン

☞ ¡Hummm!は、それでもって口からでなく鼻から出る声を文字で表わしたものである。それで不快、疑い、疑念の感情を表わす。

12　No sé si　(...).
　　ノ　セ　シ
（...）かどうか知りません。

13　¡Quién sabe!
　　キエン　サーベ
どうだか？

☞ この感嘆文は、多くの意味（疑念、不信、無知など）を持っている。

63. 人があることに確信がないと言う

14　¡No tengo ni idea! Enf.　　さっぱりわかりません。

15　No estoy demasiado seguro.　　私にはあまり確信がありません。

16　No estoy del todo convencido.　　私はまったく納得しておりません。

17　No me decido.　　決心がつきません。

18　No acabo de decidirme.　　まだ決めるにいたっておりません。

19　Tengo algunas dudas sobre esto.　　これについてはいささか疑問があります。

20　No sé qué decirte.　　なんと言ったらいいかわかりません。

AVANZADO　　上級会話

21　Estoy en un dilema.　　ジレンマに悩んでいます。

22　Yo no podría asegurarlo.　　私だったら確証できませんね。

23　No me atrevería a afirmarlo.　　私だったら、そうだと言い切る勇気はありません。

24　No pondría las manos en el fuego. FH.　　絶対間違いないとは誓えません。

☞この文脈でのこの表現はあることの信憑性に責任を持てないことを意味する。ほかの場合には、だれかある人の誠実さについての疑いを表わす：yo no pondría la mano en el fuego por ese hombre.［その人のためだったら、私は手を火につっこまないだろう］。61章18の注参照。

25　¡Vete tú a saber! I.　　ほかの人に聞いてくれ。

☞二人称の tú は、この場合話し相手を指してはおらず、一般の人を指す。

三人称でも同じ用法がある：¡Vaya usted a saber! ［ほかの人に聞いてください］。　不安とか疑い、時々無関心も表わす。もともとこれら二つの句の意味は「だれがわかるものか」である。同じような意味でもっとはっきりした表現がある：¡Cualquiera sabe! ［だれがわかるものか！］。

26　Estoy verdaderamente perplejo.　本当に困惑しています。

27　(Me) Temo que no puedo asegurarlo.　私が確証を持って言えないのが心配の種です。

28　De hecho, no estoy muy enterado de este asunto.　事実、この件についてはよくわかっていません。

29　No tengo suficientes elementos de juicio como para (...). F.　(...) については十分な判断材料がありません。

64. Decir que uno va a hacer algo
何かをするつもりと言う

ELEMENTAL　　初級会話

1　Voy a (...).　　(...) をするつもりです。
　　ボヤ

2　Pienso (...).　　(...) しようと思います。
　　ピエンソ

3　Pasado mañana (...).　　あさっては (...)。
　　パサード　マニャーナ

4　El domingo que viene (...).　　今度の日曜日は (...) します。
　　エル　ドミンゴ　ケ　ビエネ

5　Muy pronto (...).　　もうすぐ (...)。
　　ムイ　プロント

6　Dentro de unos días (...).　　何日かしたら (...)。
　　デントロ　デ　ウノス　ディーアス

INTERMEDIO 　　　　　　　　　　中級会話

7 Ahora voy.　　　　　　　　　すぐやります。
　　アオラ　ボイ

　　☞13とともに、この文章は、話し相手に頼まれた行為をすぐ実行することを表現する。

8 ¿Sabes qué voy a hacer?　　　私が何をするつもりか君は知って
　　サーベス　ケ　ボヤ　セール　　いるか？

9 Lo que voy a hacer es (...).　　私がしようとしていることは
　　ロ　ケ　ボヤ　セーレス　　　　(...) です。

10 He decidido ponerme a (...).　私は (...) をし始める決心をし
　　エ　デシディード　ポネールメ　ア　　ました。

　　☞熟語「ponerse a ＋不定詞」は、ある行動をすぐ開始するとか、しようとする意志を表わす。類語としては echarse a、 romper a、 lanzarse a がある。ponerse a (...) は、それらよりもっと使用範囲が広い。なぜならばどんな動詞とも結び付くからである。

11 Enseguida lo hago.　　　　　すぐやります。
　　エンセギーダ　ロ　アーゴ

AVANZADO 　　　　　　　　　　上級会話

12 Me pondré manos a la obra.　仕事に手をつけるつもりです。

　　☞感嘆文 ¡Manos a la obra! ［さあ、仕事にかかろう］は、他人に仕事を始めるようにせきたてる表現である。

13 Voy volando. Enf.　　　　　　すぐします。

　　☞7の注参照。

14 Descuida, que lo haré.　　　　心配するな。私がするから。

65. *Decir que uno no va a hacer algo*
あることをしないつもりと言う

ELEMENTAL　　　　　　　　　　初級会話

1. No voy a (...).
   ノ　ボヤ

   (...) するつもりはありません。

2. No pienso (...).
   ノ　ピエンソ

   (...) しようとは思いません。

3. Pasado mañana no (...).
   パサード　マニャーナ　ノ

   あさっては (...) しない。

4. El domingo que viene no (...).
   エル　ドミンゴ　ケ　ビエネ　ノ

   今度の日曜日は (...) しない。

5. Dentro de unos días no (...).
   デントロ　デ　ウノス　ディーアス　ノ

   数日中には (...) しません。

6. No lo haré. Enf.
   ノ　ロ　アレ

   私はそうはしません。

INTERMEDIO　　　　　　　　　　中級会話

7. Lo que no pienso hacer es (...).
   ロ　ケ　ノ　ピエンソ　アセーレス

   私は (...) はするつもりはありません。

8. Lo que no pienso es ponerme a (...).
   ロ　ケ　ノ　ピエンソ　エス　ポネールメ　ア

   (...) に手をつけることは考えていません。

9. A mí no me esperéis. Yo esto no lo hago. I.
   アミ　ノ　メ　エスペレイス　ヨ　エスト　ノ　ロ　アーゴ

   君たち、私を当てにしないでよ。私はこれはしないからね。

[10] ¡No cuentes conmigo! I.　　私を当てにしないで。

　　☞ contar は、数量に言及したり、「話す（referir, narrar）」と類似の意味のほかに、contar con は「物とか人を当てにする」という意味を持っている。

[11] Conmigo no contéis para hacer eso I.　　それをするのに君たち、私を当てにしないでね。

[12] Jamás haré tal cosa. Enf.　　私は絶対にそんなことはしないでしょう。

AVANZADO　　上級会話

[13] ¡No me da la gana! V.　　する気にならない。

[14] No voy a mover ni un dedo.　　指一本すら動かすつもりはありません。

　　☞ この表現で、あることに口を出さず、手をこまねいて何かが起こるがままに放っておこうという意志を表わす。

[15] Pienso quedarme mano sobre mano.　　わざと手をこまねいていようと思います。

　　☞ mano sobre mano は、sin hacer nada [何もしないで] に相当する。この「活動しない」という表現は、estar、quedarse のような動詞と一緒に使われる。

[16] Si piensas que voy a hacerlo yo, estás muy equivocado. Ir.　　私がそれをするつもりであると君が思っているなら、君は大間違いをしているよ。

[17] ¡Que te lo has creído! Ir.　　君、そんな馬鹿なこと信じちゃったのか。

　　☞ この表現や、すこしだけ違った表現 ¡Que te crees tú eso! [君はそんな馬鹿なことを信じているのか] で、拒絶とか反対とか、この場合のように拒否を表わす。これら三つの意味で使われる時は、話し相手が前に話していることが前提となる。

18　¡¿A mí con ésas?! Ir.　　　　　私にそんな馬鹿な話をもってくる
　　　　　　　　　　　　　　　　　のかい。

19　¡Ni a rastras! V.　　　　　　　無理やりやらされるなんてまっぴ
　　　　　　　　　　　　　　　　　ら御免だ。

　　☞全面拒否を意味する口語の感嘆句である。事実20と同様、これには帰結節
　　の no lo haría［しないでしょう］が裏に隠されている。a rastras は、por
　　la fuerza［無理やり］、de mala gana［いやいや］、obligado［余儀なく］
　　の意味である。 arrastrar［引きずる］と関係がある。

20　¡Ni que estuviera loco! V.　　狂人でもあるまいし、そんなこと
　　　　　　　　　　　　　　　　　は嫌だ。

　　☞19の注参照。

66. Recordar algo a alguien
だれかに何かを思い出させる

ELEMENTAL　　　　　　　　　　　初級会話

1　¡Oye, acuérdate de (...)!　　　ねー、(...)を思い出してよ！
　　オィエ　アクエルダテ　デ

2　¿Te acuerdas de (...)?　　　　(...)を思い出す？
　　テ　アクエルダス　デ

3　Recuerda (...).　　　　　　　(...)を思い出せよ。
　　レクエルダ

4　Te recuerdo que (...).　　　　君、(...)を覚えているだろ。
　　テ　レクエルド　ケ

5　¡No te olvides! Enf.　　　　　忘れないで。
　　ノ　テ　オルビーデス

6　Por favor, no olvide (...).　　どうか忘れないでください。
　　ポル　ファボール　ノールビーデ

164

INTERMEDIO 中級会話

[7] ¿Qué hay de (...)?
ケ　アイ　デ
(...) についてはどうですか？

[8] ¿Qué me dices de (...)?
ケ　メ　ディーセス　デ
(...) についてはどう思う？

[9] ¿Te acordarás de (...), verdad?
テ　アコルダラス　デ
ベルダー
(...) を覚えているでしょ？

[10] Si te acuerdas, (...).
シ　テ　アクエルダス
もし君が覚えているならば、(...) だよ。

[11] Me gustaría recordarle (...).
メ　グスタリーア　レコルダールレ
あなたに (...) を思い出していただきたいのですが。

[12] Quizá debería usted recordar (...).
キサ　デベリーア　ウステ　レコルダール
多分あなたは (...) を覚えておられてもおかしくないんですがね。

[13] ¿No te habrás olvidado, no?
ノ　テ　アブラソルビダード　ノ
Enf.
忘れてしまってはいないだろうね。

[14] ¿Que no te acuerdas de (...)?
ケ　ノ　テ　アクエルダス　デ
(...) を覚えていないって。

☞ 何かを思い出させる間接的な一つの方法である。この表現が特に用いられるのは、聞き手が当然覚えていてしかるべき人、または物がその場に存在しているのにもかかわらず、それを思い出せない時である。

[15] ¡Espero que no te hayas olvidado!
エスペーロ　ケ　ノ　テ　アーヤソルビ　ダード
よもや忘れちゃいないよね。

AVANZADO	上級会話

16 Supongo que ya te lo he dicho, pero (...). / もう君にそのことは言ったと思うが、でも (...)。

17 ¡Oye! ¿No era hoy cuando (...)? / ねー、(...) したのは、今日じゃなかった？

18 Haz memoria, por favor. / どうか思い出してよ。

19 ¿Ya tienes presente que (...)? / もう (...) を頭にたたきこんだ？

☞ tener presente は、recordar と似た意味である。特にしかるべき時にある人にあることを思い出させる時に使う。

20 No te hagas el olvidadizo. Recuerda (...). / 忘れたふりをしないで。(...) を思いだして。

21 Si no fueras tan desmemoriado, sabrías (...). / 君がそんなに忘れっぽくなかったら、(...) を知っているだろうに。

22 ¿Quieres que te refresque la memoria? / 君の記憶を新たにしてやろうか？

☞ refrescar は、「ある物を新鮮にする」とか、「時候が涼しくなる」を意味するが、比喩的に memoria [記憶] とか recuerdo [思い出] などを目的語にして人に何かを思い出させる時に使う。

23 ¿Te dice algo el nombre de (...)? / (...) という名前は聞いたことがあるかね？

☞ 動詞 decir は、基本的な意味のほかに他の意味を持っている。ここではその名が発音されることによって記憶が呼び覚まされることを意味する。

67. Preguntar a alguien si recuerda algo
だれかに何かを思い出すかどうか聞く

ELEMENTAL　初級会話

1. ¿Recuerdas (...)?
   レクエルダス
   (...)を思い出すかい？

2. (...), ¿recuerdas?
   レクエルダス
   (...)なんだが、思い出すかい？

3. ¿Te acuerdas (...), verdad?
   テ　アクエルダス　　　　ベルダー
   (...)を思い出すだろ？

4. ¿No recuerdas (...)?
   ノ　レクエルダス
   (...)を思い出さない？

5. Seguramente recordarás (...).
   セグーラメンテ　レコルダラス
   おそらく君は(...)を思い出すだろう。

INTERMEDIO　中級会話

6. ¿Has olvidado que (...)?
   アソルビダード　ケ
   (...)を忘れたのかい？

7. No se te habrá olvidado
   ノ　セ　テ　アブラ　オルビダード
   (...), ¿verdad?
   ベルダー
   (...)を忘れてしまったわけではないだろ？

8. No puedes haberte olvidado de
   ノ　プエデサベールテ　オルビダード　デ
   (...).
   (...)を忘れてしまうことはできないはずだ。

| AVANZADO | 上級会話 |

[9] No es posible que te hayas olvidado de (...).　　(...) を忘れてしまうことはできないはずだ。

[10] ¿Es posible que te hayas olvidado de (...)?　　君が (...) を忘れてしまうことはありえないだろう？

[11] ¿Ya tienes presente que (...)?　　君はもう (...) を覚えただろう？

[12] ¿A que no te acuerdas de (...)?　　(...) を思い出さないって言うんだな？

[13] Espero que no se te haya ido de la cabeza lo de (...).　　(...) のことを君が忘れないといいがなあ。

　　☞ cabeza [頭] という語の入った熟語はたくさんある。体の具体的な場所でなく、むしろ例えば、calentar la cabeza [人を悩ませる]、meter algo en la cabeza [説得する]、perder la cabeza [冷静さを失う] のように知性とか意志を表わす。ほかの熟語では、cabeza は、venir a la cabeza [記憶によみがえる]、irse de la cabeza [記憶から消える] のように memoria [記憶] を具体的に指す。

[14] ¿No se te habrá borrado de la memoria (...)? Ir.　　(...) は記憶から消えてしまってはいないだろうね。

[15] Oye, por cierto, ¿has caído en la cuenta de que (...)?　　おい、本当に (...) を思い出したのかい？

　　☞ cuenta は、再帰動詞 darse と共によく使われる名詞であり、percibir、advertir の意味に近い内容を持っており、また caer とも一緒に使われる。caer en la cuenta は、それまではっきりしなかったことを急に理解することを意味する。

[16] ¿No te suena (...)? I.　　(...) を聞いたことがあるかい？

　　☞ 動詞 sonar は、音を出すという意味のほかに、誰かに何かを思い出させることとか、心当たりのあることを意味する。

[17] ¿Qué te dice el nombre de (...)?　　(...) という名を聞いて何か心当たりは？

　　☞ 66章23の注参照。

68. Recordar algo
何かを思い出す

ELEMENTAL / 初級会話

1. Me acuerdo de (...). — (...) を私は思い出す。

2. Recuerdo (...). — (...) を私は思い出す。

3. ¡Ya me acuerdo! — やっと思い出した！

4. Creo recordar (...). — 私は (...) を思い出したと思う。

5. Siempre recordaré (...). — 私は (...) をいつも思い出すでしょう。

6. Nunca (jamás) lo olvidaré. — 私は絶対にそれを忘れないでしょう。

INTERMEDIO / 中級会話

7. ¡Claro que me acuerdo! — もちろん思い出しました。

8. Lo tengo bien presente. — 私はしっかりと念頭においておきます。

9. ¡Ya lo tengo! — 思い出した！

☞ tener を含んだこの句は、色々な文脈で用いられて便利である。すなわち見つからなかった物が見つかったとか、なぞなぞや難問に解答が見つかったとか、どうしても思いだせなかった数字とか名詞を思い出したとかがその例である。

10. Si no me equivoco, (...). — 私に間違いなければ、(...) です。

[11] Si mal no recuerdo, (...).
シ マル ノ レクエルド

私の記憶に間違いなければ、(...)です。

[12] Si no estoy equivocado (...).
シ ノ エストィ エキボカード

私が間違っていなければ、(...)です。

[13] Lo que sí recuerdo es que (...).
ロ ケ シ レクエルド エス ケ

私の記憶では、(...)です。

AVANZADO　　　　　　　　　上級会話

[14] Ahora que lo pienso, recuerdo que (...).

そのことを今考えているうち、(...)を思いだした。

[15] Si la memoria no me falla, (...).

私の記憶に間違いなければ、(...)。

[16] No se me va de la memoria (...).

私は(...)を決して忘れません。

[17] No puedo quitármelo de la cabeza.

私はそれを忘れることができません。

[18] Lo recuerdo como si fuera ayer.

私は昨日のことのようにそれを思い出します。

[19] De pronto he caído en la cuenta de que (...).

突然私は(...)に思い当たった。

☞ cuenta は、再帰動詞 darse と共によく使われる名詞で、percibir、advertir［気がつく］に似た意味を持っており、また caer とも使われる。caer は、たくさんの意味を持っている。そのなかに ocurrirse［思いつく］と同じように、人がある考え、解決に至ったことを意味する用法がある。caer en la cuenta は、例えばその時まではっきりしなかったことが突然理解できたことを意味する。67章15の注参照。

[20] Me suena (lejanamente).

昔どこかで聞いたような気がします。

69. Decir que uno ha olvidado algo
だれかが何かを忘れたと言う

ELEMENTAL | 初級会話

1. No me acuerdo. — 私は覚えていません。

2. No lo recuerdo. — 私は思い出しません。

3. Lo he olvidado. — 忘れてしまいました。

4. No puedo recordarlo. — 思い出せません。

5. Ahora mismo no me acuerdo. — 今は思い出せません。

INTERMEDIO | 中級会話

6. Perdona, pero lo he olvidado por completo. — すみません。完全に忘れてしまいました。

7. Lo siento, pero se me ha pasado. — すみませんが、忘れてしまいました。

8. Lo que no puedo recordar es (...). — (...) は、私思い出せません。

9. No consigo acordarme de (...). — (...) を思い出せないのです。

10. Hace tanto tiempo que ya ni me acuerdo.
    ずいぶん前から考えているのですが、ぜんぜん思い出せません。

11. Debo admitir que se me ha olvidado.
    私が忘れてしまったことは認めねばなりません。

AVANZADO　　　　上級会話

12. Se me ha quedado la mente en blanco.
    ど忘れしました。

    ☞ 紙とかそれに類したものに関した en blanco [白紙状態に] という熟語は、文字が書いてないことを表わす。estar、quedarse のような動詞と一緒に使われて、「忘却」を表わす。一番普通の意味は「ど忘れ」である。

13. Soy un desmemoriado. No le he dicho que (...).
    私は忘れっぽくて、彼に（...）と言えませんでした。

14. Como no te acuerdes tú, lo que es yo... lr.
    君が思い出せないのならば、私が思い出せるはずがないではないか...

15. No consigo hacer memoria.
    思い出すことができません。

16. Lo siento. Se me ha ido de la memoria.
    すみませんが、忘れてしまいました。

17. Por más que lo intento, no consigo recordarlo.
    どんなに考えても、それを思い出せません。

18. Espera, ya me saldrá. Lo tengo en la punta de la lengua. l.
    待って、すぐ思い出すからね。喉まで出かかっているので。

    ☞ 熟語 tener algo en la punta de la lengua [あるものを舌先に持っている] は、今にもそれを言い出せそうなのに、どうしても思い出せない状態を表わす。

19. Con tanto barullo se me ha ido el santo al cielo. FH.　頭が混乱して何を言うべきか忘れてしまいました。

> ☞熟語 írsele a alguien el santo al cielo［聖人が天国に行ってしまう］は、なんらかの理由で人が茫然としたり、物忘れをした状態を表わす。

20. Creo que me dejo algo en el tintero. Ya saldrá.　どうやらど忘れしたようですが、すぐ思い出すでしょう。

> ☞ dejar(se) algo en el tintero［インク壺の中に何かを残す］は、忘れたのでそれが口をついて出てこないことを意味する。

21. Se me ha pasado por alto (...).　(...) をうっかり忘れてしまった。

70. *Preguntar si algo es correcto*
あることが正しいかどうかを聞く

ELEMENTAL　初級会話

1. Por favor, ¿está bien (...)?　すみませんが、(...) で良いのでしょうか？
   ポル　ファボール　エスタ　ビエン

2. ¿Vale? I.　いいでしょうか？
   バーレ

3. ¿De acuerdo?　オー・ケーですか？
   デ　アクエルド

4. ¿Es así?　こうですか？
   エサシー

5. (...), ¿es verdad?　(...)、そうでしょ？
   エス　ベルダー

> ☞肯定の気持ちで何かを言って、それに続けて ¿es verdad?［本当？］とか ¿no?［そうでしょ？］を付け加える時は、話し手の言を聞き手が確認したり、否定したりすることを話し手が期待しているのである。6 を参照。

6. (...), ¿no?　　　　　　　　　　(...)、そうでしょ？

☞ 5の注参照。

7. ¿Está mal?　　　　　　　　　　これではまずいですか？
エスタ　マル

8. ¿Está bien así?　　　　　　　　これでよろしいですか？
エスタ　ビエナシー

9. ¿Hay algo equivocado?　　　　何か間違いがありますか？
アヤルゴ　エキボカード

INTERMEDIO / 中級会話

10. ¿Es verdad que (..)?　　　　　(...)は本当ですか？
エス　ベルダー　ケ

11. ¿Hay algún defecto (..)?　　　(...)に何か欠点がありますか？
アヤルグン　デフェクト

12. ¿Estoy haciéndolo bien?　　　私はちゃんとやっているでしょうか？
エストヤシエンドロ　ビエン

13. ¿Ha quedado bien?　　　　　　ちゃんとなっていますか？
ア　ケダード　ビエン

14. ¿Es así como (...)?　　　　　　(...)のようでいいですか？
エサシ　コモ

15. ¿Crees que es un error?　　　間違いだと思う？
クレース　ケースネロール

16. ¿No faltará nada, verdad?　　これで完璧でしょ？
ノ　ファルタラ　ナーダ　ベルダー

17. ¿Le importaría decirme si eso es correcto?　　これが正しいかどうか、私に言っていただけないでしょうか？
レ　インポルタリーア　デシールメ　シ　エソ　エス　コレクト

| AVANZADO | 上級会話 |

18. ¿Te parece un disparate (...)? (...)は、君にはとんでもない間違いと思われるかい？

> ☞ 名詞 disparate［でたらめ］は、馬鹿げた、信じられない、馬鹿なことを意味するので、無知とか頭が混乱して犯した間違いとかを表わすのに役に立つ。

19. ¿Sería acertado (...)? (...)はひょっとして間違ってはいないでしょうね？

20. Si estoy equivocado, prefiero que me lo diga. もし私が間違えているのでしたら、ご遠慮なく私におっしゃってください。

21. Mira a ver si esto ha de ser así. これはこうであらねばならぬかどうか見てくれよ。

22. ¿Tú crees que haciéndolo así no habrá ninguna pega? こうしたらなんの不都合もないだろうと思う？

> ☞ 口語では、pega は「難問」とか「不都合なこと」を指す。この場合は、「私たちが何かをしたことから起こるかもしれない問題点」を意味する。

23. Por más que le doy vueltas, no sé si está bien. どんなに考えをめぐらしても、それでいいかどうか私にはわかりません。

71. Decir que algo es correcto
何かが正しいと言う

ELEMENTAL 初級会話

[1] ¡Está bien! — オー・ケー。

[2] ¡Vale! — 結構。
☞ vale は動詞の活用形の一つで、ほぼ間投詞的な性格をおび、承認を与える表現としてだんだん頻繁に使われてきている。ラテンアメリカでは普通使われない。

[3] ¡Sí! — そのとおり。

[4] Sí, es correcto. — はい、そのとおり。

[5] De acuerdo. — オー・ケーだ。

[6] ¡Bien, bien! — よろしい、よろしい。

[7] Muy bien. — とてもよろしい。

[8] ¡Perfecto! — 完璧です。

[9] ¡Exactamente! — そのとおりです。

[10] Sí, por supuesto. — はい、もちろんです。

[11] Sí, así está bien. — はい、それで結構です。

INTERMEDIO / 中級会話

12. ¡Eso mismo! Enf.
    エソ　ミスモ
    そのとおりです。

13. ¡Justo!
    フスト
    そのとおり。

14. (...) está perfecto.
    エスタ　ペルフェクト
    (...) は完璧です。

15. Está perfectamente bien.
    エスタ　ペルフェクタメンテ　ビエン
    文句なしです。

AVANZADO / 上級会話

16. Ha salido a la perfección.
    完璧にできました。

17. No podría ser mejor.
    これ以上のできばえはないでしょう。

18. Ni más ni menos.
    まさにそのとおり。

19. Te ha salido a pedir de boca.
    君の思ったとおりにできたじゃないか？

    ☞ 熟語的副詞句 a pedir de boca [思いどおりに] は、物事が普通よりとてもうまくいったり、望んだことがすべてうまくいった時、肯定的評価を与えるべく用いられる。estar とか salir と一緒に使われる。

20. Lo mires por donde lo mires, no encontrarás ningún fallo.
    どこから見ても、なんらの欠点も見つからないよ。

72. Decir que algo no es correcto
何かが正しくないと言う

ELEMENTAL / 初級会話

1. ¡No, no!
   ノ　ノ
   違う、違う。

[2] ¡No, no es así!　　　　　　　　いいえ、そうではありません。

[3] Esto está mal.　　　　　　　　これはひどい。

[4] Esto no está bien.　　　　　　これは良くない。

[5] ¡Muy mal!　　　　　　　　　　とてもひどい。

[6] ¡Qué mal!　　　　　　　　　　なんてひどいんだ。

[7] ¡Fatal! Enf.　　　　　　　　　絶望的だ。

INTERMEDIO　　　　　　　　　中級会話

[8] Lo siento, pero no está bien.　申し訳ありませんが、良くありません。

[9] De hecho, no es así.　　　　　確かにそうではない。

[10] Esto no funciona.　　　　　　これじゃだめだよ。

[11] Aquí hay algún defecto.　　　ここにはなんらかの欠点がある。

[12] Eso no se hace así.　　　　　それはこうすべきではない。

[13] Aquí hay un error.　　　　　　ここに欠点がある。

AVANZADO　　　　　　　　上級会話

[14] No es por nada, pero yo diría que algo falla.　　たいしたことありませんが、私だったらなにかがおかしいと言うでしょう。

[15] Eso es un asco. L.　　そりゃ嫌だなあ。

[16] Aquí hay algo que no va.　　ここは何かが間違っている。

[17] Esto es un puro disparate.　　これはまったくの出たら目だ。

☞形容詞 puro は、混じりけのないことを表わすのだが、しばしば名詞の前に置かれる。この位置では mero に相当し、「単なる」を意味し、強調用語として使われる。次のような表現：la pura verdad ［本当の真実］、por pura casualidad ［まったくの偶然で］がよく聞かれる。

[18] ¡Vaya churro! V.　　まったくひどいものだ。

☞churro は、あげた小麦粉の塊を表わす。何かできの悪い物に言及する形容詞として使われる。感嘆詞として、誇張的に qué、 vaya、 menudo とともに使われたり、動詞 ser、 salir とともに文として使われる。

[19] ¡Te has colado! L.　　間違えたぞ。

☞その基本的な意味「潜り込む」(colarse en un cine sin pagar ［金を払わずに映画館にもぐり込む］) もあるが、比喩的に equivocarse ［間違える］の類義語として、親しい間柄で用いられているのがこの場合である。

[20] No hay por dónde cogerlo.　　まったくどうしようもない。

☞人や物に適用されて、この文章は何か否定的なこと、できがよくないことを意味する。文字通りには「弁護の余地が少しもない」ことを意味する。

73. Contradecir a alguien
だれかに反論する

ELEMENTAL　　　　　　　　初級会話

[1] ¡No!　　違う。

2. Sí, pero (...).　　　　　　　　　はい、でも (...)。
　　シ　ペロ

3. No estoy de acuerdo.　　　　　　私は不賛成です。
　　ノ　エストイ　デ　アクエルド

4. No tienes razón.　　　　　　　　君は正しくない。
　　ノ　ティエネス　ラソン

5. Esto no es así.　　　　　　　　　これはそうではない。
　　エスト　ノ　エサシ

6. Esto es mentira.　I.　　　　　　それは本当ではない。
　　エスト　エス　メンティーラ

7. ¡Eso no es verdad!　Enf.　　　　それは本当でない。
　　エソ　ノ　エス　ベルダー

8. Yo no lo veo así.　　　　　　　　私はそうは思わない。
　　ヨ　ノ　ロ　ベーオ　アシー

9. En realidad, eso no es cierto.　実際それは確かではないのです。
　　エン　レアリダー　エソ　ノ　エス　シエルト

　　☞ en realidad [実際] という語句は、副詞 realmente と同じで、この文脈
　　では、外見の裏にあるものを暗示する。

10. ¿Cómo que sí?　Enf.　　　　　　なんでそれでいいの？
　　コモ　ケ　シ

　　☞ cómo は感嘆とか疑問のイントネーションで発音され、話し相手の言葉
　　に対しての驚き、奇妙さ、怒りを表わすために使われる。ここでは強意の
　　用法である。11参照。

11. ¿Cómo que no?　Enf.　　　　　　なんで駄目なの？
　　コモ　ケ　ノ

　　☞10の注参照。

12. ¡No sabes lo que dices!　I.　　君は自分が言っていることがわか
　　ノ　サーベス　ロ　ケ　ディーセス　　　っていない。

　　☞話し相手が完全に間違えていることをかなりはっきりと指摘する言い方で
　　ある。よく似た表現は no sabes lo que haces [君は自分のしていることが

わかっていない] である。この表現で、話し相手が誤っていたり、軽率に行動していることを意味する。

[13] Creo que no tiene razón.
クレーオ ケ ノ ティエネ ラソン

あなたは正しくないと私は思います。

INTERMEDIO　　　　　中級会話

[14] ¡Ni hablar!　Enf.
ニャ ブラール

お話にならない。

☞ ¡Ni hablar!は、話し相手が言ったことを否定する表現である。de eso で終わることもできる。類似の表現に次のようなものがある：ni pensarlo [とんでもない]、ni soñarlo [とんでもない]。感嘆文のイントネーションで発音され、¡no! [だめ] と同じ否定文を作る。

[15] ¡Qué va!　Enf.
ケ バ

とんでもない。

☞感嘆文で動詞 ir はもはやその「行く」という意味を持っていない。反対の意見を表わすために使われる。否定の副詞に相当する。

[16] ¡Bah..., bah...!　I.
バー バー

そんな馬鹿な。

☞ bah は、今聞いたことに対しての軽蔑とか信用できないことを表わす独特の感嘆の言葉である。繰り返すと表現力が増す。

[17] ¡De ningún modo!　Enf.
デ ニングン モード

絶対に駄目！

[18] ¡De eso nada!　I.
デーソ ナーダ

それはぜんぜんなっていない。

[19] ¡Calla, hombre, calla!　I.
カーヤ オンブレ カーヤ

黙れったら黙れ。

☞ ¡Calla! ¡Calla!は、驚きを表わす間投詞の価値を持った命令形である。繰り返して使われるし、この場合のように呼掛けの言葉を間にはさむこともある。こうして話し相手の言葉に対しての驚きとか不賛成を表わす。

20 ¡No, hombre, no!　　　　　　　違うったら違うよ。
　　 ノ　　オンブレ　　　ノ

☞ 否定の副詞を、呼掛けの言葉を間にはさんで繰り返して言うのは、否定したり、反対したり、相手に反論したりする時の強意的表現である。hombre の代わりに hijo を使うとより柔らかい表現になる。女性に対しては mujer とか hija が使われる。

21 ¡Quita, quita! l.　　　　　　　だめ、だめ。
　　 キータ　　キータ

☞ 動詞 quitar［取り除く］の命令形からできたこの感嘆詞は、もともとの意味から遠くなり、強い拒否反応を示す。

22 ¡Por Dios!　　　　　　　　　まあ、あきれた。
　　 ポル　ディオス

☞ この感嘆詞は、反対の態度を示す。同じ Dios を使った間投詞もある：¡Dios!、¡Dios mío!、¡Dios Santo! (いずれも間投詞として、「ああ、なんてこと」を表わす)　またもっと複雑な表現もあり、全部よく使うが意味はまちまちである：Dios manda、 Dios dirá［私たちにはどうにもならない］、Dios mediante、 si Dios quiere［うまく行けば］、¡Válgame Dios!、¡Vaya por Dios!［あら、まあ］。

23 Yo pienso justo lo contrario.　　私はまったく反対のことを考えて
　　 ヨ　ピエンソ　フスト　ロ　コントラリオ　　　　いる。

24 Estás completamente equivo-　君は完全に間違えている。
　　 エスタス　コンプレータメンテ　　キボ
　　 cado.
　　 カード

25 ¡Hala, pero qué dices! l.　　　あれれ、なんということを言って
　　 アーラ　ペロ　ケ　ディーセス　　　　　いるのだい。

☞ hala は、様々な意味を持つ独特な間投詞である。相手を促す言い方として使われる：Hala, termina de una vez.［そら、すぐに終えろ］。ここでは、「おおげさだなあ」とか「信じられない」とかの感情を表わす。

26 ¡No sabes de qué va! l.　　　話がなんだか君はわかっていない。
　　 ノ　サーベス　デ　ケ　バ

73. だれかに反論する

27. No estoy en absoluto de acuerdo con lo que dice.
あなたの言っていることに私はぜんぜん同意できません。

28. En esto no puedo estar de acuerdo contigo, ni mucho menos.
このことにかけては君に同意できない。これっぽっちも。

☞ ni mucho menos は、疑問文であれ、平叙文であれ、相手の言ったことを否定するのに使われる。適切な抑揚を伴って、単独で使うこともできる：¡Ni mucho menos! ［とんでもない］。

29. No creo que tengas razón.
君が正しいとは思わない。

30. Creo que se equivoca usted completamente.
完全に間違えていらっしゃると思います。

31. Lo siento, pero no puedo compartir su punto de vista. F.
残念ですが、あなたの考え方には同意できません。

AVANZADO / 上級会話

32. ¡Te equivocas de medio a medio!
君は完全に間違えている。

33. Creo que va desencaminado.
君は本筋から離れていると思う。

34. Disiento de su parecer. F.
私はあなたと意見を異にします。

35. No es por nada, pero creo que no llevas razón.
大したことはないのですが、君は道理が通っていないと思う。

183

| 36 | Creo que no tienes ni la más remota idea de lo que dices. | 君が口に出したことをじっくり考えた上で言ったとは私にはとうてい思えない。 |

| 37 | Hasta donde yo sé, (...). | 私の知っている限りでは、(...)。 |

☞ 話し相手に不賛成を表明する大変慎重な言い方である。hasta donde .... は自分の持てる知識の限界を示し、次の38の por lo que...は情報源を示す。

| 38 | Por lo que yo sé, (...). | 私の知りえたところでは、(...)。 |

☞ 37の注参照。

39	Perdone que le lleve la contraria, pero (...).	反対してすみませんが、(...)。
40	Si me lo permite, le diré que discrepo de usted en (...). F.	もし私の意見を言うことをお許しいただければ、(...)の点であなたと意見が違うのですが。
41	Si me permite contradecirle, le diré que (...).	もし反対意見を述べてもよろしいのでしたら、(...)と申し上げたいのですが。
42	Siempre acabas llevándome la contraria.	いつも君は私に最後は反対するんだ。

☞ llevar la contraria は、他人の言動の正反対をすることを意味する。普通はじっくり考えた上での反対意見を述べるために使われる。

74. *Especular sobre lo que podría ocurrir*
起こるかも知れないことについて予測する

ELEMENTAL　　　　　　　　　　　初級会話

| 1 | ¡Quizá!
キサ | 多分！ |

74. 起こるかも知れないことについて予測する

2. ¡Quizás (...)!
   キサス
   　　多分（...）！

3. Tal vez.
   タル　ベス
   　　多分。

4. A lo mejor (...).
   ア　ロ　メホール
   　　ひょっとすると（...）。

5. Me pregunto si (...).
   メ　プレグント　シ
   　　（...）はどうなのかしら。

INTEREMEDIO / 中級会話

6. Puede ser que (...).
   プエデ　セール　ケ
   　　（...）かもしれない。

7. Probablemente (...).
   プロバーブレメンテ
   　　多分（...）です。

   ☞この副詞は確実、不確実を同じ程度に表わすが、話し相手の視点に従って直説法、接続法が使い分けられる。

8. ¡Acaso (...)! F.
   アカーソ
   　　多分（...）。

9. Supongamos que (...).
   スポンガーモス　ケ
   　　（...）と仮定してみよう。

10. Imagina que (...).
    イマヒーナ　ケ
    　　（...）と想像してごらん。

11. ¿Y si (no) (...)?
    イ　シ　ノ
    　　もし（...）だったら、/もし（...）でなかったら。

    ☞代表的な予測の形式は、疑問文の条件節を言うことである。もし条件節が完成された節になるなら、動詞は直説法現在か接続法過去になるだろう。

12. ¿Qué pasaría si (...)?
    ケ　パサリーア　シ
    　　もし（...）だったら、どうなるでしょうか？

    ☞11の注参照。

13. Lo que puede pasar es (...). 　(...)が起こるかもしれません。
    ロ　ケ　プエデ　パサーレス

| AVANZADO | 上級会話 |

14. Si (...), (...). 　もし(...)なら、(...)。

    ☞この si は条件文を導入するものである：si tuviera más días de vacaciones, me iría a las Bahamas. [もしもっと休暇があるのなら、バハマ諸島に行くのだが]。

15. Igual (...). 　おそらく(...)。

    ☞igual は可能性を表わす直説法の動詞の文の頭にたつ。例えば、igual te podían haber suspendido el examen. [おそらく君は試験で落とされたかもしれなかった]。

16. Seguramente (...). 　おそらく(...)。

    ☞見かけによらず、副詞 seguramente は con seguridad [確実に] と同じではない。確実性への近似性を表わしているに過ぎない。直説法の動詞が後に続く。

17. Suponiendo que (...), (...). 　(...)と仮定すると、(...)。
18. Pongamos por caso que (...). 　(...)と仮定してみよう。
19. Todavía podría ocurrir que (...). 　まだ(...)が起こるかもしれない。

    ☞58章12の注参照。

20. Tomemos como hipótesis (...). F. 　(...)と仮定してみよう。
21. Quizá sea especular mucho, pero (...). 　多分考え過ぎかもしれませんが、(...)。
22. ¿Y si por si acaso (...)? 　もしかして、(...)したら？
23. Es posible que suceda que (...). 　(...)が起こるかもしれない。
24. A lo mejor acaba armándose una (...). I. 　ひょっとすると、最後には大変なことになってしまうかもしれない。

☞ 再帰動詞 armarse una は「面倒を起こす」とか「騒ぎ、喧嘩を始める」を意味する。una の後に pelea とか situación というような女性名詞が来ると考えられる。

25. Como ocurrir, puede ocurrir cualquier cosa.　　起こると言えば、どんなことでも起こりうる。

　　☞58章12の注参照。

75. Preguntar sobre la pronunciación correcta
正しい発音について質問する

ELEMENTAL — 初級会話

1. ¿Cómo se dice (...)?
   コモ　セ　ディーセ
   　　　(...) はなんと言うのですか？

2. ¿Cómo se pronuncia *ojalá*?
   コモ　セ　プロヌンシア　オハラ
   　　　ojalá はなんと発音するのですか？

3. ¿Se pronuncia así?
   セ　プロヌンシアシー
   　　　このように発音するのですか？

4. ¿Se pronuncia la *hache*?
   セ　プロヌンシア　ラ　アーチェ
   　　　エイチは発音するのですか？

5. ¿Está bien pronunciado?
   エスタ　ビエン　プロヌンシアード
   　　　うまく発音できたでしょうか？

6. ¿Puede repetir el sonido (...)?
   プエデ　レペティーレル　ソニード
   　　　(...) の発音を繰り返してもらえないでしょうか？

7. ¿Cómo se acentúa la palabra *Málaga*?
   コモ　セ　アセントゥーア　ラ　パラブラ　マラガ
   　　　Málaga はどこにアクセントを置くのでしょうか？

187

8. ¿Qué diferencia hay entre la pronunciación de *pero* y *perro*?

pero［しかし］と perro［犬］の発音の違いはどこにあるのでしょうか？

INTERMEDIO / 中級会話

9. Por favor, ¿puede corregirme si pronuncio mal?

すみませんが、もし発音を間違えたら、直していただけないでしょうか？

10. ¿Cuál es la diferencia de pronunciación entre *vasto* y *basto*?

vasto［広い］と basto［粗野な］の発音の違いはどこにありますか？

11. ¿Tengo que separar más los labios?

もっと唇を上下に開かなくてはならないでしょうか？

12. ¿Podría decirme si esta palabra se pronuncia igual en toda España?

この単語がスペイン全土で同じように発音されているかどうか教えていただけないでしょうか？

AVANZADO / 上級会話

13. ¿Cómo debo entonar una frase para darle mucho énfasis?

この文をうんと強調するためには、どういうイントネーションで発音すべきでしょうか？

14. ¿Dónde recae el acento para pronunciar correctamente las palabras *círculo*, *circulo* y *circuló*?

正しく次の三つの単語 círculo、circulo、circuló を発音するためには、どこにアクセントをかけるべきでしょうか？

15. ¿Suena igual la *z* española que el *th* inglés?

スペイン語の z (セータ) と英語の th (ティ・エイチ) は同じように聞こえるのでしょうか？

☞ 文字 z は、摩擦音 [θ] を表わし、歯の間で発音される。英語にもあるが、文字は th である。

16. ¿Qué entonación debo dar a un saludo para que tenga un matiz irónico?

挨拶に皮肉のニュアンスを出すためには、どのようなイントネーションを使うべきでしょうか？

17. ¿Cómo debo poner la lengua para pronunciar la *zeta* de *ceniza*, por ejemplo?

例えば ceniza [灰] の z を発音するためには、舌をどこに置くべきでしょうか？

18. ¿Cómo distinguen los hispanoamericanos la pronunciación de la *s* y de la *z*?

中南米の人たちは、s (エセ) と z (セータ) の発音をどう区別するのでしょうか？

☞ スペイン語圏のある地域では、[s] と [θ] は、文字では s と z と書かれても、発音は [s] に統一されている。この現象は、seseo [エセで発音すること] と呼ばれるが、casa [家] と caza [狩り]、caso [場合] と cazo [おたま]、poso [休み] と pozo [井戸] の混乱を招くことがある。

76. *Preguntar sobre la ortografía correcta*
正しい綴り字について聞く

ELEMENTAL 初級会話

1. ¿Se escribe así?
   セスクリーベ　アシー

   こう書くのですか？

2. ¿Está bien escrito así?
   エスタ　ビエネスクリート　アシー

   これで正しく書いてありますか？

3. ¿Cómo se escribe (...)?
   コモ　セスクリーベ

   (...) は、どう書くのですか？

4. ¿*Pero* se escribe con *ere* o con *doble ere*?
   pero［しかし］は、r（アール）が一つですか、それとも二つですか？

5. ¿Hay un acento sobre la *i*?
   i（アイ）の上にアクセント符号はありますか？

6. ¿Lleva acento la *i* de *huir*?
   huir［逃げる］の i（アイ）には、アクセント符号がありますか？

INTERMEDIO　　中級会話

7. ¿Puede deletrear *Zaragoza*?
   Zaragoza の綴り字を一つずつ言ってください。

8. ¿Es ésta la ortografía correcta de esta palabra?
   これはこの単語の正しい綴り字ですか？

9. No estoy seguro de si he escrito bien esta palabra. ¿Puede decirme si está bien escrita?
   この単語を正しく書いたかどうか自信がありません。正しく書いてあるかどうか教えてくださいませんか？

AVANZADO　　上級会話

10. ¿Hay reglas para usar la *g* y la *j*?
    綴り字 g（ジー）と j（ジェイ）を使い分ける規則はありますか？

11. ¿Puede corregirme, por favor, la ortografía de esta carta?
    この手紙の綴り字を、どうぞ直していただけませんか？

12	¿Podría señalarme, por favor, los errores que haya en esta nota?	このメモにあるかもしれない間違いを、どうか指摘していただけないでしょうか？
13	¿Hay una *hache* intercalada en *buhardilla*?	[bwarðíja]（屋根裏部屋）には、h（エイチ）が中にはいっているでしょうか？
14	¿Forman una sílaba la *e* y la *u* de *deuda*?	[déuða]（借金）の[e]と[u]は一音節を作りますか？
15	¿En qué casos se utiliza la diéresis?	どんな場合にウムラウト、点々（¨）が使われますか？

77. *Preguntar sobre la corrección gramatical*
文法の正誤について聞く

ELEMENTAL / 初級会話

1	¿Está bien dicho *viajaré en avión*? エスタ ビエン ディーチョ ビアハレ エナビオン	viajaré en avión［私は飛行機で旅行するでしょう］は、正しい表現でしょうか？
2	¿Se puede decir (...)? セ プエデ デシール	(...) と言えるでしょうか？
3	He escrito (...). ¿Está bien? エースクリト エスタ ビエン	私は (...) と書きました。正しいでしょうか？
4	¿Cómo escribo (...)? コモ エスクリーボ	(...) はどう書きますか？

INTERMEDIO / 中級会話

5. ¿Qué tal hablo?
   私の話し方は正しいですか？

6. ¿Puede explicarme cómo se usa la palabra (…)?
   単語（…）は、どう使うか私に教えていただけますか？

7. ¿Cómo es más correcta esta frase, con *trabajaba* o con *trabajé*?
   この文章は、trabajaba［私は働いていた］と trabajé［私は働いた］のどちらを使うのが正しいでしょうか？

8. ¿Es correcto decir (…)? ¿Debería decir más bien (…)?
   （…）と言うのは正しいでしょうか？ むしろ（…）と言うべきなのでしょうか？

AVANZADO / 上級会話

9. ¿Qué me dice de la sintaxis de este trabajo?
   この論文の文章構成について、どう思われますか？

10. ¿Cuándo se usa la forma verbal (…)? ¿Me puede poner un ejemplo?
    活用形（…）はいつ使われるのですか？ 一つ例文を出していただけますか？

11. ¿Puede corregirme si cometo algún error gramatical?
    もしなんらかの文法的な間違いをしたら、直していただけますか？

12. ¿Cómo puedo mejorar mi español?
    どうしたらスペイン語がうまくなりますか？

13 ¿Cabría la posibilidad de usar otro pronombre en el mismo contexto?

同じ文脈で別の代名詞を使う可能性があるでしょうか？

78. *Preguntar sobre el significado de una palabra o expresión*
ある単語とか表現の意味について聞く

ELEMENTAL / 初級会話

1 No comprendo esta palabra.
　ノ　　コンプレンド　エスタ　パラブラ

この単語がわかりません。

2 ¿Cómo se dice (...) en español?
　コモ　セ　ディーセ
　エネスパニョール

(...) はスペイン語で何と言うのでしょうか？

3 ¿Qué quiere decir (...)?
　ケ　キエレ　デシール

(...) は何という意味でしょうか？

4 ¿Cuál es el significado de la palabra (...)?
　クワレセル　シグニフィカード　デ　ラ
　パラブラ

(...) という語はどういう意味でしょうか？

5 ¿Cómo se llama en español (...)?
　コモ　セ　ヤーマ　エネスパニョール

(...) はスペイン語でなんと言うのでしょうか？

6 ¿Cuál es la diferencia entre (...) y (...)?
　クワレス　ラ　ディフェレンシア　エントレ
　　　　　イ

(...) と (...) との違いはどこにありますか？

7. ¿Puedo usar (...) para decir (...)?

(...) と言うために (...) が使えるでしょうか？

INTERMEDIO / 中級会話

8. ¿Podría explicarme esta expresión?

この表現を私に説明していただけるでしょうか？

9. (...) ha usado la palabra (...). ¿Qué quería decir?

(...さん) は (...) という語を使いました。どういう意味なのでしょうか？

10. ¿Cuál es el contrario de (...)?

(...) の反対語はなんでしょうか？

11. ¿La palabra (...) significa (...)?

(...) という語は (...) を意味しますか？

12. ¿Qué otras palabras hay para decir (...)?

(...) と言うためには、ほかにどんな言葉がありますか？

13. ¿De qué otra manera se puede decir (...)?

(...) はほかにどういう風に言えるでしょうか？

78. ある単語とか表現の意味について聞く

[14] ¿Qué palabra podemos usar como sinónimo de (...)?
(...)の同意語としてどんな単語が使えるでしょうか？

[15] ¿(...) y (...) significan exactamente lo mismo?
(...)と(...)はまったく同じことを意味するのでしょうか？

[16] ¿Existe alguna diferencia entre (...) y (...)?
(...)と(...)の間にはなんらかの違いがあるでしょうか？

[17] ¿Qué palabra sirve para definir (...)?
(...)を定義するためにどんな単語が役立ちますか？

| AVANZADO | 上級会話 |

[18] Además de (...), ¿qué otros significados tiene la palabra (...)?
(...)のほかに、(...)という語はどんな意味を持っていますか？

[19] ¿Qué tal si en lugar de decir (...) digo (...)?
(...)という代わりに(...)と言ったら、どうなるんでしょうか？

[20] ¿Tiene sentido decir (...)?
(...)と言うのは意味が通りますか？

[21] ¿Qué otros sentidos tiene la palabra (...)?
(...)という語はほかにどんな意味を持っていますか？

| 22 | ¿El término (...) tiene un sentido figurado? | (...) という語は比喩的な意味を持っていますか？ |

| 23 | ¿Cuál es el verbo que se refiere a la acción de (...)? | (...) という行為を表わす動詞はなんですか？ |

| 24 | ¿Tiene otras acepciones esta palabra? | この単語はほかの意味を持っていますか？ |

☞ acepción ［意味］とは、ある決まった文脈の中でのある単語の具体的な意味をいう。また、多義語の中のそれぞれの意味をいう：operación bancaria ［銀行の取引］、operación policial ［警察の作戦］、operación quirúrgica ［外科手術］。

| 25 | ¿Tiene otras connotaciones esta palabra? | この単語はほかの意味を持っていますか？ |

☞ connotación ［言外の意味］は、ある単語がほかの単語を思い出させたり、あるタイプの連想を起こさせたりすることをいう。良い意味 (connotaciones meliorativas) もあり、悪い意味 (connotaciones peyorativas) もある。またある単語については、性的な意味 (connotaciones sexuales) もある。

| 26 | ¿Qué connotaciones adquiere esta palabra en este contexto? | この単語はこの文脈でどんな意味を持ちますか？ |

79. Preguntar sobre la propiedad de una palabra o expresión
ある単語とか表現の正しい用法について聞く

ELEMENTAL 初級会話

| 1 | ¿Es correcto decir (...)?
 エス コレクト デシール | (...) と言うのは正しいですか？ |

| 2 | ¿Es *chaval* una palabra muy informal?
 エス チャバル ウナ パラブラ ムインフォルマル | chaval ［餓鬼］は大変くだけた単語ですか？ |

79. ある単語とか表現の正しい用法について聞く

3. ¿Es correcto el uso de (...) en esta frase?

   この文章の (...) の用法は正しいですか？

INTERMEDIO / 中級会話

4. ¿Se considera de mala educación usar la palabra *joder*?

   joder [畜生！] という語を使うのは無教養と見なされますか？

5. En estas circunstancias, ¿se dice *estoy fatigado*?

   この状況で、私は estoy fatigado [私は疲れている] と言えますか？

6. ¿Suena bien la palabra (...)?

   (...) という語は人に良い感じを与えますか？

7. ¿Se debe decir *excúsame* si creemos que hemos molestado a alguien?

   もしだれかに迷惑をかけたと思った時は、excúsame [ごめんなさい] と言うべきでしょうか？

8. Si voy a salir de una tienda, ¿he de decir ¡*Adiós*!, *buenas tardes*, o con *adiós* basta?

   もしある店から出る時、¡Adiós!, buenas tardes [さようなら、ごきげんよう] と言うべきでしょうか？それとも adiós [さようなら] だけでよいでしょうか？

⑨ Si saludo a una persona diciéndole (…), ¿es formal o informal?
シ サルード ア ウナ ペルソーナ ディシエンドレ エス フォルマル オ インフォルマル

もし私が（…）と言って人に挨拶すると、それはきちんとした挨拶ですか、くだけていますか？

⑩ Si llamo a un camarero *mozo*, ¿puede molestarse?
シ ヤーモ ア ウン カマレーロ モーソ プエデ モレスタールセ

もしボーイさんを mozo［ボーイ、少年］と呼んだら、腹をたてるでしょうか？

⑪ ¿Cree que me entenderán si sólo digo (…)?
クレー ケ メ エンテンデラン シ ソロ ディーゴ

もし（…）とだけ言ったら、私は理解してもらえるとお考えですか？

AVANZADO / 上級会話

⑫ En caso de ser atacado, ¿qué suele decirse, *auxilio* o *socorro*?

もしも襲われたら、「助けて」は普通なんと言うのでしょうか？ auxilio ですか、それとも socorro ですか？

⑬ ¿Suele utilizarse el adjetivo *bello* o ha quedado ya anticuado?

形容詞 bello［美しい］は普通まだ使われますか？それとももう古めかしくなりましたか？

⑭ ¿Qué resulta más educado, decir *mucho gusto* o *encantado*?

「はじめまして」（お目にかかれて、うれしいです）に当たる mucho gusto と encantado はどちらが良い言い方でしょうか？

⑮ ¿Es de mal gusto decir (…) en público?

（…）とみんなの前で言うのは、趣味が悪いでしょうか？

16. ¿Queda ñoña la expresión *estar cañón*?

estar cañón ［素晴らしい］と言うのはおかしい表現でしょうか？

☞ 形容詞 ñoño は、ñ が二つあるため表現豊かな語で、上品さに欠け、やや古めかしかったり、滑稽だったりする人とか物に使われる。

17. ¿No es muy cursi la fórmula *beso a usted la mano*?

beso a usted la mano ［御手に接吻します］という表現はとても気取ってはいませんか？

☞ 形容詞 cursi は、上品になろうとしても果たさず、むしろきざになったり、滑稽になったりする人や物に使われる。

18. En este contexto, ¿puede usarse la palabra (...)?

この文脈で（...）という語は使えるでしょうか？

80. Preguntar sobre la forma de expresar algo
表現法について聞く

ELEMENTAL 初級会話

1. ¿Qué se dice cuando (...)?
   ケ セ ディーセ クワンド

   （...）の時には、なんと言うのでしょうか？

2. ¿Qué tengo que decir cuando (...)?
   ケ テンゴ ケ デシール クワンド

   （...）の時には、なんと言うべきでしょうか？

3. ¿Qué se contesta cuando (...)?
   ケ セ コンテスタ クワンド

   （...）の時には、なんと答えたらよいですか？

4. En (...) decimos (...), ¿cómo se dice en español? 　(...)語では(...)と言いますが、スペイン語ではなんと言いますか？

5. ¿Cómo se contesta el teléfono? 　電話に出たら、どのように答えたらよいですか？

6. Si necesito (...), ¿cómo lo pido? 　もし(...)が必要な時、なんと言って頼んだらよいですか？

7. Cuando estoy en (...), ¿qué debo decir? 　私が(...)にいる時、なんと言うべきでしょうか？

INTERMEDIO　　中級会話

8. Le he dicho a un camarero: *cóbreme*. ¿se dice así? 　ボーイさんに"*cóbreme*"［いくらですか］と言いました。こう言いますか？

9. ¿Cómo debo dirigirme a (...)? 　(...)に話しかける時、どうすべきでしょうか？

10. ¿Cuál es la frase más normal para (...)? 　(...)のための最も普通の文はどんなのですか？

80. 表現法について聞く

11 ¿Es muy informal decir (...)?
(...) と言うのはとてもくだけているでしょうか？

12 ¿Cuál es la forma más correcta de dirigirse a (...)?
(...) に話しかけるのに最も正しい言い方はどんなのでしょうか？

13 A (...), ¿se le debe tratar de tú o de usted?
(...) さんには親称の tú で話すべきですか、それとも敬称の usted ですか？

14 Si alguien me llama, ¿cómo tengo que contestarle?
もしだれかに呼ばれたら、なんと答えるべきでしょうか？

15 ¿Qué se dice cuando alguien se equivoca?
だれかが間違えた時、どう言ったらいいですか？

16 ¿Cuál es la frase más corriente para agradecer una invitación?
招待されたことに感謝するための最も普通の文はどんなのですか？

| AVANZADO | 上級会話 |

17 ¿Cómo puedo expresar el sentimiento de (...)?
(...) という感情はどう表現できるのでしょうか？

18. ¿Es correcto el tuteo cuando uno se dirige a (...)?
(...)に話しかける時、親称のtú で正しいですか？

> ☞名詞 tuteo は、親称の tú を主語とする言い方で、動詞の活用形は二人称単数形をとる。話し相手を指す動詞 tutear は tú で話すことで、hablar de tú とも言う。voseo (tú の代わりに vos を使うこと) と、vosear (tú の代わりに vos を使う) も存在するが、中南米の方言で使われるだけである。

19. ¿Hay en español una frase hecha que equivalga a (...)?
(...)に相当するスペイン語の決まり文句はありますか？

81. *Corregir algo a alguien*
正しい言い方を教える

ELEMENTAL — 初級会話

1. Eso no es así.
エソ ノ エサシ
そうではない。

2. Eso no se dice así.
エソ ノ セ ディーセ アシ
そうは言わない。

3. Eso no se escribe así.
エソ ノ エスクリーベ アシ
そうは書かない。

4. Tienes que decirlo así: (...).
ティエネス ケ デシールロ アシ
それはこう言わなくてはならない。(...) と。

INTERMEDIO — 中級会話

5. Eso está mal pronunciado.
エソ エスタ マル プロヌンシアード
その発音は間違っている。

6. Tienes que corregir la pronunciación de (...).
ティエネス ケ コレヒール ラ プロヌンシアシオン デ
君は (...) の発音を直さなくてはならない。

81. 正しい言い方を教える

[7] Me parece que así está mal escrito.
それだとちゃんと書けていないと思えます。

[8] En lugar de (...), debes decir (...).
(...) の代わりに、(...) と言うべきだ。

[9] Si lo dices así, nadie te entenderá.
君がそういう話し方だと、だれにもわかってもらえないだろう。

[10] Tienes que poner un acento sobre la (...).
(...) の上に君はアクセント符号を付けなければならない。

AVANZADO / 上級会話

[11] ¿Por qué no tratas de mejorar la pronunciación de (...)?
なぜ (...) の発音をもっと良くしようと努力しないの？

[12] Tendrías que corregir este fallo.
この間違いを正した方がいいんではないの。

[13] En ese caso lo mejor es decir (...).
その場合は (...) と言うのが一番良いでしょう。

[14] No lo digas así, que la gente se burlará de ti.
そんな風に言わないでよ。人が君を馬鹿にするから。

☞ ポーズの後の最初の que は、理由を表わす porque［なぜなら］で、置き換えることができる。文頭で使われると、ポーズの前で言われたことの結果のようなものを表わす。この que は口語で頻繁に使われ、たくさんの意味がある：¡Que sí, hombre!［絶対そうだよ、君］、¡Que te calles!［黙れったら］、¡Mira que eres pesado!［おい、しつこいぞ］。

III
ACCIONES COMUNICATIVAS
伝達行為

82. *Estar obligado a hacer algo*
何かをしなくてはならない

ELEMENTAL — 初級会話

1. Tengo que (...).
   テンゴ ケ
   私は（...）をしなくてはならない。

2. Estoy obligado a (...).
   エストヨブリガード ア
   私には（...）する義務がある。

3. Debo (...).
   デーボ
   私は（...）すべきである。

4. No tengo otra posibilidad.
   ノ テンゴー トラ ポシビリダー
   私にはほかにやりようがありません。

5. (...) es mi obligación.
   エス ミ オブリガシオン
   （...）は私の義務です。

6. (...) es mi deber.
   エス ミ デベール
   （...）は私の務めです。

INTERMEDIO — 中級会話

7. He de (...).
   エ デ
   私は（...）することになっています。

8. (...) me obliga a (...).
   メ オブリガー
   （...）のせいで私は（...）をしなくてはなりません。

9. (...) no tengo otra opción.
   ノ テンゴー トラ オプシオン
   私はほかに選択のしようがありません。

82. 何かをしなくてはならない

[10] Me veo en la obligación de (...).
メ ベーオ エン ラ オブリガシオン デ
私には（...）する義務があります。

[11] Tengo el compromiso de (...).
テンゴ エル コンプロミーソ デ
私は（...）する約束をしています。

[12] Me he comprometido a (...).
メー コンプロメティード ア
私は（...）する約束をしました。

[13] Debería (...).
デベリーア
あなたは（...）をしなくてはならないでしょう。（私には忠告する資格があるかどうかわかりませんが）

☞「tener que ＋不定詞」と「deber＋不定詞」は、義務の助動詞句を形成する。過去未来形の tendría と debería は、命令の意図を和らげる。特に、話し手が話し相手について述べる時には、ほとんど助言のようなニュアンスになる。否定形だと、ある人が何かをせねばならないという制約なしに、自由にやれることを意味する。14参照。

[14] Tendría que (...).
テンドリーア ケ
あなたは（...）をすべきでしょう。（私には忠告する資格があるかどうかわかりませんが）

☞13の注参照。

AVANZADO / 上級会話

[15] ¡Qué remedio me queda!
ほかにどんな方法が私に残っているというのか？

☞この例文は ¡Qué (otro) remedio me queda sino (...)!〔(...) 以外に他のどんな方法が私に残っているのか〕の短縮形である。

[16] No tengo más remedio que (...).
私には（...）するよりしかたがありません。

17	Me siento obligado a (...).	私には（...）する義務があります。
18	Me veo forzado a (...).	私は無理やり（...）させられるのです。
19	Lo hago a la fuerza.	否応なしに私はそれをするのです。
20	¡A la fuerza ahorcan! FH.	泣く子と地頭には勝てぬ。

☞ この文は避けることのできないあきらめを表わしている。絞首刑囚を例として挙げたやや残忍な比喩である。

21	Es forzoso que lo haga.	私にはそうするのが必須なのです。
22	Me imponen que (...).	私は（...）することを強制されています。
23	No puedo por menos que (...).	私は（...）をせざるをえません。
24	No tengo otra salida.	私にはほかにやりようがありません。
25	No tengo escapatoria.	私にはほかに逃げ道がありません。

☞ 動詞 escapar から派生した名詞には el escape, la escapatoria, la escapada の三つがある。el escape はガス洩れに使い、また a escape という熟語でも使い、a toda prisa ［大急ぎで］と同じである。escapatoria の最もよく使われる意味は、比喩的で、困窮状態から逃げ出すことを表わしている。

| 26 | Me apremian para que (...). | 私は（...）するようせかされています。 |

☞ apremiar は「だれかをせかす」ことを意味する。vía de apremio は行政機関が借金を差し押さえることができる行政上の手続きを意味する。

| 27 | Tengo que cumplir lo prometido. | 私は約束したことを守らなくてはなりません。 |
| 28 | Parece que me corresponde a mí (...). | （...）することが私の責任になっているようです。 |

82. 何かをしなくてはならない

[29] Estoy acorralado. 　　　　　私は追いつめられました。

> ☞ 名詞 corral は、家の近くで、家畜を飼っておく囲い場所を示す。動詞 acorralar は、だれかをある決まった方向にしか行動できない状態に無理やり追い込むことを意味する。

[30] Me tienen acosado. 　　　　　私は窮地に立たされました。

> ☞ acosar の第一義は、人や動物を捕まえるために追いかけることである。比喩的な意味では、この動詞は他人にある行動をとるようにしつこく要求することを意味する。

[31] Tendré que apechugar con (...). 　　　　私は（...嫌なこと...）を引き受けなければならないでしょう。

> ☞ 名詞 pechuga は鳥の胸肉を指す。残り半分は muslo［もも肉］と呼ばれる。限られた用法では、人の胸も指す。その動詞形 apechugar は迷惑なことを引き受けさせられることを意味する。

[32] (...) me está apretando las clavijas. FH. 　　　私は（...）にある事を押しつけられています。

> ☞ 名詞 clavija は、何かを固定するためにうちこまれる釘に似た金属または木片を意味する。apretar las clavijas は、ある人に何かを押しつける意味になる。

[33] Tengo que cargar con el mochuelo. FH. 　　　私は厄介なことをしょいこまなければなりません。

> ☞ mochuelo［ふくろう］の陰気な鳴き声から、tocar el mochuelo、cargar con el mochuelo という表現ができ、この場合 mochuelo は「厄介なこと」を意味する。

83. *No estar obligado a hacer algo*
何かをする義務がない

ELEMENTAL — 初級会話

1. No tengo que (...).
   ノ テンゴ ケ
   私は (...) する必要がありません。

2. No estoy obligado a (...).
   ノ エストヨブリガード ア
   私は (...) する義務がありません。

3. No debo (...).
   ノ デーボ
   私は (...) すべきではありません。

4. (...) no es mi obligación.
   ノ エス ミ オブリガシオン
   (...) は私の義務ではありません。

5. (...) no es mi deber.
   ノ エス ミ デベール
   (...) は私の務めではありません。

INTERMEDIO — 中級会話

6. No he de (...).
   ノ エ デ
   私は (...) することになっていません。

7. (...) no me obliga a (...).
   ノ メ オブリーガー
   (...) のせいで私は (...) しなくていいのです。

8. No me veo en la obligación de (...).
   ノ メ ベーオ エン ラ オブリガシオン デ
   私には (...) する義務はありません。

9. No tengo el compromiso de (...).
   ノ テンゴ エル コンプロミーソ デ
   私は (...) する約束をしませんでした。

210

83. 何かをする義務がない

[10] No me he comprometido a (...).
ノ メー コンプロメティード ア

私は（...）する約束をしませんでした。

[11] No tendría que (...).
ノ テンドリーア ケ

（...）する必要はないでしょう。
（私には忠告する資格があるかどうかわかりませんが）

☞82章13の注参照。

[12] No debería (...).
ノ デベリーア

（...）しなくてもいでしょう。
（私には忠告する資格があるかどうかわかりませんが）

☞82章13の注参照。

[13] No creo que tenga ninguna obligación.
ノ クレーオ ケ テンガ ニングーナ オブリガシオン

何か義務があるとは私は思いません。

| AVANZADO | 上級会話 |

[14] ¡No tengo por qué hacerlo!

私にはそれをすべき理由がありません。

[15] Yo no quedé en hacerlo.

私はそれをすることになっていませんでした。

[16] No me siento obligado a (...).

私には（...）する義務がありません。

[17] No es forzoso que (...).

（...）は必須ではありません。

[18] No creo que me corresponda a mí (....).

（...）することは私の責任だとは思いません。

[19] Nadie me impone que (...).

私は（...）することをだれにも強制されていません。

| 20 | No veo que sea yo quien tenga que hacerlo. | それをしなくてはならないのが私であるとは思いません。 |

| 21 | ¿Acaso he adquirido yo el compromiso de (...)? | (...)する約束をもしかして私はしましたかしら？ |

| 22 | Nadie me atosiga para que (...). | だれも私が (...) するように無理強いしてはいません。 |

☞ tóxico と類似の名詞 tósigo は envenenar［毒をもる］や abrumar［うんざりさせる］の類義語であるが、普通にはだれかにめんどうなことを押しつけるとか、せかす、急がせるとかの意味である。

| 23 | Nadie me tiene acosado para que yo (...). FH. | だれにも私は (...) するように無理強いされていません。 |

☞82章30の注参照。

| 24 | Nadie me aprieta las clavijas para que yo (...). FH. | だれも私が (...) するように強制してはいません。 |

☞82章32の注参照。

| 25 | No tengo que ser yo quien cargue con el mochuelo. FH. | 厄介なことをしょいこむのは私である必要はないのです。 |

☞82章33の注参照。

84. Preguntar a alguien si puede hacer algo
何かできるかどうか人に尋ねる

ELEMENTAL / 初級会話

1. Puedes (...)?
   プエデス
   君（...）してくれる？

2. ¿Podrías (...)?
   ポドリーアス
   君（...）してくれるだろうか？

3. ¿Tienes experiencia?
   ティエネセクスペリエンシア
   君したことある？

4. ¿Sabes (...)?
   サーベス
   君（...）できるかい？

5. ¿Te parece que podrás (...)?
   テ パレーセ ケ ポドラス
   君（...）できると思うかい？

6. ¿Crees que vas a poder (...)?
   クレース ケ バサ ポデール
   君（...）できると思うかい？

INTERMEDIO / 中級会話

7. ¿Tú crees que podrías (...)?
   トゥ クレース ケ ポドリーアス
   君（...）できると思うかい？

8. ¿Podrías hacerlo?
   ポドリーアサセールロ
   君それをやれるだろうか？

9. ¿Sabes cómo hacerlo?
   サーベス コモ アセールロ
   君どのようにするか知ってるかい？

10. ¿Tienes experiencia en (...)?
    ティエネセクスペリエンシア エン
    君は（...）の経験があるかい？

11. ¿Eres capaz de (...)?
    エレス カパース デ
    君は（...）ができる？

213

12	¿Se siente usted capaz de (...)? セ シエンテ ウステ カパース デ	あなたは（...）ができると思いますか？
13	¿Sirves para (...)? シルベス パラ	君（...）できる？
14	¿Crees que estás capacitado? クレース ケスタス カパシタード	君は自分が能力があると思うかい？
15	¿Estás seguro de que estás capacitado para (...)? エスタセグーロ デ ケスタス カパシタード パラ	君は（...）の能力があると確信できる？
16	¿Estás suficientemente preparado? エスタ スフィシエンテメンテ プレ パラード	君は十分用意できているかい？
17	¿No crees que es demasiado para ti? lr. ノ クレース ケース デマシアード パラ ティ	君には手に負えないと思わない？
18	¿Te atreves a (...)? テ アトレーベサ	（...）を君はおもいきってやるかい？

AVANZADO / 上級会話

19	Oye, tú que sabes de esto, ¿podrías (...)?	ねー、君は、このことを知っているのだから、（...）してもらえるかい？
20	¿Tienes fuerza suficiente para (...)?	君は（...）するのに十分な力があるかね？

84. 何かできるかどうか人に尋ねる

21　(...), ¿está a tu alcance?　　　(...) は君のできる範囲内かい？

> ☞ 動詞 alcanzar は、あるものがあるところまで行きつくことを意味する。熟語 al alcance (de la mano) [手の届くところに] や a (mi) alcance [私の手の届くところに] で、あるものが身近かにあるとか、あるいは比喩的に何かが実行可能なことを表わす。ser、estar、tener、poner のような動詞と一緒に使われる。

22　¿Crees que estás a la altura de (...)?　　　君は (...) のできるレヴェルに達していると思う？

> ☞ 名詞 altura [高さ] は、あるもののてっぺんから下までの距離をいう。altitud [標高] は、海抜なんメートルと言う時使われる。estar a la altura (de algo) は、そのレヴェルに達した行動を表わす。しばしば、estar a la altura de の後に circunstancia を伴い、「臨機応変」を表わす。

23　¿Está en tus manos?　　　(...) は君の能力の範囲ですか？

> ☞ dejar (algo) en manos (de alguien) [あるものをある人の手に委ねる] という熟語のほかに、mano [手] を使った熟語 dar la mano、tender la mano、ofrecer la mano、echar una mano はすべて手助けを表わす。熟語 estar en manos (de alguien) は、ある人があることに対して能力と権威を持っていることを表わす。

24　¿Contamos contigo para (...)?　　　私たちは (...) するのに君を当てにしていいかね？

25　¿Tiene usted la competencia suficiente como para (...)? F.　　　(...) するのにあなたは十分な能力がおありですか？

26　¿Crees que para (...) te falta empuje? I.　　　君は (...) するのにガッツが足りないと思う？

27　¿Te consideras apto para (...)?　　　君は (...) に向いていると思いますか？

28　¿Crees que vales para (...)? I.　　　君は (...) ができると思う？

85. Decir a alguien que haga algo
だれかに何かをするように言いつける

ELEMENTAL — 初級会話

[1] Haz (...).　　　　　　　　　(...) をしてよ。
　　アス

[2] ¡Hazlo!　　　　　　　　　　それをしてよ。
　　アスロ

[3] Por favor, (...).　　　　　　どうぞ、(...)。
　　ポル　ファボール

☞相手に何かするように言うもっとも簡単な方法は、相手が tú で話す相手なら、命令法、usted で話す相手なら、接続法を使うことである。これらの動詞は単独でも、丁寧な por favor をつけてでも使われる。日常会話では、すぐ相手に反応してもらいたい時は、命令形の前に逆接の pero を置いたり、催促の間投詞 anda、venga、vamos［さあ、さあ］を使うことである。

[4] Por favor, ¿puedes (...)?　　どうか、(...) できる？
　　ポル　ファボール　プエデス

[5] ¡A (...)!　　　　　　　　　(...) してよ。
　　ア

☞この句は、comer、estudiar のような不定詞とか、¡A la cama!［ベットへ］のような名詞が次にきて完全なものとなる。¡A comer!［食べよう］のように、大変直接的な命令に使われる。いつも家族的な雰囲気の中でのみ使われる。

[6] ¿Puede usted (...)?　　　　あなた (...) してくださいますか？
　　プエデ　ウステ

[7] Pero, (....)!　　　　　　　さあ、(...) してよ。
　　ペロ

☞ 3 の注参照。

85. だれかに何かをするように言いつける

INTERMEDIO　　　　　　　　　　　**中級会話**

[8] ¡Anda, (...)!　　　　　　　　　ねー、(...) してよ。
　　アンダー

　　☞ 3の注参照。

[9] ¿Podrías (...)?　　　　　　　　君 (...) してくれるかなあ。
　　ポドリーアス

　　☞ この種の表現は、疑問文の形をとっていて、法助動詞 poder とか querer とか、間接的な表現 importar [重要である]、tener algún inconveniente (en)... [...するのに不都合がある] とかを用いるので、何かを命令するのに適切な言い方である。10と20参照。

[10] ¿Te importaría (...)?　　　　　(...) しても構わないかい？
　　　テ　インポルタリーア

　　☞ 9の注参照。

[11] Le ordeno que (...). R.　　　あなたに (...) するように命令します。
　　　レ　オルデーノ　ケ

[12] Te digo que (...).　　　　　　私は君に (...) してくれるよう言いつけます。
　　　テ　ディーゴ　ケ

[13] Quiero que (...).　　　　　　　私は (...) してもらいたい。
　　　キエロ　ケ

[14] No te olvides de (...).　　　　(...) を忘れないでね。
　　　ノ　テ　オルビーデス　デ

[15] (...). ¿Lo harás, verdad?　　　(...)。やってくれるでしょ。
　　　　　　ロ　アラス　ベルダー

[16] ¿Lo harás o no lo harás? l.　　やるの、それともやらないの？
　　　ロ　アラス　オ　ノ　ロ　アラス

　　☞ 外見上は相手に不快感を与えない疑問文である。しかしこれが発せられるイントネーションしだいでは、話し手が no lo harás と聞き手の拒絶の答えまでもあらかじめ述べるという脅迫調の命令文にもなりうる。

[17] Es mejor que lo hagas.　　　　君、そうした方がいいね。
　　　エス　メホール　ケ　ロ　アーガス

18 Que lo hagas, te digo. Enf.   それをおやりなさいったら。
ケ　ロ　アーガス　テ　ディーゴ

19 Ve, y （...）.   さあ、（...）してよ。
ベ　イ

☞ この構文は不定詞をつけて完成される：ve y ponte a estudiar.［さあ、勉強を始めなさい］。しかし y の後は動詞の現在形も普通に使われる：ve, y compras （...）［さあ、（...）を買うのですよ］。次のような文は、母親が子供に使ったりするので、よく知られている：Ve, y le dices a （...） que （....）.［さあ、（...）さんに（...）してくれるように言うのですよ］。

AVANZADO　　　　上級会話

20 ¿Tendrías algún inconveniente en （...）?   （...）するのに、君何か不都合があるかしら？

☞ 9 の注参照。

21 ¿Querrías hacerme el favor de （...）?   （...）してくれると、私うれしいんだけど。

22 Quisiera que （...）.   （...）をしていただけると、ありがたいのですか。

23 Agradecería que （...）.   （...）していただけると、ありがたいのですが。

24 ¿Y si lo hicieras?   もし君がそれをしてくれたらなあ。

25 Recuerda, no dejes de （...）.   いいかい、きっと（...）してくれよ。

26 ¿Verdad que no te olvidarás de （...）?   きっと君は（...）を忘れないよね。

27 ¡A ver si acabas de （...）! I.   （...）をやりとげてよね。

☞ ¡A ver!という表現は色々な意味を持っている。関心を表わしたり関心を喚起させたりする表現である。si［かどうか］で始まる節の末尾を水平調で発音すると、将来起こるかもしれないことを述べる。si の後にこの場合の acabas のような二人称の動詞を用いると、だれかに何かをさせる表現になる。

86. *Decir a alguien que no haga algo*
だれかに何かをしないように言う

| ELEMENTAL | 初級会話 |

1. ¡No (...)!
   ノ

   ☞85章3の注参照。

   (...) はだめですよ。

2. No hagas (...).
   ノ　アーガス

   (...) をするな。

3. ¡No lo hagas!
   ノ　ロ　アーガス

   それをするな。

4. Por favor, no (...).
   ポル　ファボール　ノ

   どうか、(...) しないでね。

   ☞85章3の注参照。

5. ¿Puede usted (...)?
   プエデ　ウステ

   (...) をして下さいますか？

6. ¡Anda, no (...)! L.
   アンダー　ノ

   あれれ、(...) するんじゃないよ。

   ☞85章3の注参照。

7. ¡Pero no (...)! L.
   ペロ　ノ

   さあ、(...) しないでね。

   ☞85章3の注参照。

8. ¡Basta!
   バスタ

   たくさんだ！

   ☞24章24の注参照。¡Basta! という表現は、間投詞的な性格を持っている。これを間投詞的イントネーションで発音すると、話し相手の言動への中止命令となる。

9. ¡Basta ya! Enf.
   バスタ　ヤ

   ☞ 8の注参照。

10. ¡No, no, déjalo!
    ノ　ノ　デーハロ

INTERMEDIO 中級会話

11. ¿Podrías no (...)?
    ポドリーアス　ノ

    (...) しないようにしてもらえるかい？

    ☞何かを命令する時の教養ある人の言い方である。12、24参照。

12. ¿Te importaría no (...)?
    テ　インポルタリーア　ノ

    (...) しなくても構わないかしら？

    ☞11の注参照。

13. Le ordeno que no (...). R.
    レ　オルデーノ　ケ　ノ

    あなたに (...) しないように命じます。

14. Te digo que no (....).
    テ　ディーゴ　ケ　ノ

    君に (...) しないように言いつけます。

15. ¿Lo harás o no lo harás? I.
    ロ　アラス　オ　ノ　ロ　アラス

    やるの、それともやらないの？

    ☞85章16の注参照。

16. (...). ¿No lo harás, verdad?
    ノ　ロ　アラス　ベルダー

    君よもや(...)をしないだろうね。

17. Es mejor que no lo hagas.
    エス　メホール　ケ　ノ　ロ　アーガス

    そうしない方がいいね。

18. Que no lo hagas, te digo.
    ケ　ノ　ロ　アーガス　テ　ディーゴ

    それをやってはいけないったら。

86. だれかに何かをしないように言う

[19] ¡No, por Dios! Enf.
　　ノ　ポル　ディオス

やめて、お願いだから。

[20] ¡No siga!
　　ノ　シーガ

これで終わりです。(これ以上続けないでください)

[21] ¡Déjelo como está!
　　デーヘロ　コモ　エスタ

そのままにしておいてください。

[22] ¿Cuántas veces te he dicho
　　クワンタス　ベーセス　テー　ディーチョ
que no (...)? Enf.
ケ　ノ

なんど(...)しないようにと君に言ったことか。

[23] Ve, y no (...).
　　ベ　イ　ノ

さあ、(...)をしないようにね。

☞85章19の注参照。

| AVANZADO | 上級会話 |

[24] ¿Tendrías algún inconveniente en no (...)? Ir.

(...)しないとしたら、何か不都合があるかしら？

☞11の注参照。

[25] ¿Querrías hacerme el favor de no (...)?

(...)しないでくれると私はうれしいんだけれど。

[26] Quisiera que no (...).

(...)しないでいただきたいのですが。

[27] Agradecería que no (...).

(....)をしないでいただけるとありがたいのですが。

[28] ¿Y si no lo hicieras? Ir.

もし君がそれをしないでくれたならあ。

☞85章16の注参照。

[29] Recuerda, deja de (...).

いい、きっと(...)しないでよ。

221

30　No te metas en lo que no te importa. I.　　自分に関係ないことには首をつっこむな。

31　¡Déjalo! No es de tu incumbencia. F.　　やめろ、君にはかかわりないことだ。

☞ 動詞 incumbir［かかわりがある］は corresponder、competer、concernir の類義語である。これらの動詞によって、ある仕事や役割を完遂するのがだれかの義務とか責任であることを表わす。同じことを抽象名詞で表わすためには incumbencia、competencia が使われる。

32　¡Que no sepa yo que lo has hecho! R.　　それを君がやるとしても、私の耳にはいれないでくれよ。

☞ だれかにそれをしないようにと命令するための間接的な言い方である。スペイン語では、ある人があることを知りたくないと言う時、この場合のように脅迫じみた表現を用いる。年上の者が年下の者に使ったり、目上の者が目下の者に使ったりする。

87. Solicitar algo de alguien
だれかに何かを頼む

ELEMENTAL　　　初級会話

1　Puede (...)?
　プエデ
　　　　　　　　　　　　(...) をしてくださいますか？

2　Solicito (...).
　ソリシート
　　　　　　　　　　　　(...) をお願いします。

3　Le solicito (...).
　レ　ソリシート
　　　　　　　　　　　　あなたに (...) をお願いします。

4　Le pido (...).
　レ　ピード
　　　　　　　　　　　　あなたに (...) お頼み申します。

INTERMEDIO　　　中級会話

5　Te pido que (...).
　テ　ピード　ケ
　　　　　　　　　　　　君に (...) を頼む。

| 6 | Solicito que (...).
 ソリシート ケ | 私は（...）することをお願いします。 |

| 7 | Le ruego que (...).
 レ ルエゴ ケ | あなたに（....）をお願いします。 |

| 8 | Le suplico que (...).
 レ スプリーコ ケ | あなたに（...）をお願いします。 |

| 9 | ¿Le importaría (...)?
 レ インポルタリーア | あなたは（...）しても構わないでしょうか？ |

| 10 | ¿No le molestaría (...)?
 ノ レ モレスタリーア | あなたに（...）するのはご迷惑でしょうか？ |

| 11 | ¿Podría usted (...)?
 ポドリーア ウステ | （...）してくださるでしょうか？ |

| **AVANZADO** | **上級会話** |

| 12 | Querría que (...). | 私は（...）していただきたいのですが。 |

| 13 | ¿Le importaría que (...)? | あなたは（...）しても構わないでしょうか？ |

| 14 | ¿No le molestaría que (...)? | あなたに（...）するのはご迷惑でしょうか？ |

| 15 | Me gustaría pedirle que (...). | （...）をあなたにお頼みしたいのですが。 |

| 16 | Quisiera pedirle que (...). | （...）をあなたにお頼みしたいのですが。 |

| 17 | Me gustaría si usted pudiera (...). | もしあなたに（...）していただけたらうれしいのですが。 |

18. Si fuera tan amable, le agradecería que (...). F.　　もしご親切なら、(...) していただけたらありがたく存じます。

19. Le imploro que (...). R.　　あなたに (...) をしてくださるように哀願します。

20. Le urjo a que (...). R.　　あなたに (...) してくださるように強く要求します。

21. La presente es para solicitar de usted (...). E.　　本状は貴殿に (...) してくださるようお願いするためのものです。

☞ この文には名詞 carta［手紙］が省略されている。同じように、商業通信文では presente、corriente［今の］は多くの場合「今月」を指す。

22. Solicito de usted tenga a bien (...). E.　　あなたに (...) してくださるようにお願いします。

☞ 重要人物に物事を頼む書面なので、敬語 tener a bien＋不定詞［…してくださる］が使われている。動詞 dignarse も代用できるであろう。

23. La presente instancia es para (...). E.　　この嘆願書は (...) するためのものです。

88. *Sugerir algo a alguien*
だれかに何かをしたらと言う

ELEMENTAL　　初級会話

1. Sugiero (...).
   スヒエロ
   　　(...) したらと思います。

2. ¿Podrías (...)?
   ポドリーアス
   　　君 (...) してくれる？

3. Quiero hacer una sugerencia: (...).
   キエロ　　アセールナ　　スヘレンシア
   　　私は一つ助言をしたい。それは (...)。

INTERMEDIO / 中級会話

4. Te sugiero que (...).
   君は（...）したらどうだい？

5. Por cierto, ¿por qué no (...)?
   ところで、（...）したらどうですか？

6. ¿Te parece que (...)?
   君は（...）するのはどうだい？

7. ¿A ti qué te parece si (...)?
   君は（...）したらどうだい？

8. Si te parece, podrías (...).
   もしよかったら、君（...）してくれるといいなあ。

9. ¿No te gustaría (...)?
   （...）するのは君、嫌だろうか？

10. Voy a darte una idea. ¿Por qué no (...)?
    一つ君に知恵をかそう。（...）したらどうだい？

11. ¿Qué me dices de (...)?
    （...）についてはどう思う？

12. ¿No se te ha ocurrido (...)?
    （...）したいと君は思わない？

AVANZADO / 上級会話

13. ¿Y si (...)?
    （...）したら？

    ☞ 助言の一つの形式は、疑問形式で条件節を発することである。その条件節の動詞は直説法の現在か接続法過去になるであろう。

14. Te sugeriría que (...).
    君に（...）したらどうかと言いたいところだ。

15　¿Qué te parecería si (...)?　　もし (...) するとしたら君にはどう思えるかな？

16　A propósito, ¿no te gustaría (...)?　　ところで、(...) するのは君、嫌かな？

17　Si admite una sugerencia, le diré que (...).　　もし助言を許してくださるのなら、(...) と申しあげるところです。

18　Las sugerencias del día son (...). R.　　本日のお勧め商品は (...) です。

☞ 名詞 sugerencia は、insinuación [暗示] の類義語である。del día [本日の] という形容詞がつくのは、その日の特別大安売り商品が買い手に買う気をそそるからである。例えば、las de un restaurante [今日の当レストランのお勧めメニュー] とか las de un supermercado [スーパーの目玉商品] とかである。

89. *Prometer o jurar algo*
何かを約束したり、誓ったりする

ELEMENTAL　　初級会話

1　Te prometo (...).
　　テ　プロメート
　　君に (...) を約束する。

2　Te lo prometo.
　　テ　ロ　プロメート
　　君にそれを約束する。

3　Te prometo que (...).
　　テ　プロメート　ケ
　　(...) するように君に約束する。

4　Juro (...).
　　フーロ
　　(...) を誓う。

5　Te lo juro.
　　テ　ロ　フーロ
　　それを君に誓う。

6　Te juro que (...).
　　テ　フーロ　ケ
　　(...) するよう君に誓う。

7. ¡Prometido!
   プロメティード
   　　　約束ね。

   ☞動詞 prometer の過去分詞は、何かが約束されたことを強調して表わすために独立して使われる。動詞 estar とか quedar の直説法現在3人称単数形 está または queda が省略されたと考えられる。

INTERMEDIO　　　中級会話

8. Me comprometo a (...).　Enf.
   メ　コンプロメート　ア
   　　　私は (...) することを約束します。

9. Te aseguro que (...).
   テ　アセグーロ　ケ
   　　　君に (...) を確約します。

10. Tranquilo, cumpliré mi promesa.
    トランキーロ　クンプリレ　ミ　プロ　メーサ
    　　　あわてるな、私は約束を果たすからね。

11. Palabra de honor.　FH.
    パラブラ　デ　オノール
    　　　武士に二言なし。

    ☞この成句、または ¡palabra! ［約束］の一語は、力強く約束を守ることを表わす間投詞を形成する。動詞 dar と所有形容詞 (mi, tu, su) が省略されていると考えられる。

AVANZADO　　　上級会話

12. Te doy mi palabra.　　　約束します。
13. Yo tengo palabra.　　　約束を私は守ります。
14. Lo haré sin falta.　　　私はきっとそうするでしょう。

    ☞名詞 falta ［欠如］は、一方では ausencia ［不在］、他方では defecto ［欠点］の類義語である。熟語 sin falta は、保証を表わし、約束を強調する表現である。

15. Te hago la promesa de (...).　　　(...) をする約束を君にします。
16. Lo prometido es deuda.　FH.　　　約束とは借金である。

    ☞約束したことを果たす義務のあることをいう伝統的な言い方である。

deuda [借金] は、動詞 deber の派生語である。

[17] Soy fiel a mis promesas.　　　私は約束を忠実に守ります。

[18] (...). No tengo más que una palabra.　　　(...)。私の言葉は武士の一言です。

☞ 文字通りには理解できないこの文は、約束した人が信頼に足る人物である以上、なされた約束が守られるということを意味する。言い方は似ているが、意味が大変違うのは次のようなものである。tener unas palabras con alguien (＝discutirse [だれかと討論する])、no tener palabras para ... (＝no saber expresar un sentimiento [ある感情をなんと言ったらいいかわからない])。

[19] Empeñé mi palabra; así que (...). F.　　　私は約束に命をかけていますので、(...)。

☞ 動詞 empeñar は、現金を手に入れるために質に何かを入れ、後でまた取り戻すことを意味する。empeñar は固く約束することを意味する。

[20] Ya sabes que quedé en (...).　　　君はもう知っているだろうが、私は (...) に決めたんだ。

90. Prevenir a alguien de algo
だれかに何かを警告する

ELEMENTAL　　　初級会話

[1] ¡Cuidado!　　　気をつけて。
　　クイダード

☞ ¡Cuidado! [気をつけて] は、用心するように勧める時大変よく使われる間投詞である。「con＋名詞または不定詞」が付くこともある：cuidado con el perro. [犬に気をつけろ]、cuidado con tomar las curvas muy cerradas. [かなり急なカーブには気をつけろよ]。この縮小辞形 (cuidadito) は、一見親愛の情を込めてはいるが、脅しを中に含んでいる。しばしば人差指を目の下に置く動きを伴って発せられる。2、5参照。

[2] ¡Cuidado con (...)!　　　(...) に気をつけて。
　　クイダード　コン

☞ 1の注参照。

90. だれかに何かを警告する

3. Te lo advierto.
   テ ロ アドビエルト
   君にそれを注意しておくよ。

4. Quiero prevenirte de algo: (...).
   キエロ プレベニールテ デ アルゴ
   君にあることを注意しておきたい。すなわち（...）。

5. ¡Cuidadito! I.
   クイダディート
   気をつけるんだぞ。
   ☞ 1の注参照。

6. Ten cuidado.
   テン クイダード
   気をつけろ。

7. ¡Ojo! I.
   オーホ
   注意！
   ☞ 名詞 (ojo) は、第一義の「目」から転じて、比喩的に atención［注意］とか cuidado［注意］を意味する。また単独で、間投詞的イントネーションで ¡ojo!、縮小辞形の ¡ojito!［気をつけろよ］のように使われる。「con＋名詞または不定詞」がつくこともある：¡ojo con quemarte!［やけどに気をつけろ］。二つの表現とも、白紙の状態であるいは脅しの意味を込めて、人に忠告または警告する時に使われる。8参照。

8. ¡Ojo con (...)!
   オーホ コン
   (...) に注意！
   ☞ 7の注参照。

9. ¡Alerta!
   アレルタ
   気をつけろ！

10. ¡Eh!
    エー
    ほら！

11. ¡Atención!
    アテンシオン
    注意！

12. Abre bien los ojos. Enf.
    アブレ ビエン ロソーホス
    目をしっかりあけて！
    ☞ con los ojos cerrados［目を閉じて］、cerrar los ojos［目を閉じる］がそれぞれ「全幅の信頼をおいて」および「考えなしである」を意味するように、

229

中に los ojos を含んだ熟語（abrir los ojos ［両目を開く］、dormir con los ojos abiertos ［目を開いたまま眠る］、con los ojos fuera de las órbitas ［目を眼窩の外においで］は、驚きとか、あるものに対して大いに注目することを意味する。

13. **Te advierto que (...).**
    テ アドビエルト ケ
    (...)と君に注意しておく。

14. **Te prevengo que (...).**
    テ プレベンゴ ケ
    (...)と君に警告しておく。

15. **Te aviso.**
    テ アビーソ
    君に言っておく。

INTERMEDIO　　　　中級会話

16. **Evita (...).**
    エビータ
    (...)を避けろ。

17. **Anda con cuidado.**
    アンダ コン クイダード
    気をつけるんだよ。

18. **Ve con cuidado.**
    ベ コン クイダード
    気をつけるんだよ。

19. **Ve con precaución.**
    ベ コン プレカウシオン
    気をつけるんだよ。

20. **Anda con ojo.**
    アンダ コノーホ
    気をつけるんだよ。

21. **Sé prudente.**
    セ プルデンテ
    慎重にね。

22. **Ten prudencia.**
    テン プルデンシア
    慎重にね。

23. **No te olvides de (...).**
    ノ テ オルビーデス デ
    (...)を忘れないように。

24. **Tendrás que tomar precauciones.**
    テンドラス ケ トマール プレカウシオーネス
    君、気をつけねばいかんよ。

90. だれかに何かを警告する

[25] **Mira bien lo que haces.**
ミーラ ビエン ロ ケ アーセス
自分のしていることをよく考えろ。

> ☞動詞 mirar の命令形 mira は、多くの場合、話し相手に注意を喚起するためだけに使われる。que も伴う：¡mira que meterse en el agua haciendo tanto frío! [ほら、こんなに寒いのに水に飛び込む奴がいるぞ]。mira の後に que si が続くと、強調の度が強まる：¡mira que si mañana llueve, vaya desastre! [あした雨だなんて、なんてついていないんだろう]。同様に qué とか lo que が続く構文もある：¡mira lo que haces! [自分のしていることに気をつけろ] は cuidado con と類似の表現である。

[26] **Quiero que estés sobre aviso.**
キエロ ケステス ソブレ アビーソ
君、気をつけていてほしいな。

[27] **(...), no sea cosa que (...).**
ノ セア コーサ ケ
(...)、(...) するといけないから。

[28] **(...), no vaya a ser que (...).**
ノ バーヤ セール ケ
(...)、(...) するといけないから。

[29] **(...), pero por lo que pueda ser (...).**
ペロ ポル ロ ケ プエダ セール
(...)、しかしひょっとすると (...) かもしれないよ。(そうなってほしくないけれど)

| AVANZADO | 上級会話 |

[30] **Quisiera llamarte la atención sobre (...).**
(...) について君に注意を喚起したいものだ。

[31] **Sólo quiero darte un toque de atención.**
ほんのちょっとだけ君に警告しておきたい。

[32] **Que no se pueda decir que no te avisé.**
あらかじめ君に警告しなかったとは言わせないよ。

[33] **(...) por si acaso.**
もしかしたら (...) だ。

[34] **(...) por si las moscas.** l.
もしかしたら (...) だ。

[35] **Que no te cojan desprevenido.**
不意をつかれてあわてないように。

36. Adopte las precauciones pertinentes. F.　　しかるべき用心をしておいてください。

37. Me parece que deberías curarte en salud.　　まず君は体を直すべきだろうと私は思うがね。

38. Guárdate muy bien, pero que muy bien de (...). Enf.　　十分気をつけなさい。それも本当に (...) しなさい。

39. En esas cosas hay que andar con pies de plomo.　　そのことには慎重の上にも慎重を期さないといけない。

40. Hombre prevenido vale por dos. FH.　　備えあれば、憂いなし。

☞この諺の意味は、これから起こるかもしれない不幸をあらかじめ避けるために用心する人は、それを避けることができるということである。同じことは、42によっても言い表わせる。中南米では、más vale prevenir que lamentar. [あとで嘆くより、警戒した方がまし] とも言う。vale más un por si acaso que un válgame Dios. [神様お助けより、万が一の方が良い] という言い方もある。

41. Quien avisa no es traidor. FH.　　警告する者は裏切り者ではない。

☞この諺が警告として用いられるのは、話し相手に何か不愉快なことが起こるかもしれないからである。同じ内容は次の諺でも表わせる：guerra avisada no mata soldado. [警告された戦争は兵士を殺さない]。

42. Mas vale prevenir que curar. FH.　　病気を直すより健康に注意するにこしたことはない。

☞40の注参照。

91. Pedir consejo o una sugerencia a alguien
だれかに助言とかサジェスチョンを頼む

ELEMENTAL / 初級会話

[1] ¿Qué me aconsejas?　　君は私になんとアドバイスしてくれる？

[2] ¿Puedes aconsejarme?　　君は私の相談にのってくれるかい？

[3] Déme su consejo.　　あなたのアドバイスを私にください。

[4] Quiero pedirte un consejo: (...).　　君にアドバイスを一つしてほしいのだが、(...)。

[5] ¿Tú crees que (...)?　　君は (...) と思うかい？

[6] (...), ¿qué crees?　　(...)、これどう思う？

[7] ¿Qué me dices de (...)?　　(...) について君はどう思う？

[8] Oye, ¿tú qué piensas?　　ねー、君、どう思う？

[9] ¿Qué me recomiendas?　　君は私にどう勧めてくれる？

[10] ¿Cuál de (...) me recomiendas?　　(...) のうちどれを私に勧める？

11. ¿Qué me sugieres?
   ケ メ スヒエーレス
   何を私にサジェストしてくれる？

INTERMEDIO / 中級会話

12. Déme su parecer. F.
    デメ ス パレセール
    あなたのご意見を聞かせてください。

13. Quiero saber cuál es tu parecer.
    キエロ サベール クワレス トゥ パレセール
    君の意見がどんなものか私は知りたい。

14. De (...), ¿qué opinas?
    デ ケ オピーナス
    (...) については、君はどういう意見？

15. Dime, ¿qué opinas de (...)?
    ディメ ケ オピーナス デ
    ねー、(...) については君はどういう意見？

16. ¿Oriéntame!
    オリエンタメ
    私にアドバイスしてよ。

17. Dame alguna indicación sobre (...).
    ダメ アルグーナ インディカシオン ソブレ
    (...) についてなんらかの指示をしてくれる？

18. ¿Sabe usted lo que me conviene más?
    サーベ ウステ ロ ケ メ コンビエーネ マス
    私が今するのに最もふさわしいことをあなたはご存じですか？

19. ¿Sabe usted qué será lo mejor?
    サーベ ウステ ケ セラ ロ メホール
    何が最善の策であるかご存じですか？

20. ¿Podría usted aconsejarme sobre (...)?
    ポドリーア ウステ アコンセハールメ ソブレ
    (...) について私に助言してくださいますか？

21 ¿Me sugieres que (...)? 私に (...) したらとサジェストしてくれる？

AVANZADO　　　　　上級会話

22 ¿Cuál cree usted que me convendría más? どうするのが私に最もふさわしいとお考えですか？

23 ¿Qué cree usted que me iría mejor? あなたは私がどうしたら一番いいとお思いですか？

24 (...). ¿Podría usted asesorarme? R. (...)。助言をお願いできますでしょうか？

92. Aconsejar a alguien que haga algo
だれかに何かをするように勧める

ELEMENTAL　　　　　初級会話

1 Te aconsejo (...). 私は (...) と君に勧める。

2 Te lo aconsejo. 私は君にそう勧める。

3 Creo que (...). 私は (...) と思います。

4 Pienso que (...). 私は (...) と考えます。

5 Opino que (...). 私は (...) という意見です。

6 Le recomiendo (...). あなたに (...) をお勧めします。

235

[7] Debes (...).　　　　　　　　　君は（…）しなくてはならない。

INTERMEDIO — 中級会話

[8] Te aconsejo que (...).　　　　私は（…）と君に勧める。

[9] Te sugiero que (...).　　　　　私は（…）をしたらと君にサジェストする。

[10] Puedo aconsejarte que (...).　私なら君に（…）するように勧めることができる。

[11] ¿Puedo darte un consejo?　　　一つ君に助言していいかい？

[12] Le recomiendo que (...).　　　私はあなたに（…）するようお勧めします。

[13] Deberías (...).　　　　　　　君は（…）すべきだろうなあ。

[14] Mi parecer es que (...).　　　　私の意見は（…）です。

[15] Mi consejo es que (...).　　　　私の助言は（…）です。

[16] ¿Quieres un consejo? Pues, (...).　君、私にアドバイスをしてほしい？ それだったら、（…）だ。

[17] (...) te conviene.　　　　　　（…）が君に合っている。

⑱ Lo mejor será que (...).
ロ　メホール　セラ　ケ

一番いいのは（...）することでしょう。

⑲ Mi experiencia es que en estos casos lo mejor es (...).
ミ　エクスペリエンシア　エス　ケ　エネストス
カーソス　ロ　メホーレス

私の経験では、こんな場合に一番いいのは（...）です。

AVANZADO	上級会話

⑳ Yo (...).

私だったら。

☞代名詞 yo に続く動詞は、条件を表わす過去未来形であるはずである。なぜなら話し手がもし聞き手の立場だったらと仮定しているからである。それゆえ、yo, que tú, no lo haría.［もし私が君なら、そうはしないでしょうに］と似た表現になる。

㉑ Yo, que tú, (...).

もし私が君なら、（...）。

☞22と同様、文章の最初に使う。その後に過去未来形の動詞が続くはずである：yo, que tú, llevaría el coche al taller.［私が君ならば、車を修理工場へもって行くだろう］。なぜならば深層に si fuera tú, (...)［もし私が君ならば、（...）］のような条件文があるからである。

㉒ Yo, en tu lugar, (...).

もし私が君の立場なら、（...）。

☞21の注参照。

㉓ Si yo fuera tú, (...).

もし私が君なら、（...）だろうに。

㉔ Sí, mira, yo creo que lo mejor sería (...).

うん、いいかい、私が思うに一番いいのは（...）だろう。

㉕ Lo que sí le recomendaría sería que (...).

私が自信をもってお勧めするのは、（...）でしょうね。

㉖ Le aconsejaría que (...).

私だったらあなたに（...）とお勧めするでしょうね。

㉗ Creo que (...) le convendría más.

あなたには（...）の方がもっとふさわしいだろうと思います。

93. Aconsejar a alguien que no haga algo
だれかに何かをしないように勧める

ELEMENTAL / 初級会話

1. No te aconsejo (...).
   ノ テ アコンセーホ
   私は（...）とは君に勧めない。

2. No te lo aconsejo.
   ノ テ ロ アコンセーホ
   私は君にそうは勧めない。

3. Creo que no (...).
   クレーオ ケ ノ
   私は（...）ないと思います。

4. Pienso que no (...).
   ピエンソ ケ ノ
   私は（...）ないと考えます。

5. Opino que no (...).
   オピーノ ケ ノ
   私は（...）ないという意見です。

6. No (...) eso.
   ノ エソ
   それを（...）ないように。

   ☞命令に近い助言を意味する構文である。動詞は相手が tú であろうと usted であろうと、接続法現在形である：no hagas eso［君それをするなよ］、no haga eso［あなたそれをしないでください］

7. Le recomiendo que no (...).
   レ レコミエンド ケ ノ
   あなたに（...）なさらないようお勧めします。

8. No debes (...).
   ノ デーベス
   君は（...）すべきではない。

INTERMEDIO / 中級会話

9. No te aconsejo que (...).
   ノ テ アコンセーホ ケ
   私は（...）と君に勧めない。

93. だれかに何かをしないように勧める

10. No puedo aconsejarte que (...).　　私は（...）と君に勧めることはできない。

11. No creo que (...).　　私は（...）とは思いません。

12. No pienso que (...).　　私は（...）とは考えません。

13. No opino que (...).　　私は（...）という意見ではありません。

14. ¿Puedo darte un consejo? No (...).　　一つ君に助言をしてもいいかい？（...）するなよ。

15. ¿Me permites que te dé un consejo? No (...).　　一つ助言をするのを許してもらえる？（...）するなよ。

16. Sí, mira, yo creo que no (...).　　うん、いいかい、君は（...）ではないと思う。

17. No le recomiendo que (...).　　あなたに（...）とはお勧めしません。

18. No deberías (...).　　君は（...）すべきではないだろうなあ。

19. Mi consejo es que no (...).　　私の助言は（...）しないようにということです。

20 Lo mejor será que no (...).
ロ メホール セラ ケ ノ

一番いいのは（...）しないことでしょう。

21 Mi experiencia es que en estos
ミ エクスペリエンシア エス ケ ネストス
casos lo mejor es que no(...).
カーソス ロ メホー レス ケ ノ

私の経験では、こんな場合に一番いいのは（...）しないことです。

22 ¿Quieres un consejo?
キエレス ン コンセーホ
Pues no (...).
プエス ノ

君、私にアドバイスしてほしい？それでは（...）しないように。

23 (...) no te conviene.
ノ テ コンビエーネ

（...）は君には向いていない。

AVANZADO | 上級会話

24 Yo no (...).

私だったら（...）しないでしょう。

☞92章20の注参照。

25 Yo, que tú, no (...).

もし私が君なら、（...）しないでしょう。

☞92章21の注参照。

26 Yo, en tu lugar, no (...).

もし私が君の立場なら、（...）しないだろう。

☞92章21の注と22を参照。

27 Si yo fuera tú, no (...).

もし私が君なら、（...）しないだろうに。

28 Sí, mira, yo creo que lo mejor sería que no (...).

うん、いいかい、私が思うに一番いいのは（...）しないことだろう。

29 No le recomendaría que (...).

私だったら（...）しないようにあなたにお勧めするでしょう。

30	Le recomendaría que no (...).	私だったら（...）しないようにあなたにお勧めするでしょう。
31	Le aconsejaría que no (...).	私だったら（...）しないようにあなたに助言いたしましょう。
32	Le convendría más que no (...).	あなたには（...）しない方がもっとふさわしいでしょう。

94. *Dar instrucciones a alguien*
だれかに指示を与える

ELEMENTAL 初級会話

| 1 | (...). | (...) せよ。 |

☞ もし話し相手が tú ならば、命令法の活用形、相手が usted ならば接続法の現在形が使われる。また直説法の現在と未来も命令のために使われることも忘れてはならない。

| 2 | Sígueme.
シーゲメ | 私の言ったとおりにしろ。 |

☞ 6と同様、この文の seguir ［従う］は、空間的とか時間的な動きを厳密には表わしていない。imitar［まねる］に当たる意味である。

3	Mira, es así. ミーラ　エサシ	いいかい、こうだよ。
4	Tú, ve copiando. トゥ　ベ　コピアンド	君、言われたとおりにするんだよ。
5	Hazlo como yo. アスロ　コモ　ヨ	私のようにしろ。
6	Tú sígueme a mí. トゥ　シゲメ　ア　ミ	君、私のするとおりにしろ。

☞ 2の注参照。

[7] **Tú mira lo que yo hago.**
　　トゥ　ミーラ　ロ　ケ　ヨ　アーゴ

私のすることを君見ててね。

[8] **Primero (...), luego**
　　プリメーロ　　　　ルエゴ
　　(...), y después (...).
　　　　　イ　デスプエス

まず初めは (...) しなさい、次に (...) しなさい、それから (...) しなさい。

☞命令を、順に従って行動を遂行させるための3形式である。動詞は命令法、接続法現在形、あるいは直説法の現在形と未来形が用いられる。

[9] **¿Ves?, (...).**
　　ベス

いいかい、(...) するんだよ。

INTERMEDIO　　　　　　　　　　　中級会話

[10] **Se (...).**
　　　セ

(...) すべし。

☞11と同様、話し相手に向かって命令する代わりに、se [人が] と直説法現在形を伴った文でも同じことを表現できる：se corta por aquí. [ここからが近道]。

[11] **Se (...) por aquí.**
　　　セ　　　　　　ポラキ

ここから (...) すべし。

☞10の注参照。

[12] **Hay que (...) por aquí.**
　　　アイ　ケ　　　　　　ポラキ

ここから (...) しなくてはならない。

[13] **Siga las instrucciones:**
　　　シーガ　ラシ　ンストゥルクシオーネス
　　　(...) E.

(...) という指示に従ってください。

[14] **Lo primero que hay que**
　　　ロ　プリメーロ　ケ　アイ　ケ
　　　hacer es (...).
　　　アセーレス

最初にしなければならないことは (...) です。

[15] **Lo que no hay que hacer**
　　　ロ　ケ　ノ　アイ　ケ　アセール
　　　nunca es (...).
　　　ヌンカ　エス

絶対にしてはならないことは (...) です。

16　Esto no se hace así, tienes que (...).
　　エスト　ノ　セ　アーセ　アシ　ティエネス　ケ
　　これはこうしてはいけない。君は (...) しなくてはならない。

| AVANZADO | 上級会話 |

17　No dejes de (...).
　　君は必ず (...) しなさい。

18　Y sobre todo no (...).
　　とりわけ (...) だけはしないように。

☞ 二人称の否定の命令形には接続法現在形が使われる。従って否定の命令に関する限り、usted と同様になる。

19　No se le ocurra (...). Enf.
　　(...) するなんて考えないようにしてください。

20　Si quieres (...), tienes que (...).
　　もし君が (...) したければ、(...) しなければならない。

95. *Pedir permiso a alguien*
だれかに許しを請う

| ELEMENTAL | 初級会話 |

1　¿Puedo (...)?
　　プエド
　　(...) していいですか？

2　¿Se puede (...)?
　　セ　プエデ
　　(...) していいですか？

3　Con permiso.
　　コン　ペルミーソ
　　ちょっと失礼。

4　¿Está permitido (...)?
　　エスタ　ペルミティード
　　(...) していいですか？

5　Déjeme (...), por favor.
　　デーヘメ　　　　ポル　ファボール
　　どうか私に (...) させてください。

243

INTERMEDIO 中級会話

6. Perdón, ¿me permite?
   ペルドン　メ　ペルミーテ

   すみません、(...) してよろしいですか？

7. Permítame.
   ペルミータメ

   失礼いたします。

8. ¿Se permite (...)?
   セ　ペルミーテ

   (...) してもいいですか？

9. Por favor, ¿(...)?
   ポル　ファボール

   すみませんが、(...) してもいいですか？

10. ¿Podría (...)?
    ポドリーア

    私 (...) してもよろしゅうございますか？

11. ¿Le molesta que (...)?
    レ　モレスタ　ケ

    (...) するのはご迷惑ですか？

12. ¿Da su permiso? R.
    ダ　ス　ペルミーソ

    あなたお許しになりますか？

13. (...), ¿me dejas?
    メ　デーハス

    (...)、私そうしてもいい？

AVANZADO 上級会話

14. Siento tener que molestarle, pero..., ¿podría (...)?

    あなたにご迷惑かけて申し訳ありませんが、(...) してもよろしゅうございますか？

15. ¿Le molestaría que (...)? F.

    私 (...) するとしたらご迷惑でしょうか？

16. ¿Te importaría que (...)?

    (...) しても君は構わないだろうか？

17	¿Qué le parecería si (...)?	(...) するのはいかがなものでしょうか？
18	¿Me autoriza a (...)? F.	私が (...) するのを許可していただけますか？
19	¿Me concede permiso para (...)? F.	(...) をする許可を私にくださいますか？
20	¿Me da su autorización para (...)? F.	(...) するのにあなたのご許可を出してくださいますか？
21	¿Me darías carta blanca para (...)? I.	(...) の全権を私に任せてもらえないでしょうか？

☞ 熟語 carta blanca は、被指名人の名前を書かずに空白にした委任状である。同様に un cheque en blanco [無記名式小切手] にもサインはしてあるけれども、金額は書かれていない。dar carta blanca a alguien [白紙委任状をだれかに渡す] は、被委任者に自分の裁量での行動を許可することを意味する。

22	¿Aprobaría usted que yo (...)?	私が (...) するのを認めてくださるでしょうか？
23	¿Verías bien que (...)?	(...) するのはいいと君は思うかい？
24	Si no te importa, (...).	もし君が構わなければ、(...) させてほしい。
25	Pido la palabra. R.	発言してよろしいですか？

☞ ある会議において、発言をしたい人が司会者に向かって使う句である。なごやかな雰囲気の中で、聴衆の注意を喚起する方法である。

96. Conceder permiso a alguien
許可をだれかに与える

ELEMENTAL　　　　　　　　　　　初級会話

1. Sí.　　　　　　　　　　　　　　結構です。
　　シー

2. Sí, sí.　　　　　　　　　　　　はい、結構です。
　　シ　シ

3. Sí, naturalmente.　　　　　　　はい、もちろん。
　　シ　ナトゥラルメンテ

4. Vale.　　　　　　　　　　　　いいですよ。
　　バーレ

　　☞ Vale は、承認の表現として、ほとんど間投詞のように使われてきた動詞の活用形であり、最近ますます頻繁に使われている。

5. De acuerdo.　　　　　　　　　わかりました。
　　デ　アクエルド

6. Sí, está permitido.　　　　　　はい、よろしいですよ。
　　シ　エスタ　ペルミティード

7. Sí que puede.　　　　　　　　もちろん、よろしゅうございます。
　　シ　ケ　プエデ

8. Claro que puede.　　　　　　もちろん、よろしゅうございます。
　　クラーロ　ケ　プエデ

9. Adelante.　　　　　　　　　　どうぞ。
　　アデランテ

10. Naturalmente que sí.　　　　　もちろんオー・ケーです。
　　ナトゥラルメンテ　ケ　シ

11. Puedes hacerlo.　　　　　　　そうしてもいいよ。
　　プエデ　サセールロ

INTERMEDIO 中級会話

12 ¡Sí, hombre, sí! I.
    シ　オンブレ　シ

ああ、いいともさ。

13 ¡Por favor!
    ポル　ファボール

どうぞ。

☞ これは、礼儀正しく何かを頼む時のもっとも典型的な形式である。間投詞的に、驚き、怒りを表わすこともできるし、この場合のように心のこもった肯定も表わし「もちろん」の意味の ¡por descontado!、¡naturalmente!、¡faltaría más! と同じであろう。

14 ¡Hombre!
    オンブレ

当り前だよ！（聞くまでもないよ）

☞ この名詞は、このように単独で使われると、それぞれの文脈に応じたたくさんの意味（怒り、疑惑、驚き）を持つ間投詞になる。もし話し相手が聞き手に何かを頼んだとすると、聞き手の返答は肯定を意味するだけでなく、返答がこれしかないことをも意味する。同じ状況で、この句が水平調で発音されると（¡hombre...!)、答え方がわからなかったり、いやだと答えるのを恐れていることを意味する。

15 Me parece bien.
    メ　パレーセ　ビエン

私、いいと思いますよ。

16 Le permito (...).
    レ　ペルミート

あなたに（...）を許可します。

17 Te dejo (...).
    テ　デーホ

君は（...）してもいいよ。

18 ¡Usted mismo!
    ウステ　ミスモ

お一人でどうぞ！

☞ 聞き手に対するこの強調表現は、話し手がいかなる介入をもしないことを意味している。この表現は単独でも用いられるし、また話し手に関わりのない行為を意味する動詞の前でも使われる。

19 ¿Cómo no? Enf.
    コモ　ノ

もちろんです。

☞ 間投詞として ¡Cómo no! は丁寧な同意を意味する。

20 No, no me molesta.
    ノ　ノ　メ　モレスタ

いや、私は構いません。

21　Sí, como quiera.
　　シ　コモ　キエラ
はい、あなたのお好きなように。

AVANZADO	上級会話

22　¿Por qué no?
もちろん、いいです。

23　Le dejo (...) lo que quiera.
あなたは好きなことを (...) してもよろしいですよ。

24　¡Faltaría más! Enf.
もちろん。

☞この ¡Faltaría más! ［とんでもない］とか ¡Sólo faltaría! ［とんでもない］は、けしからぬことを拒否する表現でもある。ただし反対に間接的ではあるが、肯定を意味することができるのである。この場合は後者のケースである。

25　¡Y tanto! Enf.
いいですとも。

☞この間投詞はほかの人が言ったことへの同意を表わす。

26　Eres muy libre de (...).
君は (...) にかけては何をしてもいいよ。

27　Yo no soy quien para impedírtelo.
私は君のやることに邪魔だてしないよ。

☞熟語 no ser quien para は、次に不定詞がきて、なにかをする許可をもっていないことを意味する。主語が一人称以外のものになる時は軽蔑を意味する。

28　Te doy plena libertad para (...).
君は (...) にかけては何をしてもいいよ。

29　Le autorizo a (...).
あなたに (...) するのを許可します。

30　Le concedo permiso para (...).
あなたに (...) する許可を与えます。

31　Tiene mi autorización. F.
あなたには私の許可がおりています。

32　Tiene mi consentimiento. R.
あなたは私の了承済みです。

33. Te doy carta blanca para (...). I.　　私は君に（...）する全権を委譲致します。
☞95章21の注参照。

34. Desde luego que asentiría. F.　　その節はもちろん私は同意するでしょう。

35. Tiene la palabra. R.　　あなたは発言してよろしい。

97. *Denegar el permiso a alguien*
だれかに許可を拒否する

ELEMETAL　　　　　　　　　　　初級会話

1. ¡No!　　だめ。
   ノ

2. ¡No, no!　　だめ、だめ。
   ノ　ノ

3. De ninguna manera.　　絶対だめ。
   デ　ニングーナ　マネーラ

4. ¡Imposible!　　とんでもない。
   インポシーブレ

5. No puedes hacerlo.　　君はそれをしてはいけない。
   ノ　プエデ　サセールロ

6. No, no está permitido.　　いいえ、それは許されていません。
   ノ　ノ　エスタ　ペルミティード

INTERMEDIO　　　　　　　　　　中級会話

7. ¡No, hombre, no!　　だめと言ったらだめだ。
   ノ　オンブレ　ノ

☞呼びかけの hombre を間にはさんでの否定の副詞 no の繰り返しは、拒否、反対、反論の強調形である。もし hombre の代わりに hijo を使うとやや硬さがとれ、へりくだった態度になる。hombre に対する mujer、hijo に対する hija がある。

8　¡Por favor...! Enf.　　　　　　　ちっとは頭を使ったらどうだ。
　　ポル　ファボール　　　　　　　　　（馬鹿も休み休み言え）

　　　☞96章13の注参照。

9　¡Ni hablar! Enf.　　　　　　　　　とんでもない。
　　ニャ　ブラール

　　　☞ ¡Ni hablar! ［話にならない］、¡Ni hablar de eso! ［それはてんで話にならない］は、直前に言われたことを拒否したり、拒絶したりする荒っぽい言い方である。

10　No te lo permito.　　　　　　　君にはそれを許さないよ。
　　ノ　テ　ロ　ペルミート

11　No le permito (...).　　　　　　あなたには（...）を許しません。
　　ノ　レ　ペルミート

12　Te lo prohíbo.　　　　　　　　　君にそれを禁じます。
　　テ　ロ　プロイーボ

13　Te prohíbo que (...).　　　　　　君が（...）するのを禁じます。
　　テ　プロイーボ　ケ

14　Prohibido (...).　　　　　　　　（...）禁止。
　　プロイビード

15　No puede ser.　　　　　　　　　お断わりします。
　　ノ　プエデ　セール

　　　☞本来何かの存在の可能性を否定するように見えるこの文章は、ある頼み事を拒否する返答として使われる。これでは、断わらざるをえなくさせたのは、本人のせいではなく、周囲の情勢とか何か外部的原因とかのせいであるように受けとれる。

16　No te dejo. R.　　　　　　　　　君がそうするのは許さんぞ。
　　ノ　テ　デーホ

　　　☞許可を与えないこの言い方は、年上の者がずっと年下の者にだけ使う。なぜなら目上の者から目下の者に使ってさえ大変ぶっきらぼうになってしまうからである。

17. No me parece bien que (...).　　(...) するのは私にはいいとは思えません。

18. Eso que pides es imposible.　　君の頼みにはうんとは言えない。

AVANZADO / 上級会話

19. Está terminantemente prohibido.　　それは全面禁止です。

20. Te prohíbo terminantemente que (...).　　君が (...) することをきっぱりと禁じます。

21. No sabes cómo me enfadaría si lo hicieras.　　もし君がそれをしたら、私がどんなに怒るか君はわからないだろう。

22. ¡Faltaría más! Enf.　　とんでもない。

☞96章24の注参照。

23. No te autorizo a (...).　　私は君に (...) を許さない。

24. Me parecería mal que usted (...).　　あなたが (...) するとなるとよくないと私には思えます。

25. No le concedemos el permiso para (...). F.　　(...) する許可を私たちはあなたに与えません。

26. No puedo tolerar que (...).　　(...) するのは私には耐えられません。

27. No quiero ni oír hablar de (...). Enf.　　(...) について人が話すのを聞くことすらしたくない。

28. He dicho que no, y cuando digo que no es que no. Enf.　　私はだめと言いました。私がだめだと言ったらだめです。

29. ¿Tú creías que iba a dejarte? Pues ibas muy equivocado. Ir.　　君を一人ぼっちにすると思ったの？ それはとんだ思い違いだね。

98. *Expresar retintín o reserva*
相手の言ったことに皮肉な調子で、または留保をつけて答える

この章では我々著者たちは各語句の文体論的レヴェルの表示記号や注をつけることをやめた。その理由は、文体論的レヴェルが全語句にわたって共通であり、注もしつけるとしたら全語句に共通にあてはまるからである。それゆえ本章のタイトルの直下にこのような前書きを置くことにした。

留保をつけて何かを表現するということはざっくばらんには表現しないということである。何かを間接的にほのめかすことを reticencia［暗示、皮肉］と呼び、何かを皮肉っぽい口調で言い表わすことを retintín［皮肉な調子］という。

本章に集められた語句の鍵がそこに潜んでいる。それらの語句のうちのあるものは同時に他の機能をも果たすことがある。例えば、¡Hala!(14)、¡Bah, hombre bah!(13)、¡No me digas!(21) は、131章に含まれていてもよい。その他の語句が本章の目的にふさわしい働きをするには、表面の意味とは正反対の意味で用いられねばならない。その例が ¡No trabaje tanto!(23)、¡Usted siempre lo hace todo bien! [何をやらせてもあなたは下手くそだ]、¡Dichosos los ojos!(31) である。いずれにせよ、最終的な鍵はその場面に適したイントネーションが握っているのであり、それが皮肉の意味を出すのである。そうしてのみ sí, sí は強い肯定でなく、皮肉をこめた表現として有効となるのである。

ELEMENTAL
初級会話

1. ¡Sí, sí!
   シ　シ

   ええ、ええ、そうでしょうね。

2. ¡Ya, ya!
   ヤ　ヤ

   そうか、そうか。

3. ¿Sí...?
   シー

   そうなんですかあ...

98. 相手の言ったことに皮肉な調子で、または留保をつけて答える

4	¡Je, je!	ほう、そうかね。
5	¡Qué va!	とんでもない。
6	¡No, hombre, no!	違います。違いますって。
7	¿De verdad?	本当？
8	¿De veras?	本当ですか？
9	¿En serio?	冗談でないの？
10	¡Psss...!	うーん。そうかなあ。
11	¡Humm!	ふーん。

INTERMEDIO 中級会話

12	¡Bah, bah!	違う、違う。
13	¡Bah, hombre, bah!	違うったら、違う。
14	¡Hala!	さあ、どうだか。
15	¡Cómo (...)!	どうして (...) なの。
16	¡Venga, hombre, venga!	何言ってるんだよ。
17	¿Eso es todo?	それで君のたわごとは全部かい？

18	¿Quieres decir? キエレス　デシール	…という意味？（私は反対だな）
19	¿De verdad, verdad? デ　ベルダー　ベルダー	本当に本当？
20	Eso está por ver. エソ　エスタ　ポル　ベール	それはまだわからない。
21	¡No me digas! ノ　メ　ディーガス	まさか。
22	¿Ya has terminado? ヤース　テルミナード	仕事は終わりかい？（もっとやれよ）
23	¡No trabaje tanto! ノ　トラバーヘ　タント	そんなに働かないでください。（もっと働いてください）
24	¡Que no os canséis! ケ　ノース　カンセイス	君たち疲れはてないように。（もっと働けよ）
25	¡Que te lo has creído! ケ　テ　ロ　アス　クレイード	君がそう思っているだけだろう。（そう思わないほうがいいな）

AVANZADO / 上級会話

26	¡Y qué más!	だから、どうした。
27	¡Vamos, ande!	おや、おや、馬鹿なこと言わないで。
28	¡Quiá!	そんな馬鹿な。
29	¡Sabrá Dios!	神のみぞ知る。（だれにもわからないだろう）
30	¡Hombre, tanto como eso...!	まさかそれほどでもないだろう。
31	¡Dichosos los ojos...!	(…)を目撃した目に幸いあれ。（へんなこと聞いちゃったよ）

99. Negarse a hacer algo
何かをするのを断わる

ELEMENTAL / 初級会話

1. No.
   ノ
   だめ。

2. No (...).
   ノ
   (...) しない。

3. No quiero.
   ノ　キエロ
   したくない。

4. No lo haré.
   ノ　ロ　アレ
   私はやりません。

5. ¡Imposible!
   インポシーブレ
   無理です。

6. ¡Que no!
   ケ　ノ
   だめったら。

7. ¡No señor, no!
   ノ　セニョール　ノ
   だめと言ったらだめです。

8. ¡Nunca!
   ヌンカ
   絶対だめ。

9. ¡Que no, que no hago eso!
   ケ　ノ　ケ　ノ　アーゴ　エソ
   いいえ、私はやりません。

INTERMEDIO / 中級会話

10. ¡Ni hablar!
    ニャブラール
    話にならない。

11. ¡Ni pensarlo!
    ニ　ペンサールロ
    そんな馬鹿なこと、頭に思い浮かびすらしない。

12. ¡De ninguna manera!
    デ　ニングーナ　マネーラ
    とんでもない。

13. ¡De ningún modo!   とんでもない。

14. Nada de eso.   そんなのぜんぜんだめ。

15. ¡¿Qué dices?!   なに言ってるの？

☞ この表現は、感嘆文であると同時に疑問文と考えられてきた。しかし最新の用法では、かなり強い不信感や軽蔑の感じを表わす意味の方に比重がかかっていると考えられる。これらのニュアンスは dices の di という音節を強く発音することによって強調される。

16. ¡Qué va, qué va!   とんでもない、とんでもない。

☞ 動詞 ir がその「行く」という意味を保っていない間投詞。反対を表わすために使われる。否定の副詞に等しい。

17. No tengo la intención de (...).   私は（...）する気はない。

18. Me es imposible.   私には無理です。

19. Me niego rotundamente a (...).   私は（...）するのをきっぱりとお断わりします。

20. Lo siento, pero he decidido no (...).   残念ですが、（...）しないことに決めました。

21. No esperes que lo haga.   それを私がするとは期待するなよ。

22. Por nada del mundo.   絶対だめ。

99. 何かをするのを断わる

| AVANZADO | 上級会話 |

23 ¡Ni por asomo!   すこしも。

☞ 動詞 asomar(se)と関係のある名詞 asomo は、indicio［きざし］の類義語である。否定文中によく出てくる：no tiene ni asomo de sentido del humor.［ユーモアのセンスがちっともない］。熟語 ni por asomo は、ni soñarlo［夢にも思わない、とんでもない］と同様、否定の返答に使われる。

24 Ni lo sueñes.   そんなこと夢にも見ないでね。

☞ この文は否定の返事として使われる。ほとんど ¡ni en sueños!、¡ni soñarlo! と同じである。

25 Ni imaginarlo.   そんなこと一瞬たりとも頭に思い浮かばない。

26 ¡Ni loco!   狂人でもそうはしない。

27 ¿Y qué más? Ir.   それだからどうしたの。

☞ この否定表現は、不可能と、またはおおげさと話し手が判断した相手の言に対する不信感を表わす。

28 ¡Que te crees tú eso! Ir.   君はそう思い込んだのか！（冗談じゃないよ）

29 No, ¡sólo faltaría eso! Enf.   いや、とんでもない。

☞ この句は容認しがたいことを拒否したり、他人のなんらかの提案を拒絶したりするのに用いられる。

30 Ni hablar del peluquín.   論外だ。

☞ ni hablar は、前の提案を拒否したり、他人のなんらかの提案を拒絶したりするのに用いられる。

31 De eso nada, monada. I.   それは、とん、とん、とんでもない。

☞ nada は en absoluto の意味をもっており、力強く前言を否定する。時々この構文には、後に monada が付け加えられる。韻を踏んでいるので、言葉あそび、だじゃれのようである。

32 No me da la gana. I.   やる気がおこらない。

33. Ni a tiros. ちっとも。

　　☞ 名詞 tiro［発砲］は disparo の類義語である。熟語 ni a tiros は、なにかをしないという決意を表わすために使われる。副詞 no とか de ningún modo に等しい。

34. Ni que me lo pidas de rodillas. 君が土下座して私に頼んだとしてもだめだよ。

35. Ni aunque me dieran (...). たとえ私が（...）をもらっても嫌だ。

36. Ni por todo el oro del mundo. 世界中の金銀をつまれてもだめだ。

37. No tengo (la más mínima) intención. そんな気はこれっぽっちもありません。

38. ¡Sí, eso, no pensaba otra cosa que (...)! Ir. あー、そんなことか、私は君と違って、（...）以外のことは考えていなかったのだ。

39. Vas listo si piensas que yo (...). Ir. もし、私が（...）と君が思っているのなら、かしこいな。

40. ¡Estás tú bueno! ¿Por qué iba yo a (...)? I. 君は勘がにぶいなあ。なんで私が（...）しようとするはずがあろうか。

　　☞ 二人称形（¡estás bueno!）や無主語形（¡bueno está!）で、話し手の「もどかしさ」とか「いらいら」を表わす。

41. ¿Cuántas veces tengo que decirte que no quiero? I. 何度嫌だと君に言わなければならないか。

42. ¡Que no, que no, ya te he dicho que no! Enf. だめ、だめ、だめってば。

100. Decir que uno puede hacer algo
何かをすることができると言う

ELEMENTAL　初級会話

[1] Yo puedo hacerlo.
　　ヨ　プエド　アセールロ

私はそれができます。

[2] Sé hacerlo.
　　セ　アセールロ

私はそのやり方を知っています。

[3] Sí que puedo (hacerlo).
　　シ　ケ　プエド　アセールロ

間違いなく私は（それをすることが）できます。

[4] Para mí, esto es fácil.
　　パラ　ミ　エスト　エス　ファシル

私にはこれは簡単です。

[5] Sí, me será fácil.
　　シ　メ　セラ　ファシル

はい、私には簡単でしょう。

[6] Soy (perfectamente) capaz de hacerlo.
　　ソイ　ペルフェクタメンテ　カパース　デ　アセールロ

私は（完璧に）それができます。

☞ apto、hábil、capaz、útil は似たような意味の形容詞である。人に対して用いられると、capaz は二つのかなり一般的な意味を帯びる。一つは apto と同様、ある資質を持った人を表わし、もう一つは勇敢な性質を表わす。そして過去分詞形 capacitado もあり、何かをするための権利とか知識を手にいれた人を意味する。11、16参照。

INTERMEDIO　中級会話

[7] ¡Claro que puedo hacerlo!
　　クラーロ　ケ　プエド　アセールロ

もちろん私はそれができます。

☞ claro（単独でも使われる）と claro que（sí がついたり、動詞が続いたりする）は、desde luego とか por supuesto と同様、肯定を表わす間投詞である。

⑧ De eso entiendo mucho.
デーソ　エンティエンド　ムーチョ

それに関しては私はよく知っています。

⑨ Ya tengo experiencia en esto.
ヤ　テンゴ　エクスペリエンシア　エネスト

これに関しては私はすでに経験を積んでいます。

⑩ Yo, de esto, sé algo.
ヨ　デースト　セ　アルゴ

私はこれについては少しなら知っていなくはありません。（または私はこれについてはかなり知っています）

☞この言い方は、もし率直に言うなら迷惑だけれども、もし遠回しに言うならば、満々たる自信をおし隠して、そのことができるということを表わす。

⑪ Me siento capaz de hacerlo.
メ　シエント　カパース　デ　アセールロ

私にはそれができると思います。

☞6の注参照。

⑫ Estoy seguro de poder hacerlo.
エストイ　セグーロ　デ　ポデーラ セールロ

私はそれができると確信しています。

| AVANZADO | 上級会話 |

⑬ Esto está hecho. Enf.

これはもうできたも同然です。

⑭ Esto está tirado. I.

これはお茶の子さいさいだ。

☞ tirado は物とか製品に使われ、muy barato［とても安い］を表わす。そしてこの場合は fácil［簡単な］の意味をしゃれて言っているのである。

⑮ Para mí, está chupado. I.

私にとっては朝飯前です。

⑯ Me veo capaz de llevarlo a cabo. F.

私はそれをやりとげることができると思います。

☞6の注参照。

⑰ Si quisiera, yo podría hacerlo.

もしお望みなら、私にはそれができるでしょう。

⑱ Esto no tiene ningún misterio.

これにはぜんぜん種も仕掛けもありません。

19　Eso es un juego de niños. FH.　　これは子供の遊びです。

> ☞20の coser y cantar ［鼻歌まじりに縫物をする］と、この un juego de niños ［子供の遊び、児戯］は fácil と似たような意味で、困難さがないことを表わす表現である。いつも動詞 ser の後で使われる。

20　Esto es coser y cantar. FH.　　これはとても簡単です。

> ☞19の注参照。

101. Decir que uno no puede hacer algo
あることができないと言う

ELEMENTAL　　初級会話

1　No puedo.
　　ノ　プエド
　　私はできません。

2　Lo siento, pero no puedo.
　　ロ　シエント　ペロ　ノ　プエド
　　すみませんが、できません。

3　Yo no puedo hacerlo.
　　ヨ　ノ　プエド　アセールロ
　　私にはそれはできません。

4　No sé hacerlo.
　　ノ　セ　アセールロ
　　そのやり方がわかりません。

5　Para mí, esto es difícil.
　　パラ　ミ　エスト　エス　ディフィシル
　　私にとってはこれは難しい。

6　No, no me será fácil.
　　ノ　ノ　メ　セラ　ファシル
　　いいえ、私にはやさしくありません。

7　¡Imposible, no puedo hacerlo!
　　インポシーブレ　ノ　プエド　アセールロ
　　不可能です。私にはできません。

INTERMEDIO　　中級会話

8　No soy capaz de hacerlo.
　　ノ　ソイ　カパース　デ　アセールロ
　　私にはそうする能力がありません。

261

9. De eso no entiendo nada.
デーソ ノ エンティンド ナーダ

それに関しては私はなにもわかりません。

10. No tengo experiencia en esto.
ノ テンゴ エクスペリエンシア エネスト

これに関しては私は経験がありません。

11. Yo, de esto, no sé nada.
ヨ デースト ノ セ ナーダ

私はこれに関してはなにも知りません。

12. Me siento incapaz de hacerlo.
メ シエント インカパース デ アセールロ

私にはそれができないと思います。

13. Esto no es para mí.
エスト ノ エス パラ ミ

これは私にはしっくりしない。

☞ この文は、[これは私のためではない]と文字どおりに理解してはならない。あることがある人にふさわしくないことを意味する。それゆえあることのやり方がわからないことを間接的に表わすために使われる。

14. Me es imposible.
メー シンポシーブレ

私には不可能です。

15. No podría.
ノ ポドリーア

私にはできないでしょう。

16. Para mí esto tiene demasiada dificultad.
パラ ミ エスト ティエネ デマシアーダ ディフィクルター

私にはこれはあまりにも多くの困難がともないます。

17. Es demasiado complicado.
エス デマシアード コンプリカード

あまりにも込み入っています。

| AVANZADO | 上級会話 |

18. No tengo ni (la más remota) idea de (...).

私は（ぜんぜん）(...)がなんのことだかわからない。

☞ この構文は、もし más remota、menor、mínima、ligera のような形容詞の代わりに卑語(tacos)である puta、zorra [いずれも娼婦を意味する]、puñetera [嫌な] が代わって使われたら（ただし la はつかない）、その表現性を強めることができる。卑語を用いた際には、女性のいないことを確かめてから使われなければならない。

19	Yo, de esto, no sé ni pío. ı.	私はこれに関してちっともわかりません。

☞ pío は、鳥の鳴き声、さえずりをまねた擬音語である。熟語 ni pío は nada [全然] に相当し、いくつかの否定文 (no decir とか no saber) につく nada に代わることができる。また ni jota という熟語もある。

20	Me veo incapaz de llevarlo a cabo.	それをやりとげることができないと思います。
21	No veo el modo de hacerlo.	私にはそれをするやり方がわかりません。
22	No sabría ni cómo empezar.	どこから手をつけていいか私にはわからないでしょう。
23	Yo ya querría hacerlo, pero (...).	私は前からそれをしたかったのですが、(...)。
24	Esto no es un juego de niños.	これは子供の遊びではない。(容易ではない)

☞100章19の注参照。

25	Esto no está hecho para mí.	これは私にはふさわしくない。
26	Sólo de verlo (...).	それを見ただけで、(...やる気が失せた)。

☞熟語 sólo de (...) は、con sólo que (...) に相当し、ある行為があることに対して十分であることを表わす。 sólo de verlo ya renuncio a hacerlo. [それを見ただけで、私にはそれを断わろうと思った]。

27	Pues, la verdad, no sé por dónde cogerlo. ı.	実は、どこから手をつけてよいかわかりません。

☞この文は、あることをすることもできなければ、それを始めることすらできないことを意味する。no hay por dónde cogerlo. [どうしようもない] とは意味が違う。後者は、人や物に使われ、なにか否定的なこと、悪いこととか不出来なことを意味する。

102. Quejarse de algo o de alguien
ある物とか人について不平を言う

ELEMENTAL　初級会話

1. Me quejo de (...).
   メ　ケーホ　デ

   私は（...）について文句を言う。

2. Protesto de (...).
   プロテスト　デ

   私は（...）について抗議します。

3. ¡Qué barbaridad!
   ケ　　バルバリダー

   あきれたことだ。

4. No puede ser.
   ノ　プエデ　セール

   ありえない。

   ☞21同様、この文章は、本来何かの存在の可能性を否定しているように見えるが、実際はある頼みを断わったり、何か気にさわることに対しての驚きとか不承知の表現として使われる。

5. ¡Aquí no se puede (...)!
   アキ　ノ　セ　プエデ

   ここでは（...）できない。

INTERMEDIO　中級会話

6. ¡Por favor! Enf.
   ポル　ファボール

   ちっとは頭を使ったらどうだ。

   ☞96章13の注および97章8の注を参照。

7. Esto es el colmo. Enf.
   エスト　エ セル　コルモ

   これは最低だ。

   ☞名詞 colmo ［絶頂］は、máximo ［極限］の類義語であるが、よりくだけた調子で使われる。何かの極限（el colmo de la frescura ［ずうずうしさの極限］）を意味する。感嘆文のように不快、怒り、抗議を表わすために使われる。

8. ¡Esto es intolerable!
   エスト　エ　シントレラーブレ

   これは我慢できない。

9. Ya estoy harto de (...).
   ヤ　エスト　ヤルト　デ

   私は（...）にはうんざりだ。

264

10. ¿Ya está bien, no? **Enf.** — 君にとってはもう十分なんだろ？（だけど私はもっと続けたいんだよ）

☞ この文章は、話し相手がなにかをするのをやめたがっていることが言外に感じられるので、あることに対する話し手のいらだちとか不快感を表わす。

11. Parece mentira que (...). — (...) とは嘘みたい。

12. ¿Cómo es posible que (...)? — (...) がどうしてありうるのか？

13. Oiga, ¿cómo es que (...)? — もし、もし、どうして (...) ということになるのですか？

14. Este (...) no me deja (...). — この (...) のために私は (...) ができない。

15. Con tanto (...) es imposible (...). — こんなにたくさんの (...) のために (...) するのは無理です。

16. Quiero darle las quejas de (...). — 私はあなたに (...) について文句を言いたい。

17. No puedo soportar por más tiempo (...). — 私はもうこれ以上 (...) に我慢できない。

AVANZADO / 上級会話

18. ¡Ah, eso sí que no! — あー、それはだめです。

☞ この表現できっぱりとした否定を表わす。言い換えればこの表現で何かを承諾したり、何かをするつもりがないことを表わす。

19　¡No hay derecho, oiga!　　　　そんな権利はありませんよ、いいですね。

20　¡Vaya hora de (...)! I.　　　　(...) する時間だとは嫌だなあ。

 ☞ ir の接続法現在形 vaya は、単独でも、名詞と一緒にでもよく使われる感嘆詞である：¡vaya un partido! ［なんという試合だ］、¡vaya con el niño! ［なんという子供だ］。

21　No puede ser que (...).　　　　(...) はありえない。

 ☞ 4 の注参照。

22　¡Con lo que (...)!　　　　あんなに (...) したというのに。(情けない)

 ☞ この未完成の熟語は逆説で、後に動詞が略されている：¡con lo que había estudiado! ［あんなに勉強していたのに］。自分にとって不利益なことが起き、それに対して不平をこぼす時に使われる。

23　¡Faltaría más! Enf.　　　　とんでもない。

24　¡Sólo faltaría que (...)! Enf.　　　　(...) なんてとんでもない。

 ☞ この表現で、何か承知できないことを拒否したり、何かの申し込みを拒絶したりする。

25　Sería el colmo que (...).　　　　(...) としたら最低だろう。

 ☞ 7 の注参照。

26　Tendría gracia que (...).　　　　(...) したらお笑いだな。

27　Sí que tiene gracia la cosa. Ir.　　　　まったくそのことはお笑い草だ。

28　¡Hasta aquí podíamos llegar! Enf.　　　　とんでもないことだ。(ここまでは私たちでもついてこられた、しかしこれ以上は我慢できない)

 ☞ 激怒しての抗議の文章である。動詞の時制（不完了過去）と一人称複数形はいつも決まっている。

102. ある物とか人について不平を言う

29 ¡Habráse visto cosa igual! Enf.　今まで同じようなことがあっただろうか。(いや絶対になかった)

☞ 怒りを含んだ驚きとか、抗議の感嘆文である。時制（未来完了）は決まっていて、表現は ¡habráse visto! だけになって、水平調で発音されることもある。もし cosa igual がついた場合、cosa はほかの名詞に代わることができる。

30 (...) deja mucho que desear.　(...) は完成したどころか、まだまだいくらも注文がつけられる。

31 No me quejo de vicio. Es que tengo razón. l.　わけもなくぼやいているのではない。私にはちゃんとしたぼやく理由があるのだ。

32 Me siento defraudado con (...).　私は (...) にがっかりしている。

33 No se puede aguantar. l.　我慢できない。

34 Esto es el acabóse. l.　これはひどい。

☞ 名詞 acabóse は、動詞 acabar からできている。形容詞 desastroso [めちゃめちゃな] とか名詞 un desastre [めちゃめちゃ] と同じような機能を持っている。これと構文（動詞の活用形が全体として名詞として扱われている）が似ているのは、el no va más [最良] である。

35 ¡Por (el amor de) Dios! FH.　神も仏もあるものか！

☞ この感嘆詞は反語的である。同じ言葉を元にして、¡Dios!、¡Dios mío!、¡Dios Santo! のような呼びかけ [おお神様] とか、もっと複雑な表現como Dios manda、Dios dirá、Dios mediante、si Dios quiere、¡válgame Dios!、¡vaya por Dios! [お願いだから] がある。すべての表現がよく使われるが、用いられる状況があい異なっている。

103. Expresar impaciencia por algo
何かに対してのいらだちを表わす

ELEMENTAL 初級会話

[1] Estoy impaciente. 　　　　私はじりじりしている。

[2] Estoy nervioso. 　　　　　私はいらいらしている。

[3] ¡Qué nervioso estoy! 　　　私はとってもいらいらしている。

INTERMEDIO 中級会話

[4] ¡Ufff...! 　　　　　　　　ふう、やれやれ。

☞ 不快、疲れ、嫌悪を表わす時の声。

[5] Estoy impaciente por (...). 　私は(...)したくてうずうずしている。

[6] Estoy inquieto. 　　　　　私はそわそわしている。

[7] ¡Qué nerviosismo! 　　　　なんたるいらいら。

[8] ¡Qué nervioso me pones! 　君は私をなんといらいらさせることか！

[9] ¡Qué nervios! 　　　　　　なんたるいらいら。

[10] ¡Qué ansiedad! 　　　　　なんたるいらだち。

103. 何かに対してのいらだちを表わす

11　¿Ya está bien, no?　Enf.　　もういいでしょう。
　　ヤ　エスタ　ビエン　ノ

　　☞この表現で、何かに対しての苛立ちとか不快を表わす。話し相手にその行動をやめてほしいということを匂わせている。

12　¡No aguanto más!　　もうこれ以上私は我慢できない。
　　ノ　アグワント　マス

13　Ya estoy negro.　l.　　もう私はいらだっている。
　　ヤ　エストイ　ネグロ

　　☞黒い色は、否定的、悲観的な印象、またはここでのように苛立ちを表わす。

14　Estoy perdiendo la paciencia.　　私の堪忍袋の緒が切れそうだ。
　　エストイ　ペルディエンド　ラ　パシエンシア

15　Es que es desesperante.　　彼はどうしようもない奴だ。
　　エス　ケース　デセスペランテ

16　No puedo estarme quieto.　　私はじっとしていられない。
　　ノ　プエド　エスタールメ　キエト

| AVANZADO | 上級会話 |

17　Estoy en ascuas.　　私はいらいらしている。

　　☞59章24の注参照。名詞 ascua の原義は、炎を出さずに燃えるおきのことである。熟語 estar en ascuas は苛立ちとか不安な状態を意味する。

18　Estoy en vilo.　　私は落ち着かない。

　　☞熟語 en vilo は、支えのなさ、不安を表わす。そこから心配、不安、苛立ちのニュアンスが生じる。また、動詞 poner とともに使われる。

19　El que espera desespera.　FH.　　切望する者は絶望する。(諺：期待すれば失望する)

20　Las cosas de palacio van despacio.　FH.　　お役所仕事ののろまなことよ。

　　☞この表現は役所仕事がゆっくりしていることを表わす。この表現に、書類を待っている者のいらいらがよく出ている。

| 21 | Me estás sacando de mis casillas. | 君のせいで私はかっかとしてきた。 |

☞24と同様、この文章はあることに対して私たちが自制心をなくすほどいらいらすることを意味する。名詞 casilla の意味は「小さな家」だが複数形で熟語として用いられる。

22	No me exasperes más.	私をもうこれ以上いらいらさせないでくれよ。
23	No hagas que me desespere.	私をがっかりさせないでくれ。
24	No me saques de quicio.	私をかっかとさせないでくれ。

☞21の注参照。名詞 quicio は、比喩でないときは扉と壁との間にできた、扉を回転させるためのスペースを意味する。

25	No me hagas perder la calma.	私の冷静さをなくさせないでくれ。
26	Estoy que trino.	私はぷりぷりしている。
27	Me pone a cien.	そのために私はかっかしっぱなしだ。

☞動詞 poner はよく使われるので、その意味が大変豊富である。直接目的格の代名詞 (me, te, se...) と目的格補語としての形容詞などと一緒に使われ、だれかが表現された状況になることを意味する。熟語 a cien は、大変な苛立ち、時々性的なものだえを表わす。

28	Me muero de impaciencia.	私はいらいらして死にそうだ。
29	Tranquilos, que parece que la cosa va para largo.	落ち着きなさい、これは長引きそうだから。
30	¿Todavía (...)?	まだ (...) ですか？
31	¡No veo la hora de (...)!	(...) する時刻がわからない。(いつになったら (...) してくれるんだ)
32	¡Hay que ver lo que (...)!	(...) するのにどのくらい時間がかかるかみものだ。
33	¿Va siendo hora de (...), no crees?	もう (...) の時間になっていると思わないかい？

104. Llamarle la atención a alguien
だれかの注意を喚起する

ELEMENTAL　　　　　　　　　　　　　初級会話

1. ¡Oiga, oiga!　　　　　　　　　　　もし、もし。
   オイガ　オイガ

   ☞この呼びかけは、話し相手の耳目を引くために、腕を上にあげて手で合図したり、手を振ったりするジェスチャーが普通伴う。

2. ¡Cuidado, eh!　　　　　　　　　　気をつけるんだよ。
   クイダード　エー

3. ¿No sabe (…) mejor? Ir.　　　(…) をよくご存じではありませんか。
   ノ　サーベ　　　　　メホール

4. Pero, bueno, ¿qué es esto?　　でもねー、これはいったいなんですか？
   ペロ　ブエノ　ケース　セスト

5. Mire por donde camina. R.　　あなたのたどっておられる道筋をよく考えてください。
   ミーレ　ポル　ドンデ　カミーナ

6. ¡Pare, pare!　　　　　　　　　　　ストップ、ストップ。
   パーレ　パーレ

7. ¿Ya está bien, no?　　　　　　　もういいでしょう。
   ヤ　エスタ　ビエン　ノ

   ☞103章11の注参照。

8. Oiga, oiga, el de (…).　　　　もし、もし、(…) の件なんですが。
   オイガ　オイガ　エル　デ

INTERMEDIO　　　　　　　　　　　　中級会話

9. A la cola. R.　　　　　　　　　　最後尾についてください。
   ア　ラ　コーラ

   ☞名詞 cola は、動物の尻尾を意味するほかに、例えばバスの来るのを待って縦一列に並ぶ人の列も意味する。熟語 a la cola は他人に対し列の最後

271

尾につくよう指示する表現である。

[10]　**A su sitio.**　R.
　　　ア　ス　シティオ

あなたの定位置についてください。

[11]　**¡Sin empujar, eh!**　R.
　　　シネンプハール　　エー

押さないでくださいよ。

[12]　**¡Qué desvergüenza!**
　　　ケ　デスベルグエンサ

なんたる恥知らず。

[13]　**¡Lo que hay que ver!**
　　　ロ　ケ　アイ　ケ　ベール

これはみものだぞ。

[14]　**Yo he llegado antes que usted.**　R.
　　　ヨ　エ　ィエガード　アンテス　ケ
　　　ウステ

私はあなたより先に着いていましたよ。

[15]　**¡Oiga, que me toca a mí!**　R.
　　　オイガ　ケ　メ　トーカ　ミ

もしもし、私の番ですよ。

☞動詞 tocar は、三人称で間接目的語 (me, le, nos) を伴って、何かの番がだれかに来たことを意味する。遊びや、列を作って、待っている人がいる時使われる。

[16]　**Recuerde que no está usted solo.**
　　　レクエルデ　ケ　ノ　エスタ　ウステ
　　　ソロ

あなた一人でないことを思い出してください。

[17]　**¡Eh, que no es usted el único!**
　　　エー　ケ　ノ　エス　ステ
　　　エル　ニコ

もし、もし、あなた一人ではありませんよ。

[18]　**¿Dónde cree usted que está?**
　　　ドンデ　クレー　ウステ　ケスタ

あなたはいったいどこにいると思っているのですか？

☞この質問は答えを求めていない。これは、話し相手の行動がその場にふさわしくないことを教える言い方である。

19. ¿Quiere usted hacer el favor de (...)?
 (...) してくださいませんか？

20. ¿Cree usted que esa es la manera correcta de tratar a (...)?
 それが (...) さんを遇する正しいやり方だと思っているのですか？

21. ¿Quién cree usted que es para (...)?
 だれが (...) のためにふさわしいとお思いですか？

AVANZADO / 上級会話

22. ¡Sin avasallar!
 いばるな。

23. ¡Oiga, ése, que se cuela! R.
 もし、もし、そこの人、割り込みしてますよ。

24. A mí no se me habla así.
 私にそんな風に話すものではありませんよ。

25. ¡Pero usted qué se ha creído!
 あなたはいったい自分をなに様だと思っているのですか？

 ☞ ¡que te crees tú eso! [君がそれを信じてしまうなんて] という文で、拒否とか否定が表わせるのに対して、¿qué te has creído? [君は自分をなに様だと思ったのか] という文は、相手の我慢できない行動に対しての怒りを示し、注意を喚起する。

26. ¡Hasta aquí podíamos llegar!
 とんでもないことだ。(ここまでは私たちでもついてこられた、しかしこれ以上はもう我慢できない)

 ☞ 102章28の注参照。

27. ¿Va a seguir así mucho rato?
 ずうっとそうしているのですか？

28	¡Hombre, por Dios! ¿No ve que molesta?	あれ、まあ。人に迷惑をかけているのがおわかりにならないのですか？
29	¿Y a usted nadie le ha dicho que ése no es modo de (…)?	あなたにはそれは（…）するやり方ではないとだれも言ってくれなかったのですか？
30	¿Es que no le han enseñado (buenos) modales?	あなたは、今まで礼儀作法を教わらなかったのですか？

105. Regañar a alguien
だれかを叱る

ELEMENTAL — 初級会話

1. ¡Otra vez!
   オトラ　ベス
   — またですか！

2. ¿Por qué (…)?
   ポル　ケ
   — なんで（…）なの。

3. ¡Haz el favor!
   ア　セル　ファボール
   — 後生だからそんなことするなよ。

4. ¡No lo hagas más!
   ノ　ロ　アーガス　マス
   — もう二度とそんなことするなよ。

5. ¡Basta!
   バスタ
   — もう十分だ。

6. ¡Vamos, hombre!
   バーモ　ソンブレ
   — いいかげんにしろよ、君！

7. ¡Por el amor de Dios!   Enf.
   ポ　レ　ラモール　デ　ディオス
   — そんなことやめろ。

[8] ¿Por qué (...)? ¿No ves que (...)?
なんで(...)なの。(...)のことがわからないの？

INTERMEDIO 中級会話

[9] ¿Ya está bien, no? Enf.
もういいだろう。

☞ 103章11の注および104章7の注参照。

[10] Pero... ¿y esto qué es?
でも、これはなんだい？

[11] ¿Es que no has oído?
聞こえなかったの？

[12] ¿Cuántas veces te he dicho que (...)?
君に(...)せよとなんど言ったかな？

☞ 動詞 decir は、大変よく使われるので、とても多くの意味があるが、特に二つの意味が際だっている。一つは、informar［伝える］の類義語で、もう一つは ordenar［命令する］の類義語である。

[13] ¿Pero cómo tengo que decírtelo?
でも私はどうやって君にそれを伝えるべきだろうか？

☞ この文は、次に para que me hagas caso ［私の言うことを君に聞いてもらうためには］のような文が省略されているのだろうが、疑問文ではない。この文を使う人は自分を相手にしない聞き手を前に自分の怒りを表わしている。聞き手より目上であることが必要である。

[14] ¡Que no lo vuelvas a hacer!
もう二度とそんなことをしないように。

[15] ¡Que sea la última vez!
どうかこれが最後であるように。

16. Haz el favor de (...).　　　どうぞ（...）してくれ。
　　ア　セル　ファボール　デ

☞ 表面上は懇願文であるが、命令法とこの文が発音される調子とで、きっぱりとした命令を意味することができる。より遠回しの表現になるが、疑問のイントネーションで、動詞を過去未来形（¿harías el favor de callarte? [黙ってもらえるとありがたいのだが]）にしても、この意味は保たれる。

| AVANZADO | 上級会話 |

17. Te he dicho una y mil veces que esto no se hace.　　　君に千回もこんなことはすべきでないと言っただろう。

18. Pero... ¿cuántas veces tendré que repetírtelo?　　　でも…いったい何度同じことを君に繰り返さなくてはならないのだろう。

19. ¡No me agotes la paciencia!　　　君、私の堪忍袋の緒を切らすなよ。

20. ¡Que sea la última vez que (...)!　　　（...）は最後であるように。

21. Si vuelves a hacerlo te castigaré.　　　もしまたそれをしたら、君に罰を与えるぞ。

106. Reprochar algo a alguien
だれかに対してあることを非難する

| ELEMENTAL | 初級会話 |

1. ¡Otra vez!　　　またかい。
　　オトラ　ベス

2. ¡Otra vez (...)!　　　また（...）かい。
　　オトラ　ベス

3. ¿Esto...?　　　これが（...）かい。
　　エスト

☞ この指示形容詞は話し手に近い所を表わすので、名詞の後に続く時は、軽蔑のニュアンスを持つ。¡vamos con el niño este! [この餓鬼と行こう]。中性形の esto は、第一音節が著しく強く発音されると不快感を表わす。単

独でもよいし、後に動詞が続いてもよい：¿esto es todo lo que has sabido hacer?［これが君がやることのできたすべてなのか？］。

4 ¿Eso es todo?
　エソ　エス　トド

それで全部かい。

5 ¡Qué (...)!
　ケ

なんて（...）だ。

6 ¿Por qué (...)?
　ポル　ケ

なんで（...）だい？

7 Te reprocho (...).
　テ　レプローチョ

私は君の（...）を非難します。

8 ¡Otra vez, (...) mejor!
　オトラ　ベス　　　　メホール

またかい、（...）の方がましだろう。

INTERMEDIO 　　　　　中級会話

9 ¡No ves...!
　ノ　ベス

（...）がわからないのか！

☞否定の副詞がなければ、¡ves! は、話し相手に対する小言である。話し手が正しく、話し相手が間違えていることが強調される。no がつくと、この表現はだれかの不注意とか恐らく間違いに文句を言うために役立つ。

10 No, si ya lo sabía. Ir.
　ノ　シ　ヤ　ロ　サビーア

いけないよ。いけないことは私にはとっくにわかっていたんだがね。

11 ¿Y para esto (...)?
　イ　パラ　エスト

これに対しては、（...）かしら？

12 Ya está bien, ¿no? Enf.
　ヤ　エスタ　ビエン　ノ

これで十分だろ。

☞103章11、104章7、105章9の注参照。

13 ¡Vaya (...)!
　バーヤ

（...）とはあきれたものだ。

14　¿Cómo has podido (...)?　　　どうして（…）できたの？
　　　コモ　アス　ポディード

15　¿Cómo te has atrevido a　　　どうして思いきって（…）したの？
　　　コモ　テ　アサトレビード　ア
　　(...)?

16　¡Ves, ves, ya te lo decía!　　どうだい、わかった、私の言ったとおりだろ？
　　　ベス　ベス　ヤ　テ　ロ　デシーア

17　Ya te lo advertí.　　　　　　前に君に注意しただろう。
　　　ヤ　テ　ロ　アドベルティ

18　Ya lo presentía.　　　　　　すでに私は悪い予感がしていたよ。
　　　ヤ　ロ　プレセンティーア

| AVANZADO | 上級会話 |

19　Eso sí que estaría bueno. Ir.　そうなったら絶対嫌だなあ。

☞20と同様、強調の表現で、「もちろん（…）だ」を表わす eso sí que とか pues sí que がついても、つかなくとも、estaría bueno、estaríamos buenos は、これから起こるかもしれないことに対しての不賛成の意見、さらにはそれを我慢できないという意志を表わすために使われる。

20　¡Pues sí que estaríamos　　　そうなったら私たちは絶対いやだなあ。
　　buenos! Ir.

☞19の注参照。

21　¡Lo bueno sería que (...)! Ir.　（…）したら、さぞかし良いだろう。（君は…しなかったらだめだ）

22　¿Y tú quién te crees que eres?　それで君はいったい自分のことを何様だと思っているのかい？

☞話し相手に、その人の行為とか意見が無礼であると思っていることを表わす一つの表現である。この表現で相手を見下すことができる。次の表現も同じことを表わす：no ser nadie［だれでもない］、no pintar nada［なんの力もない］、ser un cero a la izquierda［実数の左に書かれたゼロみたいなものだ→なんの影響力もない］、ser un pintamonas［たいした人でない］。
　　この疑問文は相手から返事を期待せず、ただ単に相手の態度の矯正を要求していて、「para＋不定詞」で文を完成させることもできる。例えば para decidir sobre lo que yo tengo que hacer［私がせねばならぬことまで君

が決めるとは]。

[23] Eso nunca me lo hubiese pensado de ti.　　　そんなことは君に関して夢にも考えたこともなかったよ。

[24] ¿Cómo puedes tener tanta (...)?　　　どうしたら君みたいに（ずうずうしく...）なれるのかな？

[25] No es con ánimo de crítica, pero (...).　　　批判するつもりはないのだが、(...)。

[26] Espero que no te lo tomes como un reproche, pero (...).　　　非難しているととられたくないのだが、(...)。

[27] (...), y es algo que siempre te echaré en cara.　　　(...)、これはいつも君に面と向かって非難することだよね。

☞ echar en cara は reprochar［非難する］を意味する。

[28] Ya me lo temía.　　　こうなるのではないかと心配していたのだ。

☞動詞 temer は被害をこうむるかもしれないという恐れを意味する。temer だけでもよいが、再帰動詞 temerse（se は強意用法）でも心配とか疑惑が表わせる。従属節の動詞は、普通直説法である：me temo que no llegaremos a tiempo.［私たちが時間どおりに到着しないのではないかと心配だ］。

[29] ¡Haberme hecho caso!　　　あの時私の言うことを聞いてくれていたらなあ。

☞過去に関連した命令の意味をもっており、不平とか非難として役立ち、後悔の意味を持っている。haber の後には過去分詞がくる。例えばこの29の文とか、¡Haberlo dicho!［言ったらよかったのに］はよく用いられる。助動詞 poder とか deber の後には不定詞がくる。no debieras は、no deberías の代用表現であるが、完了の不定詞がくると、非難の意味を出す：no debieras haber dicho esto.［このことを君は言うべきではなかった］。
　完了形をとらない不定詞だけだと、未来の行為を意味して、人に忠告したり、思いとどまらせたりする：debieras esforzarte más.［君はもっと努力すべきだ］、no debieras salir mañana de viaje.［君はあした旅行に出かけるべきではないだろう］。

30　¡Ya podías (...)!　　　　　　　あの時（...）できたのに。
　　☞29の注参照。

31　¡Podías haber (...)!　　　　　　あの時（...）することだってで
　　　　　　　　　　　　　　　　　きたろうに。
　　☞29の注参照。

32　¡Haber (...)!　　　　　　　　　（...）すべきだったね。
　　☞29の注参照。

33　¡Debiste (...)!　　　　　　　　（...）すべきだったね。
　　☞29の注参照。

34　¡No debieras (...)!　　　　　　君は（...）すべきではないだろ
　　　　　　　　　　　　　　　　　う。

35　¿Pero no ves que te están　　　でも君は馬鹿にされているのがわ
　　tomando el pelo?　　　　　　　からないのかい？

36　El que con fuego juega　　　　火遊びする者には（何か悪いこと
　　(...). FH.　　　　　　　　　　　が起こるよ）。
　　☞熟語 jugar con fuego ［火で遊ぶ］は、気がつかずに危険な結果を招くこ
　　　とを言う。

37　No por mucho madrugar　　　　いくら早起きしても、早く夜が明
　　amanece más temprano. FH.　　けるわけではない。（果報は寝て
　　　　　　　　　　　　　　　　　待て）
　　☞これはすでに16世紀の資料に記録されている。自分の不精を言い訳する怠
　　　け者がまずだれよりも先にこの言葉を発した。現在では大変なあわて者を
　　　非難するためにも使う。

38. Quien mucho abarca poco aprieta. FH.　　二兎を追う者は一兎も得ず。

☞これはとても有名で、よく使われる格言である。たくさんの問題を抱えている者は、すべてに同時に専念するのは難しいことを言っていて、遂行できるものから手をつけるように勧めている。

39. Cría cuervos (que te sacarán los ojos). FH.　　飼犬に手を噛まれるよ。(←烏を育てなさい。そうしたら烏は君の目をくり抜いてくれるよ)

☞これも格言で、受けた恩を仇で返すことを言う。しばしば格言の前半分 Cría cuervos...だけで使われる。すでに17世紀の資料に記録されている。

107. *Amenazar a alguien*
だれかを脅かす

ELEMENTAL　　初級会話

1. ¡(...)!　　　　　　　　　　　　(...) しろ！

☞命令、忠告、主張、脅迫は動詞の命令形によって表現される。すなわち相手が tú ならば命令法を、usted ならば接続法を用いる。丁寧語の por favor [どうぞ] があると、表現が柔らかくなる。

2. ¡Ojo!　　　　　　　　　　　　注目！
   オーホ

☞名詞 ojo は、原義の目をさすことから、比喩的に atención、cuidado [注意] を意味する。単独で、間投詞的に ¡ojo! と使われる。また「con＋名詞または不定詞」という形でも使われる：¡ojo con quemarte! [やけどしないように気をつけろ]、¡ojo con engañarme! [私を騙すのなら覚悟しろよ]。双方の用法とも自然な調子で単なる警告または脅迫調の警告のために使われる。90章7の注参照。

3. ¡Tú mismo!　　　　　　　　　　君ひとりでどうぞ。
   トゥ　ミスモ

☞96章18の注参照。

4. Usted mismo.
   ウステ　ミスモ

   あなたお一人でどうぞ。

   ☞96章18の注参照。

5. Esto acabará mal.
   エスト　アカバラ　マル

   これはひどい結果になるだろう。

INTERMEDIO　　　　中級会話

6. ¡Pobre de ti si (...)!
   ポブレ　デ　ティ　シ

   もし (...) すれば、君はかわいそうだね（後悔するぞ）。

7. Te vas a acordar de (...).
   テ　バサーコルダール　デ

   君は (...) しないと、天罰が下るぞ。(君は〜を思い出すだろう)

   ☞これは聞き手が思い出すだろうということを言おうとしている訳でなく、何かで、すなわち忘れようとしても忘れられない罰を加えるとか、復讐するぞと言って脅迫しているのである。

8. De esta ya te acordarás.
   デ　エスタ　ヤ　テ　アコルダラス

   このことはすぐ思い出すだろう。(これをすると天罰覿面だよ)

9. ¡Mira que (...)!
   ミーラ　ケ

   (...) するがいいかね。

   ☞動詞 mirar の命令法 mira は、しばしば単に聞き手の注意を喚起するために使われる。もし que が後に続くと、話し手が que の後で言わんとすることについてよく考えるようにと警告を与える表現になる：mira que me enfado. [そんなことをすると私は怒るがいいかね]。注意して行動するようにと人に警告したいのならば、mira a ver lo que (...) がよりよい。どちらの場合も動詞は直説法である。

10. Como no (...).
    コモ　ノ

    (...) しないと、...だぞ。

    ☞ como no の後に直説法を伴った、何かを説明する節が来ることがある：como no tengo trabajo, me voy al cine. [仕事がないので私は映画を見に行く]。しかし接続法の動詞も来ることがあり、その際は条件節になる：como no te des prisa, perderás el tren. [君、急がないと電車に乗り遅れるぞ]。これは人を脅迫するのに便利な表現である。

107. だれかを脅かす

[11] **Ya nos veremos las caras.**
ヤ ノス ベレーモス ラス カーラス

そんなことしたら後が恐ろしいぞ。

☞この句は未来の行為に対するある程度過激な脅迫を表わす。相手への挑戦的態度がうかがえる。

[12] **Mira a ver lo que haces.**
ミーラ ア ベール ロ ケ アーセス

自分のしていることを見てみろ。

☞9の注参照。

[13] **Ve con cuidado, ¿eh?.**
ベ コン クイダード エー

注意してやるんだぞ。

☞しばしば動詞 ir は、「行く」ではなく、この場合のように人の行動の仕方を意味するだけのことがある。

[14] **Me vengaré.**
メ ベンガレ

いつか私は復讐するぞ。

[15] **Me las pagarás.**
メ ラス パガラス

そんなことをするとその報いは恐ろしいぞ。

☞しばしば pagar は、代金をお金で払うことを意味しない。ここでは何を受けているかわからない las を伴って、復讐する者が課す罰を表わしている。

[16] **Si te cojo, (...).**
シ テ コーホ

もし君をつかまえたら、(...)。

[17] **Esto te va a costar un disgusto.**
エスト テ バー コスタール ン ディス グスト

こんなことをして不愉快な思いをするのは君だぞ。

[18] **Esto no va a quedar así.**
エスト ノ バー ケダー ラシ

このままでは済まないぞ。

☞この表現でもって、話し手は「仕返しをするぞ」と言って、あるいはそこまでいかないにしても、一時的には自分の意志に反した解決をみた案件を蒸し返すぞと言って、脅迫をすることができる。

19. Mira que no quiero enfadarme.
   いいかい、本音を言えば私は怒りたくはないのだよ。

20. No me hagas perder la paciencia.
   私に堪忍袋の緒を切らせないでくれ。

21. Te la estás buscando.
   いいきみだ。

AVANZADO / 上級会話

22. Ya te pesará.
   いずれ後悔することになるぞ。
   (←いずれそれは君の頭上に重くのしかかるよ)

   ☞ pesar の名詞 peso には、「重さ」という意味と「後悔」という意味とがある。この場合は後者の意味であるから必然的に me pesa は「後悔」を意味する。これにひきかえ、もし話し手が将来聞き手に重荷を負わせる（前者の意味）のであれば、諸般の情勢からして聞き手は「いずれは後悔せねばならぬだろう」と警告して脅迫をするからそういう意味になるのである。

23. ¡Ya te guardarás muy bien!
   いずれは君はそれをやめることになるぞ。（気をつけろよ）

   ☞ この場合、再帰動詞 guardarse は、「身を守る」という意味である。しばしばもし話し手がほかの人に関して、命令法とか未来形（やはり命令の意を表わす）でこの再帰動詞を使う時は、その人を脅かすためである。このようにして話し相手が何かをするのを断念させるのである。

24. Como no lo hagas, ya sabes lo que te espera.
   君がそうしないなら、どうなるかわかっているな。

25. (...) si te atreves.
   もし君がそんなことをしでかしたら、(...)。（ただじゃすまないぞ）

26. De hacerlo..., ya sabes lo que te espera.
   君がそうするなら、どうなるかわかっているな。

27. Aténgase a las consecuencias. F. （あなたがある事をなさった場合）その結果をあらかじめよく考えなさい。

28. ¿Quieres guerra, eh? 君、いっちょ私に挑戦するかい？

☞ 名詞 guerra は、具体的な意味でも抽象的な意味でも、喧嘩あるいは対決を意味する：guerra a muerte [死をかけた戦い]、guerra fría [冷戦] にも、この抽象的な意味が存在している。話し手が聞き手に対して、聞き手の態度が好戦的であるかどうかを尋ねているよりは、むしろ聞き手に対決しようと挑んでいるのである。この表現は性的な誘いに関連した意味を最近持っている。

29. ¡Te la estás jugando, eh! 人に対し君はひどい仕打ちをしてるんだぞ。

108. *Expresar irritación por algo*
何かに対する苛立ちを表現する

ELEMENTAL / 初級会話

1. ¡Basta!
   バスタ
   たくさん。

   ☞ 43章 4 の注参照。

2. ¡Basta ya!
   バスタ　ヤ
   もうたくさん。

   ☞ 43章 4 の注参照。

3. Estoy indignado.
   エストイ　ンディグナード
   私は怒っている。

4. Estoy irritado.
   エストイ　リタード
   私はいらいらしている。

5. Me indigna.
   メ　インディグナ
   私は腹がたっている。

6 ¡Cómo me irritas! 君は私をなんていらいらさせることか。
   コモ　メ　イリータス

INTERMEDIO　　　　　　　　　　中級会話

7 ¡Qué rabia! 頭にきたぞ。
   ケ　ラビア

8 ¡Déjame en paz! 私をそっとしておいてくれ。
   デーハメン　パス

9 Es irritante. それは腹立たしい。
   エ　シリタンテ

10 Eso me exaspera. 私はそのことでいらいらしている。
   エソ　メクサスペーラ

11 Me pones negro. 私は君のことでかんかんだ。
   メ　ポーネス　ネグロ

☞ 動詞 poner は、直接目的語 (me, te, se...)と形容詞またはその他の補語を伴い、形容詞が表わす状態とか性質を人が帯びるようにする。また黒い色は、否定的、悲観的な感情を与えたり、この場合のように怒りを表わしたりする。

12 Me tienes frito 君は俺をうんざりさせているぞ。
   メ　ティエネス　フリート

☞ 動詞 freír の過去分詞 frito は、しばしば大変不愉快なことに対する怒りを表わすために使われる。frito の代わりに harto を入れても似たような意味になる。

13 ¡Ya está bien de (...), no! Enf. もう (...) はたくさんだよね。
   ヤ　エスタ　ビエン　デ　　　　ノ

☞ この文で、何かに対する苛立ちとか不快感が表現される。というのは、話し相手にその行為をやめてほしいという話し手の希望が文に含まれているからである。

AVANZADO　　　　　　　　　　　上級会話

14 ¡No me hagas perder los estri- 俺の堪忍袋の緒を切らさないでく
   bos! れ。

☞ 乗馬用具の基礎語彙（ここでは、あぶみ）が、複数で使われ、比喩的に何

108. 何かに対する苛立ちを表現する

かがもたらす怒り故に冷静さを失ったことを表わすのに使われる。

15 No sé qué haces para sacarme de quicio. 　　私を怒らせたりして、いったい君が何をしているのか私にはわからない。

☞ 103章21の注参照。この文は、me sacas de mis casillas と同様、何かが話し手を非常に苛立たせているのを表わすために使われる。

16 Me tienes hasta la coronilla. 　　私は君のせいでうんざりしているよ。

☞ tener a alguien hasta (...) とか estar alguien hasta (...) は、hartar [飽き飽きさせる] とか estar harto [飽き飽きしている] を意味する。名詞 coronilla は、後頭部をさすが、このように身体から出っぱっているものであればなんでもいいので、cojones [睾丸]、narices [鼻] も使われる。

17 Déjame, estoy que trino. 　　ほっておいてくれ、私はかんかんに怒っているのだ。

☞ 18と同様、結果を表わす構文 estoy que の (...) の中には、たくさんの語句が入るが、この公式は話し手がよくないと判断した状況でいつも使われる。動詞 trinar は、鳥の鳴き声に使われるのだが、比喩的に rabiar [腹をたてる] の意味がある。botar も同じ意味を持っている。

18 Estoy que me subo por las paredes. 　　もう私は怒り心頭に達した。

☞ 17の注参照。subirse por(a) las paredes は、前代未聞のことをしたくなるほどの怒りの状態を表わす。

19 No sé cómo lo haces, pero sólo consigues irritarme. 　　なんで君がそうしたのか私にはわからないが、結果的には私を怒らせただけだ。

20 No sé qué haces para sacarme de tino. 　　私を怒らせたりして、いったい君はなにをしているのか私にはわからない。

☞ 名詞 tino [分別、機知] は、tacto [機転] に似た意味がある。perder とか sacar とともに使われて、無分別な行動とかだれかをいらいらさせる行為を描写するために使われる。

109. Tranquilizar o consolar a alguien
だれかを落ち着かせたり、慰めたりする

ELEMENTAL 初級会話

1. ¡Tranquilízate!
   トランキリーサテ
   落ち着けよ！

2. ¡Bah, tranquilo, tranquilo!
   バー　トランキーロ　トランキーロ
   まあ、落ち着け、落ち着け。

3. Puedes estar tranquilo.
   プエデ　セスタール　トランキーロ
   君は大船に乗った気でいていいよ。

4. Tranquilo, que (...).
   トランキーロ　ケ
   落ち着け、というのは（...）だから。

5. ¡Domínate!
   ドミーナテ
   自分を抑えろ。

6. ¡Cálmate!
   カルマテ
   冷静に！

7. ¡Ánimo!
   アニモ
   元気を出して！

8. ¡Anímate!
   アニーマテ
   元気を出せよ。

9. ¡Así es la vida!
   アシ　エス　ラ　ビーダ
   これが人生さ。

   ☞ これは、相手に起こっていることはとっぴなことではなく、人生にはつきもののことであることを相手にわからせて、相手を慰める文である。それゆえ、あきらめるのが肝心だと言っているのである。

10. ¡Vamos, vamos, no será nada!
    バーモス　バーモス　ノ　セラ　ナーダ
    さあやってみよう。たいしたことない。

    ☞ no ser nada [なんでもない] は、あることが重要でないことを意味する。すでに起こったり、これから起こることが、たいしたことでないと言って、

人を落ち着かせるための一般的な言い方である。また我々に迷惑をかけた人を許す時の表現としてよく使う。

11　Domina tus nervios.　　　　　君、神経をいらだたせないでよ。

12　Tienes que dominarte.　　　　君は自分を抑えなければならない。

13　No se preocupe.　　　　　　　あなた心配しないでください。

14　No debes preocuparte por (...).　君は（...）を心配すべきでない。

15　No te pongas nervioso.　　　　いらいらするなよ。

INTERMEDIO / 中級会話

16　Con el tiempo te consolarás.　時がたてば気も休まるだろう。

17　¡Calma, calma!　　　　　　　落ち着け、落ち着け。

18　¡Tómatelo con calma!　　　　気楽に考えろよ。

19　¡Estése tranquilo!　　　　　　あなた、落ち着いていてください。

20　¡Vaya usted tranquilo!　　　　落ち着いてください。（心安らかにしていてください）

21　No hay nada por lo que preocuparse.　心配すべきことはなにもない。

22　No debes alarmarte por tan poca cosa.　　君はたいしたことないことにくよくよすべきではない。

23　Estoy seguro de que todo saldrá bien.　　万事オー・ケーなのは請け合いだ。

24　Estoy seguro de que al final todo saldrá bien.　　最終的にはすべてうまくいくと私は確信している。

25　Mantengamos la calma.　　落ち着いていましょう。

26　No pierdas las esperanzas.　　君、望みを捨てるな。

27　No te asustes.　　君、びくびくするなよ。

28　Ya verás cómo todo se arregla.　　見ててごらん、すべてうまく行くからね。

29　Trata de ver el lado bueno de las cosas.　　君、物事の良い面だけを見るようにしなさい。

30　¡Qué exagerado eres! No es para tanto.　　なんと大げさな、それほどでもないよ。

AVANZADO / 上級会話

31　Tranquilo, no pierdas los estribos.　　落ち着いて、腹をたてるなよ。

☞108章14の注参照。

32	¡Que eso no te quite el sueño!	そんなことで夢を捨てるんじゃないよ。
33	Eso tendrá que tomárselo con tranquilidad.	あなたはそれを平静に受け止めるべきでしょう。
34	Por si eso te sirve de consuelo, te diré que (...).	ひょっとして君の慰めになるかもしれないので、君に次の事を言っておこう、(...)。
35	No te sulfures, no vale la pena.	そうむきにならないで、なんにもならないよ。
36	No le des más vueltas; es mejor despreocuparse.	あたふたするなよ。忘れるのが一番だよ。
37	¡Para cuatro días que vivimos!	人生ははかない。くよくよしたってしようがない。

☞ 数詞「4」は決まり文句でよく使われる。例えば、buscarle cuatro pies al gato［猫に四本足を探す］は、あることを必要もなく複雑にすることを意味する。しかし一番よく使われるのは、少ないことを指す場合である：llover cuatro gotas［ほとんど雨が降らない］。この意味が ser cuatro días に含まれていて、人生のはかなさを意味し、それほど心配しないようにという助言になる。

38	No hay nada que deba inquietarte.	君はなんにも不安を感じる必要はないんだ。
39	No hay ninguna razón para sentirse alarmado.	びくびくする理由はなにもない。
40	Yo que tú no me preocuparía de (...).	私が君なら(...)を気に留めないのだが。
41	Trata de serenarte.	一生懸命心を落ち着けるんだよ。
42	Las penas con pan son menos. FH.	先立つものがあれば苦労も癒される。（心労もパンがあれば少なくなる）

☞ この格言により、富で人生の苦労をより耐えやすいものにすることができ

ることを表わす。名詞 penas［悲しみ］は duelos とも表現できる。

43 No hay mal que por bien no venga. FH.　　禍福はあざなえる縄のごとし。

☞あきらめと妥協の間接的な表現で、これで人を慰めることができる。善事と悪事が絡み合っていることを表わすものである。

44 No hay mal que cien años dure. FH.　　百年も続く不幸はない。（待てば海路の日和あり）

45 Tiempo al tiempo. FH.　　時に時をかけなくてはならない。

☞最初に義務を表わす動詞句の hay que dar が省略されている。この表現でもって、焦らないで、時が過ぎ行くままにして、物事を自然に流れさせるようにと話し相手に勧めている。

46 El tiempo todo lo cura. FH.　　時がすべてを癒してくれる。

IV

SENTIMIENTOS, GUSTOS Y OPINIONES

感情、好み、意見

110. Expresar alegría, contento y gozo
喜び、満足、歓喜を表わす

ELEMENTAL / 初級会話

1. Estoy contento.
   エストイ　コンテント
   私は満足しています。

2. Estoy alegre.
   エストイ　ヤレグレ
   私はうれしい。

3. ¡Qué bien!
   ケ　ビエン
   なんと素晴らしいことか！

4. Estoy de buen humor.
   エストイ　デ　ブエヌモール
   私は機嫌がいい。

5. Estoy alegre por (...).
   エストイ　アレグレ　ポル
   私は（...）のせいでうれしい。

6. ¡Qué contento estoy!　Enf.
   ケ　コンテント　エストイ
   なんと私は満足していることか。

7. He tenido una gran alegría.
   エ　テニード　ウナ　グラ　ナレグリーア
   私は大喜びだ。

INTERMEDIO / 中級会話

8. Estoy loco de alegría.
   エストイ　ロコ　デ　アレグリーア
   私はうれしくて気が狂いそうだ。

   ☞ volverse/estar loco (de alegría o de contento) ［喜びとか満足で気が狂いそうだ］とか chiflar(se)［夢中になる］は、比喩的に、また絶大な表現力でもって、だれかがなにかに感じる願望とか熱中を表わす。

9. Me siento muy contento.
   メ　シエント　ムイ　コンテント
   私はとても満足している。

10. Todo lo veo de color de rosa.
    トド　ロ　ベオ　デ　コロール　デ　ローサ
    私にはすべてがバラ色に見える。

    ☞ 熟語 de color de rosa はある物についての美しい外見を表わす。

11. Estoy contento con (...). 私は (...) に満足している。

12. Tengo una alegría loca. 私には狂わんばかりにうれしいことがある。

13. Me has dado una gran alegría. 君のおかげで私はとてもうれしい。

14. He quedado contento. 私は満足した。

15. Me vuelvo loco por (...). 私は (...) したくて気が狂いそうだ。

16. Me he puesto muy contento al (...). (...) 時、私は大変な満足感にひたった。

17. Estoy como un niño con zapatos nuevos. 私は新しい靴を履いた子供みたいだ。

AVANZADO / 上級会話

18. Me alegraría mucho si (...). もし (...) ならば私はとてもうれしいのだが。

19. Encuentro un gran placer en (...). (...) したらそれは私には大いなる喜びです。

20. No cabe en sí de gozo. 彼は喜びではちきれんばかりだ。

21. Estoy (contento) como unas pascuas. l. 私は盆と正月が一緒にきたように満足している。

☞ 名詞 pascua は、ユダヤ教徒の祭りを意味し、スペイン語のいくつかの表現性に富む文に現れる：hacer la pascua (molestar [迷惑をかける]) のほ

かに、estar como unas pascuas［とても満足している］、de Pascuas a Ramos［めったに〜しない］、celebrar Pascua antes de Ramos［結婚前に妊娠する］などがある。

111. Expresar tristeza, pena o dolor
悲しみとか悩みとか心の痛みを表現する

ELEMENTAL　初級会話

1. Estoy (muy) triste.
   エストイ　ムイ　トリステ
   　　　　　　　　　私はとても悲しい。

2. ¡Qué tristeza!
   ケ　トリステーサ
   　　　　　　　　　なんて悲しいことか！

3. ¡Qué pena!
   ケ　ペーナ
   　　　　　　　　　なんて悲しいことか！

4. ¡Qué dolor!
   ケ　ドロール
   　　　　　　　　　なんて悲しいことか！

INTERMEDIO　中級会話

5. Estoy apenado.
   エスト　ヤペナード
   　　　　　　　　　私は悲しい。

6. Estoy muy afligido.
   エストイ　ム　ヤフリヒード
   　　　　　　　　　私は悲嘆のどん底に沈んでいる。

7. Estoy entristecido.
   エストィ　エントリステシード
   　　　　　　　　　私は悲しい思いをしている。

8. Estoy desconsolado.
   エストイ　デスコンソラード
   　　　　　　　　　私は沈痛な思いをしている。

9. Estoy deshecho.
   エストイ　デセーチョ
   　　　　　　　　　私は悲しみにうちひしがれている。

　☞ deshacer の過去分詞は、いくつかの名詞に使われる： cama deshecha［壊れたベッド］、zapatos deshechos (=rotos［すりへった靴］)。人に使われると、疲れとか落胆を意味する。この単語は「なにかいらないもの」、

「くず」を意味する同音語 desecho と混同する恐れがある。

[10] Estoy hecho polvo. l.　　　　　　私はうちひしがれている。
　　　エストイ　エーチョ　ポルボ

　　　☞落胆とか相当な疲労を表わす時の表現である。名詞 polvo［粉］は、puré［ピュレ］、papilla［おかゆ］のように、すべて溶解した物質を意味する単語と交換できる。また小さい粉末となった trizas［断片］とか、cisco［粉炭］とか carbón［石炭］も使われる。

[11] Me da mucha pena (...).　　　　（...）のせいで私はとても悲しい。
　　　メ　ダ　ムーチャ　ペーナ

[12] Sufro por (...).　　　　　　　　（...）のことで私は苦しんでいる。
　　　スフロ　ポル

[13] ¡Cómo lo siento!　　　　　　　　なんと残念なことでしょう。
　　　コモ　ロ　シエント

[14] ¡Cuánto lo siento!　　　　　　　私はどんなに残念に思っていることか。
　　　クワント　ロ　シエント

[15] ¡Qué apenado estoy con　　　　　私は（...）をなんと悲しく思っていることか。
　　　ケ　アペナード　エストイ　コン
　　　(...)!

AVANZADO	上級会話

[16] Me apena (...).　　　　　　　　　私は（...）が悲しい。

[17] Lloraría por cualquier cosa.　　　どんなことにでも私は涙を流すでしょう。

[18] ¡Qué angustia!　　　　　　　　　なんと悲しいことか。

[19] Me duele en el alma (...).　　　　私の心は（...）で痛む。

　　　☞熟語 en el alma は、動詞によって表わされた感情に激しさを加える。動詞は doler だけに限らず、alegrarse［喜ぶ］、sentir［残念に思う］、lamentar［嘆く］も使われる。

[20] Estoy dolido con (...).　　　　　（...）で私の心は痛んでいる。

112. Expresar optimismo
楽天的な気分を表わす

ELEMENTAL / 初級会話

1. ¡Qué bien! Enf.
   ケ ビエン
   なんと素晴らしい。

2. Soy optimista.
   ソ ヨプティミスタ
   私は楽天家だ。

3. Todo irá bien.
   トド イラ ビエン
   すべてうまくいくさ。

4. Todo saldrá bien.
   トド サルドラ ビエン
   すべてうまくいくだろう。

5. Creo que va a ser un éxito.
   クレーオ ケ バー セー ルネクシト
   成功するだろうと私は思います。

6. Me siento muy optimista.
   メ シエント ム ヨプティミスタ
   私は自分が大変な楽天家だと思います。

INTERMEDIO / 中級会話

7. Me encuentro muy seguro.
   メンクエントロ ムイ セグーロ
   私は大丈夫だと思う。

8. Tengo mucha confianza en (...).
   テンゴ ムーチャ コンフィアンサ エン
   私は (...) に絶大な信頼を置いています。

9. Seamos optimistas.
   セアーモ ソプティミスタス
   楽天家になりましょう。(楽天的に考えましょう)

10. No seamos pesimistas.
    ノ セアーモス ペシミスタス
    ペシミストになるのはやめましょう。

11. No nos deprimamos por tan poca cosa. / そんなにたいしたことないことで落ち込むのはやめましょう。

12. Esta vez no puede fallar. / 今度こそ彼は失敗できない。

AVANZADO / 上級会話

13. ¡Seguro que saldrá bien! / きっと成功するよ。

14. Hoy lo veo todo de color de rosa. / 今日は私にはなんでもすべてバラ色に見えてしまう。

　　☞110章の10の注参照。

15. Estoy muy eufórico. / 私は幸せいっぱいだ。

　　☞ギリシャ語起源の名詞 euforia は医学用語で「多幸症」を意味する。多幸症の人とは、いつも満足していて、幸福感を味わっている人のことである。

16. ¡Ánimo, las cosas mejorarán! / 元気を出せよ、うまくいくさ。

17. Soy optimista respecto a (...). / (...) に関して私は楽天的です。

18. Tengo mucha fe en (...). / 私は (...) に大いに信をおいています。

19. Mi estado de ánimo es excelente. / 私の気持ちは最高です。

20. ¡No hay que dejarse abatir! / くじけたままではいけない（立ちあがれ）。

21. Dios aprieta, pero no ahoga. FH / 神は締めつけるが、殺しはしない。

22. Conseguiré levantar la cabeza. I. / 私は必ず頭をもたげてやるぞ（元気を出すぞ）。

　　☞頭をもちあげるという表現 levantar (la) cabeza とか alzar cabeza は、元気を出すとか報われない状況から抜け出すことを意味する。

23. Conmigo no hay quien pueda. V. / 私に勝てるものはいない。

　　☞動詞 poder は、ほとんどの場合助動詞だが、「con＋(代)名詞」が後に来る場合は、人に勝つことや、人を支配する能力を意味する。

24. No sé cómo, pero saldremos de este atolladero.　どうやっていいかわからないが、この窮地からぬけだしてみよう。

☞21章21の注参照。

25. Al mal tiempo, buena cara. FH.　悪天候には笑顔を。（笑う門には福来たる）

☞難しい時にもいつも平静さを持つように勧める格言。

113. Expresar pesimismo o depresión
悲観的な状態や意気消沈した状態を表わす

ELEMENTAL　初級会話

1. Estoy deprimido.
　エストイ　デプリミード
　私は落ち込んでいる。

2. Me siento pesimista.
　メ　シエント　ペシミスタ
　私はペシミストだと思う。

3. Me deprime （...）.
　メ　デプリーメ
　（...）で私は落ち込んでいる。

INTERMEDIO　中級会話

4. Todo lo veo negro.
　トド　ロ　ベーオ　ネグロ
　私はお先真っ暗だ。

5. No puede ir bien de ninguna manera.
　ノ　プエデ　イール　ビエン　デ
　ニングーナ　マネーラ
　事はぜんぜんうまく運ばない。

6. Presiento que （...）.
　プレシエント　ケ
　私は（...）の予感がする。

7. ¡Todo es un asco! Enf.
　トド　エ　スナスコ
　すべてに私は吐き気を催します。

300

113. 悲観的な状態や意気消沈した状態を表わす

AVANZADO	上級会話

8 No tengo mucha fe en que (...). 　　私は(...)をあまり信用していない。

9 No tengo mucha confianza en que (...). 　　私は(...)にあまり信をおいていない。

10 No hay manera de que (...). 　　(...)する方法がない。

11 No quiero parecer pesimista, pero me temo que (...). 　　私はペシミストに思われたくありませんが、(...)でないかと心配です。

12 Me temo que no sacaremos nada en claro. 　　私は探っても、ろくなものが出てこないのではないかと心配です。

13 Tengo mis dudas sobre (...). 　　私は(...)を疑っています。

14 Soy muy escéptico respecto a ello. 　　それに関して私は相当懐疑的です。

15 Con respecto a (...), soy pesimista. 　　私は(...)に関しては、悲観的です。

16 ¡Tengo una mala racha! L. 　　私、なんて不運なんだ。
　　☞ 9章17の注参照。

17 Está visto que no saldré adelante. 　　私が困難を切り抜けられないのは明白だ。

18 A esta situación no le veo salida. 　　この状況に出口は見つからない。

19 Me ha entrado la depre. 　　私は今うつだ。
　　☞ 名詞 depresión には、意気消沈を表わすほかに二つの意味がある。一つは「地面のくぼみ」の意味であり、もう一つは「経済の落込み」、「不況」の意味である。精神的な意味では、最初の2音節の depre だけが使われる。

20 Estoy hundido. R. 　　私は落ち込んでいる。
　　☞ 原義として hundido は、「水の中に沈んだ」とか「落ちた」を意味する。estar と一緒に人に対して使われると、「落ち込んだ」とか「気が滅入った」ことを意味する。

114. Expresar simpatía
感じの良さを表わす

ELEMENTAL　　　　　　　　　　　初級会話

1. Me eres simpático.　　　　　　　君は私に優しくしてくれる。

2. ¡Qué simpático eres!　　　　　　君はなんて感じが良いのだろう。

3. Le tengo una gran simpatía.　　　私は彼にすごく好感を持っています。

4. Me encanta (...).　　　　　　　　私は(...)が気にいっている。

5. Me encanta tu compañía.　　　　君と一緒で私はうれしい。

6. Me encanta estar a tu lado.　　　君のそばにいられて私はうれしい。

INTERMEDIO　　　　　　　　　　中級会話

7. ¡Me cae simpático!　　　　　　　その事は私の気持ちにぴったりです。

☞ caer は大変多くの意味を持った動詞である。そのうちの一つは gustar のように、あることがだれかにとって心地よいことを意味する。間接目的格代名詞（me, te, le, ...）と主語と性数一致した形容詞とともに使われる。caer は、parecer、resultar の意味に近い。

8. ¡Me cae bien!　　　　　　　　　その事は私の気持ちにぴったりです。

9. Me resulta simpático.　　　　　　その事に私は好感を抱いています。

10	No sé por qué me eres tan simpático.	なぜ君が私にそんなにやさしくしてくれるのか私にはわからない。
11	¡Qué gusto da (...)!	(...) とはなんとうれしいことか。
12	Tuyo, afectuosamente. E.	敬具。

AVANZADO　　　　　　　　上級会話

13	A (...) le tengo gran afecto.	私は（...さん）に並々ならぬ愛情を持っている。
14	Siento un gran afecto por (...).	私は（...さん）に並々ならぬ愛情を感じている。
15	(...) me inspira gran afecto.	私は（...さん）に並々ならぬ愛情を感じます。
16	Me despierta (toda mi) simpatía.	私は…に（ひとかたならぬ）好感を抱きます。
17	Lo miro con buenos ojos.	私はそれを好意の目で見ています。
18	(...) es un encanto de (...).	(...) は (...) の魅力そのものである。
19	(...) me hace tilín. R.	(...) は私の気にいっています。

☞ tilín は鈴の音の擬音語である。hacer tilín は gustar［気にいる］と類似の意味である。

20	Te has ganado todas mis simpatías.	私は君にべたぼれだよ。
21	Te has hecho conmigo.	君はいい奴だなあ。

☞ hacerse con は、人間を表わす語が続くと、ganarse la amistad de alguien［だれかの友情を手に入れる］を意味する。また物を表わす語が続くと、それを買ったり、他のやり方でそれを手に入れることを意味する。

22 Eres un ángel.　　　　　　　　　　君はまるで天使だ。

☞ ángel という単語は、親切な人に対する形容として使われる。特に女性、子供に対して使われ、縮小辞のついた angelito としても現れる。派生形容詞 angelical もよく使われる。ser un ángel、ser un cielo、ser un sol は「素晴らしい人」であることを意味する類似表現である。

115. Expresar antipatía
反感を表現する

ELEMENTAL　　　　　　　　　　　　初級会話

1 ¡Antipático!　　　　　　　　　　　いやな奴！
　　アンティパティコ

2 ¡Qué antipático!　　　　　　　　なんていやな奴だ！
　　ケ　　アンティパティコ

3 Le tengo　antipatía.　　　　　　私は彼に反感を抱いている。
　　レ　テンゴ　アンティパティーア

4 Le odio.　　　　　　　　　　　　私は彼を憎んでいる。
　　レ　オディオ

INTERMEDIO　　　　　　　　　　　　中級会話

5 ¡Qué mal me cae　(...)! l.　　　(...) とは、私はむしずが走る。
　　ケ　マル　メ　カーエ

6 ¡Qué poco me gusta!　　　　　　なんといけ好かないことだ。
　　ケ　ポコ　メ　グスタ

7 Me es antipático.　　　　　　　私は彼に好感がもてない。
　　メー　サンティパティコ

8 Me resulta antipático.　　　　　私は好きになれない。
　　メ　レスルタンティパティコ

9 No puedo ni verlo.　　　　　　　彼のつらなど見たくもない。
　　ノ　プエド　ニ　ベールロ

115. 反感を表現する

10 No quiero verlo ni en pin-　　　（たとえ絵の中にかいてあっても）
　　 tura. I.　　　　　　　　　　　　彼のつらなど見たくもない。

11 Se me hace antipático.　　　　　彼って、感じが悪くなったな。

12 Es inaguantable.　　　　　　　　あいつは鼻もちならぬ奴だ。

13 Me cae gordo. V.　　　　　　　　あの人、私は気にくわない。

14 Siento antipatía hacia　　　　　私は（...）に対して反感を感じ
　　 (...).　　　　　　　　　　　　　ます。

15 ¡Qué odioso es!　　　　　　　　 あの人なんと憎らしいのだろう。

16 Lo detesto.　　　　　　　　　　 私はあの人が嫌いだ。

17 Le he cogido antipatía a　　　　私は（...）に反感を持った。
　　 (...).

18 Le tengo manías a (...). I.　　私は（...）が憎い。

AVANZADO　　　　　　　　　　　　上級会話

19 No lo trago. V.　　　　　　　　 あいつは食えない奴だ。

☞動詞 tragar の原義は、口から消化器官へあるものを飲み込む行為を表わす。no tragar は、この過程を中止したことを意味して、比喩的に、特に人についてぜんぜん気に入らないとか、憎んでいるとかを表わす。またやはり生理的機能に基づいた類似表現 se me atraganta ［喉につまる］とか no lo digiero ［消化できない］も使われる。この表現が使われる時は、喉に人差指を近づけるジェスチャーを伴うことがある。

| 20 | Lo tengo atravesado. I. | 奴には私は我慢がならない。 |

| 21 | No le veo la gracia por ninguna parte. | 奴には愛嬌のひとかけらも見あたらない。 |

| 22 | Lo aborrezco. | 私は彼を忌み嫌っている。 |

| 23 | Le tengo ojeriza (...). | 私は (...) を恨んでいる。 |

☞名詞 ojeriza [恨み] は、ojera [半永久的に、あるいは一時的に不眠とか疲労のため、目の周りに時々できるあざ、目のくま] から派生している。ojeriza は、rabia、manía の類義語である。tener の直接目的語となるのが普通である。

| 24 | ¡Qué tirria le tengo! v. | 私はどれほど彼を恨んでいることか！ |

| 25 | Le tengo mala voluntad. | 私は彼に悪意を抱いている。 |

| 26 | Me revienta. v. | 彼は私には不愉快な奴だ。 |

| 27 | Me repatea. v. | 私は彼にはうんざりだ。 |

☞動詞 repatear と熟語 dar cien patadas は、意味的には me fastidia、no me gusta に近いが、もっと下品な言い方である。

| 28 | Es que no puedo con él. I. | 実は私は彼が大嫌いなのです。 |

☞ no poder con は、力がないこと (no puedo con la maleta. [私はこのトランクを持てない]) とか、権威がないこと (no puedo con ese alumno. [私はその生徒をもてあます]) とか、物や人に対して大変な反感を抱いていることを意味する。

| 29 | Sólo pensar en (...), me dan ganas de vomitar. v. | (...) のことを考えただけで、私は吐き気がします。 |

| 30 | La tengo tomada con él. | 私は彼に反感を抱いている。 |

☞熟語「tenerla tomada con ＋人」は、だれかに対して動機不明の嫌悪感とか反感を抱いていることを表わす。la という女性代名詞は、どんな女性名詞を受けているかわからない。

116. Expresar satisfacción o complacencia
満足とか喜びを表わす

ELEMENTAL　　　　　　　　　　　初級会話

1. Me gusta mucho (...).　　　　　私は（...）が大好きだ。
   メ　グスタ　ムーチョ

2. Es maravilloso.　　　　　　　　素晴らしい。
   エス　マラビヨーソ

3. ¡Estupendo!　　　　　　　　　素晴らしい。
   エストゥペンド

4. ¡Fantástico!　　　　　　　　　素晴らしい。
   ファンタスティコ

5. ¡Extraordinario!　　　　　　　素晴らしい。
   エクストラオルディナリオ

6. ¡Magnífico!　　　　　　　　　素晴らしい。
   マグニフィコ

7. ¡Fenomenal!　　　　　　　　　素晴らしい。
   フェノメナル

8. ¡Formidable!　　　　　　　　　素晴らしい。
   フォルミダーブレ

9. ¡Muy bien!　　　　　　　　　　素晴らしい。
   ムイ　ビエン

10. ¡Qué bien!　　　　　　　　　なんたる素晴らしさ。
    ケ　ビエン

INTERMEDIO　　　　　　　　　　　中級会話

11. ¡Cómo me gusta!　　　　　　　大好きだ。
    コモ　メ　グスタ

12. ¡Me encanta (...)!
    メンカンタ
    (...) は素晴らしい。

    ☞ 動詞 encantar は、魔法に関連した意味のほかに、うれしさとか喜びを表現する。大変表現性に富んだ語で、女性がよく用いる。

13. ¡(...) me alegra mucho!
    メ アレグラ ムーチョ
    (...) で私はとてもうれしい。

14. Estoy encantado con (...).
    エストィ エンカンタード コン
    私は (...) をうれしく思います。

    ☞ 12の注参照。

15. Estoy muy contento con (...).
    エストイ ムイ コンテント コン
    私は (...) にとても満足しています。

16. Me satisface mucho (...).
    メ サティスファーセ ムーチョ
    私は (...) に大満足です。

17. Me pareció encantador.
    メ パレシオ エンカンタドール
    私にはそれは魅惑的に思えました。

    ☞ 12の注参照。

AVANZADO / 上級会話

18. ¡De primera! Enf.
    最高！

    ☞ この熟語は、salir、resultar と一緒に使われたり、単独で使われたりして、muy bien [大変結構] と同じ事を表わす。多分「優先権」とか、「秀でた地位」をもともと意味するからであろう。

19. ¡Qué gusto poder (...)!
    (...) できるなんて、なんとうれしいことか。

20. Me complace (...).
    (...) が私はうれしい。

21. Me siento complacido.
    私はうれしく思います。

22. Con esto me doy por satisfecho.
    これで私は満足です。

㉓ No tengo palabras para decir (…).　　（…）を表わす言葉が私には見つかりません。

㉔ ¡Qué gozada! R.　　なんとうれしいことか！

☞ 名詞 gozada は、動詞 gozar から最近できた派生語である。ある状況で体験される喜びを表わす。次のような単語（pasada［ひどいめ］、pifiada［しくじり］、cateada［落第］）も同じ型に属し、すべて若者独特の言葉である。

117. Expresar admiración
感嘆を表わす

ELEMENTAL　　初級会話

① ¡Oh!
オー　　おー。

② ¡Qué (…)!
ケ　　なんて（…）だ。

③ ¡Qué bien!
ケ　ビエン　　なんて素敵だ。

④ ¡Qué maravilla!
ケ　マラビーヤ　　なんたる素晴らしさ。

⑤ ¡Estoy admirado!
エスト　ヤドミラード　　私は感嘆しています。

INTERMEDIO　　中級会話

⑥ ¡Es admirable!
エ　サドミラーブレ　　それは素晴らしい。

⑦ ¡Me admira!
メ　アドミーラ　　私は（…）に感激しています。

⑧ ¡Nunca había visto una cosa igual!
ヌンカ　ビーア　ビスト　ウナ　コサ　イグワル　　今まで一度もこんなものを見たことがありませんでした。

⑨ Me admira que (...). 私は (...) に感心しています。
　　メ　アドミーラ　ケ

⑩ (...) es digno de admiración. (...) は賞賛に値する。
　　　　　エス　ディグノ　デ　　アドミラシオン

AVANZADO　　　　　　　　　上級会話

⑪ ¡Anda! I.　　　　　　　　　　すごい。

☞感嘆詞 ¡anda! はたくさんの意味を持っている。なかでも驚嘆を表わすのが典型的な意味である。

⑫ Estoy fascinado. R.　　　　　私はうっとりとしています。
⑬ ¡Es lo nunca visto!　　　　　前代未聞だ。

☞この表現で、感心、驚き、怒りのような様々の感情を表わす。

⑭ Me asombra.　　　　　　　私はびっくり仰天しました。
⑮ ¡Vivir para ver! FH.　　　　こんな素晴らしいものが見られて生きていてよかった。

☞この表現は、生きていればいつも新しい事を見られるという意味であるから、ひいては驚きとか感嘆を表わすことになる。

⑯ Es de admirar que (...).　　(...) は驚嘆ものだ。
⑰ Me dejas atónito.　　　　　君は私を唖然とさせた。
⑱ Me dejas con la boca abierta. I.　君のおかげで私はあいた口がふさがらない。
⑲ Me he quedado boquiabierto. I.　私は口あんぐりだ。

☞次の20の注参照。

⑳ Me deja patidifuso. R.　　　私は (...) にびっくり仰天している。

☞形容詞 patidifuso は、二つの要素が "i" でつながっている。verificar と agridulce も同じである。peliagudo [難しい、込み入った]、manirroto [浪費家の] も patidifuso [驚いた] も同じ造語法である。また19の boquiabierto も同じ造語法である。

㉑ Si no le veo no lo creo. FH.　百聞は一見にしかず。

☞驚きのあまり信じられないことを表わす熟語。聖書ではキリストの復活が信じられず、思わず使徒聖トーマスが吐いた言葉である。

22. No salgo de mi asombro. 私は驚きのあまり腰がぬけたままで立てない。

23. No creí que existieran (...). (...)が存在するとは私は思いませんでした。

118. Expresar sorpresa
驚きを表わす

ELEMENTAL　　　　　初級会話

1. ¡Ah,...!
   アー
   あー。

2. ¡Oh,...!
   オー
   おー。

3. ¡¿Sí...?!
   シー
   そう？

4. ¡¿De verdad?! Enf.
   デ　　ベルダー
   本当？

5. ¡Mira!
   ミーラ
   おや、まあ。

6. ¡Dios mío!
   ディオス　ミーオ
   あれ、まあ。

7. ¿En serio?
   エン　セリオ
   本気？

8. ¡Es increíble!
   エ　シンクレイーブレ
   信じられない。

9. ¡Es sorprendente!
   エ　ソルプレンデンテ
   驚くべきことだ。

10. ¡Pero mira qué (...)! Enf.
    ペロ　ミーラ　ケ
    でも、なんて（...）だろう。

INTERMEDIO　　　　　　　　　中級会話

11　¡Vaya!　　　　　　　　　　すごいなあ。
　　バーヤ

12　¡No me digas!　　　　　　　まさか。
　　ノ　メ　ディーガス

13　¡Toma! v.　　　　　　　　へー、そうかね。
　　トーマ

　　☞ 動詞 tomar の名詞形は、驚きを表わすために使われる間投詞になっている。ほかにも意味があり、その一つは、話し相手が言ったり、したことに対しての軽蔑を表わす：(¡toma...!) Yo también sabría hacerlo.［そうかね、私だってそんなことならできるだろう］、¡toma...y yo!［そうかね、私だって］。

14　¡¿Que qué dices?! I.　　　　なんだね、なんて言ったの？
　　ケ　ケ　ディーセス

15　¡Fíjate!　　　　　　　　　たいしたものだ。
　　フィーハテ

16　¿Lo dices en serio?　　　　本気でそう入っているのかい？
　　ロ　ディーセ　セン　セリオ

17　¿Cómo es posible?　　　　どうしてそんなことがありうるのか？
　　コモ　エス　ポシーブレ

18　Esto sí que es una sorpresa.　これは正真正銘驚きだ。
　　エスト　シ　ケ　エス　スナ　ソルプレーサ

19　¡No me lo puedo creer!　　私にはそれは信じられません。
　　ノ　メ　ロ　プエド　クレール

20　Mira qué /quién (...).　　ねー、知ってる？　何が/だれが
　　ミーラ　ケ　キエン　　　　 (...) したか。

　　☞ これらの表現は、また疑問副詞 cómo、dónde とともに驚きを表わす。動詞は直説法になる：¡mira quién viene!［だれが来るか見てごらん！］、¡mira qué me han regalado!［何を私がもらったか見てごらん！］。

AVANZADO / 上級会話

[21] Resulta extraordinario. —— 驚くべき結果となった。

[22] ¡Ahí va! I. —— あれまあ。

[23] ¡Caramba! I. —— なんてことだ。

☞ 男性同士で用いるスペイン語の間投詞で代表的なものは、coño［女性性器］である。しかしこれは女性の前で使えないので、その代わりに caray、caramba、すこし古いが canastos、caracoles が用いられる。

[24] Me dejas de piedra. —— 君のおかげで私はびっくり仰天だ。

[25] ¡Jo! V. —— ほー。

☞ 驚きを表わす感嘆詞である。¡jo! は、¡joder! の短縮形である。joder の元の意味は「セックスする」である。同じように ¡jope! も、¡So! も ¡joder! の遠回しの表現である。¡So!［どうどう］は馬を止めるためのかけ声である。

[26] Me dejas boquiabierto. I. —— 君のおかげで私はあいた口がふさがらない。

[27] Me has dejado con la boca abierta. I. —— 君のおかげで私はあいた口がふさがらなかった。

[28] Me he quedado helado. —— 私はあっけにとられた。

[29] Me has cogido de sorpresa. —— 君は私をびっくりさせた。

[30] Me dejas patidifuso. R. —— 君は私をびっくり仰天させた。

☞ 117章20の注参照。

[31] ¿Y ahora me sales con esto? —— 今度は私に向かってそんな言い方をするの？

[32] ¡Quién lo hubiera dicho! —— だれ一人としてそんなことは言わなかったはずだ。

[33] Pero... ¿qué es lo que ven mis ojos? —— これはどういうことだ。

[34] Pero... ¿habráse visto? —— 今までこんなことがあっただろうか？驚いたな。

35. Jamás lo habría imaginado. — だれ一人としていまだかつてそんなこと想像しなかっただろう。

119. *Expresar decepción o desilusión*
失望とか幻滅を表わす

ELEMENTAL / 初級会話

1. ¡Qué pena!
   ケ ペーナ
   — なんて悲しいことか！

2. ¡Qué lástima!
   ケ ラスティマ
   — なんと残念なことか！

3. ¡Qué mala suerte!
   ケ マーラ スエルテ
   — なんて運が悪いことか！

4. ¡Qué decepción!
   ケ デセプシオン
   — なんたる期待はずれ！

5. Estoy decepcionado.
   エストイ デセプシオナード
   — 私は失意のどん底にいます。

INTERMEDIO / 中級会話

6. ¡Qué desilusión!
   ケ デシルシオン
   — なんたる幻滅！

7. ¡Qué desengaño!
   ケ デセンガーニョ
   — なんたる絶望！

8. ¡Qué mala pata!
   ケ マーラ パータ
   — なんてついていないのだ。

   ☞ 名詞 pata は、動物の足を示す。ふざけて人の足にも使われる。熟語 mala pata は、mala suerte［不運］に当り、面白くない人とか、無作法な人とか、単に動きのにぶい人を、patoso［どじな人］と呼ぶ。

9. ¡Vaya chasco!
   バーヤ チャスコ
   — なんたる幻滅！

119. 失望とか幻滅を表わす

☞ 男性名詞 chasco は、不快な驚きを意味して、期待していたことが実現しなかったり、うまく行くはずだったことが失敗したような時に使われる。つまり幻滅の感じを表わす。llevarse とか sufrir のような動詞と一緒に使われる。

[10] Es una pena que (...). 　　　(...) は残念である。

[11] Es una lástima que (...). 　　 (...) は残念である。

[12] Ha sido una gran decepción.　それは大変な幻滅である。

[13] ¡Esperaba otra cosa de ti!　　君にはそんなことを期待していなかったんだよ。

AVANZADO　　　　　　　　　上級会話

[14] Me llevo una gran desilusión.　私はひどい失望を味わった。

[15] ¡Y yo que creía que (...)!　　(...) と私は信じていたのに。

[16] ¡Qué más hubiera querido!　　それしか私は望んでいなかったのに。

[17] ¡Me hubiera gustado tanto!　　ああなっていたら私は大喜びだったんだが。

[18] Si llego a saberlo, (...).　　もし私がそれを知っていたとすれば、(いずれにせよ、大変な幻滅である)。

☞ この条件文の動詞は、事実、直説法であるけれども、実現不可能な仮定を表わす。もう過去の事実で、すでに起こったこととは違うふうには物事が運ばないことを指す。このニュアンスは、si yo lo hubiera sabido, (no hubiera venido.) [もし私がそのことを知っていたならば、(来なかったであろう)]とすれば、もっとはっきりするだろう。llegar a があることによって、そのことをもう知っていたかもしれないということを匂わせている。

[19] Jamás esperé esto de usted. あなたからはまったく別の事を期待していたのです。（なんたる幻滅）

[20] Resulta muy decepcionante. とても残念な結果になった。

[21] Estoy defraudado. 私はがっかりしています。

[22] ¡Tanto esfuerzo para esto...! このためにさんざん骨を折ったのに...

[23] Todos mis planes se han venido abajo. すべての計画はおじゃんになった。

[24] Me ha salido el tiro por la culata. FH. 賭は裏目に出た。

☞ 熟語 salirle a alguien el tiro por la culata は、なにかから利益を得ようと期待していた人がそれを得られず、さらに悪いことに害まで受けることを表わす。狩猟用語からきている。

[25] Ha sido como una ducha de agua fría. 冷水をあびせられたようだった。

☞ この文も失望を表わすが、なにかに対してずっと抱いていた夢とか、かけていた期待とかが突然奪われたような時に用いられる。

[26] Me han dado gato por liebre. 羊頭狗肉だった。

☞ この文は、人が騙されて、価値の低い物（猫）を、より価値の高い物（兎）の代わりにつかまされることを言う。

[27] ¡Nuestro gozo en un pozo! ぬか喜びだった。

☞ この感嘆文で、大いに期待して待っていた物が手に入らなかった時の失望を表わす。文字通りには、「私達の喜びは井戸に落ちた」である。gozo と pozo が韻を踏んでいるのである。

[28] ¡Pues vaya...! (...) はがっかりだ。

☞ vaya はよく使う間投詞で色々な意味を持つ。この表現では驚きを表わすが、しばしば失望の感情をも表わす。pues は、vaya の前に来ると、もともとの意味である「結果」から「強調」の意味に変わる。これこそ pues の豊富で多様な用法の証拠である：¡pues qué bien!［何たる素晴らしさ！］, ¡pues sí que (...)!［たしかに(...)だ］, ¡pues vaya!［がっかりだなあ］, ¡pues vaya nochecita nos ha dado!［何という夜だったことか］, ¡pues vaya con el hombre ese!［その男なんかくそくらえだ］。

120. Expresar disgusto o desagrado
不快とか不機嫌を表わす

ELEMENTAL　　　　　　　　　　初級会話

1. No me gusta.　　　　　　　　私は嫌いです。

2. Es que no me gusta nada.　　　私はぜんぜん気にいらないのです。

3. Estoy descontento.　　　　　　私は不満足です。

INTERMEDIO　　　　　　　　　中級会話

4. ¡Qué disgusto!　　　　　　　　なんたる不快！

5. ¡Vaya lata! L.　　　　　　　　愉快じゃないなあ！

　　☞ 名詞 lata (hojalata) は、aburrimiento ［退屈］と同じことを、より口語的な調子で意味する。molestar ［迷惑をかける］と同じ意味の dar la lata の中で使われている。

6. ¡Qué rollo! R.　　　　　　　　なんと飽き飽きすることか！

　　☞ 名詞 rollo は、cilindro ［筒］を意味する。rollo de película ［フィルム一巻］とか rollo de cuerda ［ロープ一巻］のように使われる。比喩的な意味では退屈とか、うんざりすることを表わす。間投詞として単独で使われる時もあるし、文中で修飾語を伴ったりして現れることもある。

7. ¡Qué barbaridad!　　　　　　　私はうんざりです。

8. Me fastidia.　　　　　　　　　私はうんざりです。

[9] Me disgusta. 　　　　　　　　　　　私は不愉快です。
　　メ　ディスグスタ

[10] Me desagrada. 　　　　　　　　　　私は不愉快です。
　　メ　デサグラーダ

[11] ¡No me hables de (...)! 　　　　　(...)のことを私の前で話題に
　　ノ　メ　アブレス　デ　　　　　　　しないでくれ。

☞ ¡Ni hablar! と同じく、否定とか拒否の一形式である。No se hable más de ello. と相手に言われると、自分が言いかけたことが遮られ、そのままになってしまう。No me hables más de の後には名詞が来たり、不定詞が来たりして (no me hables de ir en barco nunca más. [もう二度と船で行くことについて話してくれるな])、とても不愉快になったことに対しての拒絶反応が表わされる。

[12] (...) me tiene disgustado. 　　　(...)は私には不愉快です。
　　　　　メ　ティエネ　ディスグスタード

| AVANZADO | 上級会話 |

[13] ¡Qué fastidio! 　　　　　　　　　まったくうんざりだ。
[14] ¡Qué molestia! 　　　　　　　　　まったく迷惑なことだ。
[15] Me revienta (...). v. 　　　　　　(...)は私には不愉快です。

☞ 動詞 reventar は色々な意味を持っている。一つは estallar [爆発する] の類義語で、もう一方では cansarse [うんざりする] の類義語である。直接目的語と、主語である不定詞を伴って、molestar と fastidiar [うんざりさせる] を意味する。

[16] ¡Qué contrariado estoy con (...)! 　　(...)にはまったくうんざりしています。
[17] Me sabe mal que (...). 　　　　　(...)は私は嫌いです。
[18] (...) me ha dejado mal sabor de boca. 　　(...)のせいで私は後味の悪い思いをしています。
[19] No me hace ninguna gracia. 　　私にはちっともおもしろくありません。
[20] ¡Maldita la gracia! 　　　　　　おかしくもなんともない。
[21] Lo he hecho de mala gana. 　　私は嫌々それをやりました。

22	Tus palabras me han contrariado.	君の言葉で、私は不快感を持った。
23	Tengo un nudo en la garganta.	喉に何かがつまったような感じがしていて、すっきりしない。
24	¡Sólo faltaba eso ahora!	今や不愉快さはその極に達した。
25	No digo que sea malo, pero aquí (...).	悪いとは言わないが、この場合は(...)です。
26	También es mala pata tener que (...). I.	(...)しなくてはならないとは、これまたついていないな。

121. Expresar enfado
怒りを表わす

ELEMENTAL　　　　　　　　　初級会話

[1] Estoy enfadado.
　　エストィエンファダード

私は腹をたてています。

[2] Estoy de mal humor.
　　エストイ　デ　マルモール

私は機嫌が悪い。

[3] No puedo soportarlo más.
　　ノ　プエド　ソポルタールロ　マス

私はもうこれ以上我慢できない。

[4] ¡Basta!
　　バスタ

もう結構だ。

INTERMEDIO　　　　　　　　　中級会話

[5] ¡Ya estoy harto!
　　ヤ　エスト　ヤルト

もう私は飽き飽きしている。

[6] Estoy negro. I.
　　エストイ　ネグロ

そのことで私はおこっている。

☞黒い色は否定的で悲観的な印象を表わす。またこの場合のようにこの熟語を使う人に起きる怒りとか不快感を表わす。15参照。

[7] **Me pone enfermo.**
メ　ポーネ　ンフェルモ

そのことで私は怒りのあまり病気になりそうだ。

☞動詞 poner は非常によく使われるが、たくさんの意味がある。直接目的格(me, te, se...)と補語の形容詞とともに使われ、(7、8、9、10の4つの例のように、そして de mal humor のような補語を伴って)、ある人がこの形容詞が表わす状態とか性質になることを意味する。ここでは形容詞 enfermo は、sano [健康な] の反対語ではなく、muy enfadado [とてもおこっている] 状態を表わす。

[8] **Me pone furioso.**
メ　ポーネ　フリオーソ

そのことで私はいかっている。

☞7の注参照。

[9] **Me pone frenético.**
メ　ポーネ　フレネティコ

そのことで私は激怒している。

☞7の注参照。

[10] **Me pone histérico.**
メ　ポーネ　イステリコ

そのことで私はヒステリーになっている。

☞7の注参照。

[11] **Me irrita.**
メ　イリータ

そのことで私はいらいらしている。

[12] **Es irritante.**
エ　シリタンテ

それはいらいらのもとだ。

[13] **Es insultante.**
エ　シンスルタンテ

それは侮辱ものだ。

| AVANZADO | 上級会話 |

[14] **Estoy hasta la coronilla de (...).** l.

私は (...) にうんざりしている。

☞108章16の注参照。

[15] **Me tiene negro.** l.

そのために私はおこっている。

☞6の注参照。

| 16 | ¡Ah, no, eso sí que no! | あ、だめ、それは絶対だめだ。 |

☞ この表現で何かに対してのきっぱりとした拒否を表わす。何かを受け入れたり、それを実行したりするつもりがないことを表わすために使う。

| 17 | Me saca de quicio. | それで私は逆上する。 |

☞ 108章15の注参照。次の18参照。

| 18 | Me saca de mis casillas. | それで私はかっとなる。 |

☞ 103章21の注参照。名詞 casilla は、もともと小さな家を意味していて、複数形で現れる：sacar a alguien de sus casillas［だれかを激怒させる］、salir alguien de sus casillas［だれかが激怒する］。

| 19 | Estoy de un humor de perros. l. | 私は大変不機嫌である。 |

☞ malhumor［不機嫌］という名詞のほかに、humor de perros［犬の機嫌］という慣用句もある。de perros は、muy malo［とても悪い］を意味し、他の名詞につくこともできる：un día de perros［ひどい日］。犬という名詞は同じように否定的な意味で別の文中にも現れる：tratar a alguien como a un perro［犬のようにだれかを軽蔑的に扱う］、morir como un perro［孤独のうちに/捨て犬のように死ぬ］。

| 20 | Ha sido como una patada en el estómago. v. | それは胃を足げにされたようなものだった。 |
| 21 | Ésta es la gota que colma el vaso. | 堪忍袋の緒が切れそうだ。 |

☞ この文は何かがもうこれ以上受け入れられないことを匂わせる。つまり、それ以上は人が我慢できない限界点を越えていることを意味する。

22	Es de lo más exasperante que he visto.	それは今までで一番ひどいものだ。
23	Esto resulta inaceptable.	これは受け入れられない。
24	¡Me importa un comino! l.	それは私にはこれっぽちも重要でない。

☞ 調味料として使われる種子の名が、その大きさ、またはその重要性から何か小さくて、無意味な物を表わすために比喩的に使われる。同じ様な意味で次の語も使われる：rábano［大根］、pimiento［ピーマンの一種］、higo［いちじく］。

| 25 | Me revienta tener que (...). v. | 私が（...）しなくてはならないとは頭にくる。 |

26 Me repatea. v.　　　　　　　　それは私にはうんざりだ。

☞ この文は me molesta ［私は迷惑だ］、me fastidia ［私はうんざりだ］ を意味するが、もっと粗野な感じである。次の27も同じ意味である。

27 Me da cien patadas. v.　　　　　私は不愉快千万だ。

☞ 26の注参照。

28 Estoy perdiendo los estribos. I.　堪忍袋の緒が切れそうだ。

☞ 昔の馬車のステップを表わす名詞は、複数形で、比喩的に使われ、何かがもたらした怒りのために平常心を失うことを表わす。108章14、109章31の注参照。

29 Estoy que echo chispas. I.　　　私はもう怒り狂っている。

☞ 「estar que＋ある人の心理的動揺の結果を表わす行為」という構文は非常に興味深い。つまり用例が豊富なのである：estoy que muerdo［私はかんかんになって怒っている］、estoy que me muero［私は死にそうだ］。echar chispas は火花を散らすことを意味するが、そこから激しい怒りの表現に変わる。

122. *Expresar interés o entusiasmo*
興味とか興奮を表わす

ELEMENTAL　　　　　　　　　　初級会話

1 ¡Qué bien!　　　　　　　　　　　なんと素晴らしい。
　ケ　　ビエン

2 ¡Qué interesante!　　　　　　　　なんと面白い。
　ケ　　インテレサンテ

3 ¡Extraordinario!　　　　　　　　素晴らしい。
　エストラオルディナリオ

4 ¡Es sensacional!　　　　　　　　それは驚異的だ。
　エ　センサシオナル

5 ¡Es maravilloso!　　　　　　　　それは素晴らしい。
　エス　マラビヨーソ

122. 興味とか興奮を表わす

| 6 | ¡Viva!
 ビーバ | 万歳！ |

| 7 | Es estupendo.
 エ セストゥペンド | それは素晴らしい。 |

| 8 | ¡Fantástico!
 ファンタスティコ | 見事だ。 |

| 9 | ¡Magnífico!
 マグニフィコ | 素晴らしい。 |

| 10 | ¡Espléndido!
 エスプレンディド | 素晴らしい。 |

| 11 | ¡Qué emoción!
 ケ モシオン | なんという感激！ |

| 12 | ¡Qué interés!
 ケ インテレス | なんと面白い。 |

| 13 | ¡Qué gran idea!
 ケ グラ ニデーア | なんと素晴らしい考え！ |

| 14 | ¡Olé! R.
 オレー | いいぞ。 |

☞この間投詞は喜びと興奮を表わす。拍手が¡Olé!に伴う時と伴わない時があるが、フラメンコのタブラオや闘牛場でよく聞かれる。

INTERMEDIO 中級会話

| 15 | ¡Fenomenal!
 フェノメナル | 素晴らしい！ |

| 16 | ¡Formidable!
 フォルミダーブレ | すごい！ |

| 17 | ¡Apasionante!
 アパシオナンテ | 情熱的！ |

| 18 | ¡Genial!
 ヘニアル | 最高！ |

323

| 19 | ¡Bárbaro! Enf.
バルバロ | 素晴らしい！ |

☞ 形容詞 bárbaro［野蛮な］は、ほかの形容詞（tremendo［恐ろしい］、brutal［乱暴な］、bestial［動物的な］）と同じく元の意味とは裏腹に、何かを前にした時の驚きを表わす。これらの語の使用は一時的なものであり、様々な流行や影響に左右される。

| 20 | ¡Me entusiasma!
メントゥシアスマ | それで私は興奮した。 |
| 21 | Estoy loco por （...）.
エストイ　ロコ　ポル | 私は（...）に夢中だ。 |

| AVANZADO | 上級会話 |
| 22 | Me chifla. I. | 私はそれに夢中になっている。 |

☞ chiflar(se) は、volver(se) loco［気が狂う］に似た意味である。比喩的に用いられると、その強烈な表現力でもって、ある人が何かまたはだれかに対して感じる願望とか愛着を表わす。女性が好んで使う。

23	Me tiene fascinado.	それは私を虜にしている。
24	No sabes cuánto interés despierta en mí.	どれほどの興味を私が覚えたか、君はわかっていないでしょう。
25	Lo espero con verdadera ansia.	まさに首を長くして私はそれを待っています。
26	Me muero por （...）. I.	（...）したくて私は死にそうです。
27	Creo que sueño despierto.	私は無我夢中です。

123.　*Expresar desinterés o aburrimiento*
無関心とか退屈を表わす

| ELEMENTAL | 初級会話 |
| 1 | ¡Qué aburrido!
ケ　アブリード | なんと退屈なことだ！ |

123. 無関心とか退屈を表わす

2. ¡Qué aburrimiento! 　　　なんと退屈なことだ！

3. ¡Qué soso! 　　　なんてつまらないのだろう！

4. (...) es muy aburrido. 　　　(...)はとても退屈だ。

5. ¡Es insoportable! 　　　それは耐えられません。

6. Ya estoy cansado de (...). 　　　もう私は(...)に飽き飽きしています。

7. (...) me aburre bastante. 　　　(...)は私にはかなり退屈です。

INTERMEDIO　　　中級会話

8. ¡Qué rollo! I. 　　　なんと飽き飽きすることか！

　　☞120章6の注参照。

9. ¡Qué lata! I. 　　　なんと不愉快なことか！

　　☞120章5の注参照。

10. Ya estoy harto de (...). 　　　もう(...)に私は飽き飽きしています。

11. (...) me resulta muy aburrido. 　　　(...)に私はうんざりしています。

12. (...) es aburrido como
    una ostra. I.
    (...)は死ぬほど退屈だ。

    ☞おいしい食べ物の代名詞「カキ」は不思議なことに、退屈の度合を描写するために比喩の用語として使われる。

13. (...) siempre es lo mismo.
    (...)は十年一日の如しだ。

14. (...) aburre a cualquiera.
    (...)にはだれでもうんざりだ。

15. ¡Es que es tan aburrido...!
    だってそれは、とても退屈だから...

16. Nunca he sentido el menor interés por (...).
    私は(...)にこれっぽちも興味を覚えたことがありませんでした。

AVANZADO / 上級会話

17. ¡Vaya tostón! I.
    うんざりの極致だ。

    ☞名詞 tostón は tostar と関係があり、退屈なこととやっかいなことを比喩的に表わす。28参照。

18. ¡Menudo latazo! I.
    不愉快なことこの上なしだ。

    ☞120章5と本章9の注参照。

19. ¡Qué palo! R.
    うんざりもうんざり、最高にうんざりだ。

    ☞かつては表現力に富んでいた rollo や tostón も、頻繁に使われるとその力強さは失われる。そうするとほかの表現 palo や plasta にとって代わられる。従って rollo や tostón は、palo、plasta よりも古くなったのだが、極度の退屈を表わすことにおいては変わりがない。20参照。

20	¡Qué plasta! R.	うんざりもうんざり、うんざりの極致。

☞19の注参照。

21	¡No hay quien lo aguante!	それに耐えられる人なんていない。
22	Me aburre soberanamente.	私は最高に飽き飽きしている。
23	(...) se me cae de las manos.	(...)には私はうんざりしています。

☞ caérsele a alguien algo de las manos [何かがだれかの手から落ちる] は、何かが人をうんざりさせたり、不愉快にさせたりすることを意味する。同じように no caérsele a alguien algo de la boca [だれかの口から何かが落ちない] は、だれかが同じ事をいつも繰り返すことを意味する。

24	¡Resulta inaguantable!	これは我慢できません。
25	No me marees más. I.	もういい加減にしてくれ。
26	Siempre con la misma tabarra. V.	いつもながら困ったものだ。

☞虫の名である tábano [あぶ] と関係している女性名詞 tabarra は、dar la lata [うんざりさせる] のように、molestar [不愉快にさせる] とか、俗っぽい incordiar [不愉快にさせる] に近い意味になる。

27	(...) me hace bostezar. I.	(...)には私はあくびが出るほど退屈です。
28	Déjalo ya, es un tostón.	もううっちゃっておけ、それにはまったくうんざりだよ。

☞17の注参照。

29	Es soporífero. R.	それは眠気を催すほど退屈だ。

☞形容詞 soporífero は、類義語 somnífero [眠気を催す] と同じく教養語だが、「眠気を催す」から「大変退屈させる」へと意味を広げている。

30	¡Otra vez con tus monsergas! R.	また君のお説教かい。

☞ monsergas は面白味のなんにもない支離滅裂な話のことである。

124. Expresar indiferencia
無関心を表わす

ELEMENTAL 初級会話

[1] ¡Psss...!
プスー

ほー。(私には関係ないことです)

[2] ¡Pse...!
プセー

ほー。(私には関係ないことです)

[3] ¡Pche...!
プチェー

へー。(私には関係ないことです)

[4] Allá tú.
アヤー トゥ

お前、勝手にすりゃいいだろう。

☞ この表現は、聞き手がこれから起こす行動への話し手の無関心を表わす。もちろん話し手は、聞き手の取る行動に初めから不賛成であったのだろう。4のような省略形でも、27のような完全形でも使われる。

[5] No me importa.
ノ メ インポルタ

私はどうでもいいです。

[6] Ni fu ni fa.
ニ フ ニ ファ

私には関係ありません。

☞ fu は、猫の鼻息を真似した擬声語である。熟語 ni fu ni fa は、単独でも、また与格の句 (a mí, eso, ni fu ni fa. [私にとってはそれはどうでもいいです]) を伴う場合もあるが、とにかく無関心を表わす。

INTERMEDIO 中級会話

[7] ¡Qué más da!
ケ マス ダ

どうでもいいじゃないですか。

☞ 動詞 dar を用いる無関心の表現は数限りない。これらすべては、この表現を使う人たちの抱いているある種の軽蔑の念を表わす。8、9、10参照。

[8] ¡Tanto da!
タント ダ

どうでもいい。

☞ 7の注参照。

124. 無関心を表わす

9. ¡Tanto se me da (una cosa como la otra)! 　　（二つのうちの）どちらでも私には同じことです。

☞ 7 の注参照。

10. Me da lo mismo. 　　私にはどっちでも同じことです。

☞ 7 の注参照。

11. No me dice nada. 　　私には関係ないことです。

☞ この文は文字どおりに理解してはならない。なぜならば無関心の感情を表わすために使われているからである。あまり好きではない人とか物に対して用いられる。

12. ¡No me da ni frío ni calor! 　　それは私にはどうでもいいことです。

13. Me deja completamente indiferente. 　　それには私はまったく無関心です。

14. Me es indiferente. 　　私は無関心です。

15. ¡¿Y a mí qué?! 　　私には関係がないね。

☞ この表現は無関心を示す。このように単独でも用いられるが、後に文が続く場合もある：¿Y a mí qué me importa que te hayas quedado sin trabajo? ［君が失業しても私には関係がない］。

16. Por mí..., (como si...). 　　（あたかも...のように）私としては...（無関心です）。

17 ¡Tú mismo!　　　　　　　　　　　君が自分で決めたら。
　　　トゥ　ミスモ

　　☞この表現は聞き手に対し、話し手が無関係であることを意味する。単独で
　　も、動詞を先行させても (decide tú mismo. [君自身が決めろ])、使われ
　　る。

18 Y yo, como si nada.　　　　　　　私はなんの関係もないのです。
　　イヨ　　コモ　シ　ナーダ

19 Eso es cosa tuya.　　　　　　　　それは君の問題だ。
　　エソ　エス　コサ　トゥーヤ

| AVANZADO | 上級会話 |

20 Lo que sea, (...).　　　　　　　　何がなんであろうと、(...)。(私
　　　　　　　　　　　　　　　　　　　　には無関係です)

21 Lo que tú digas.　　　　　　　　　君の言うとおりに、どうぞ。

22 Como tú quieras.　　　　　　　　　君の好きなように (おやりなさ
　　　　　　　　　　　　　　　　　　　　い)。

23 Me importa un pito.　　　　　　　　私はまったく関心がありません。

　　☞非常に鋭い音をたてる小さな楽器 pito [よびこ] は、un を前につけて否
　　定の副詞として使われ、nada に等しくなる。importar のほかに、動詞
　　valer とも結びつく：la chica no vale un pito. [その女の子はちっとも役に
　　立たない]。

24 Eso, a mí, ni me va ni me　　　　私の関心事ではありません。
　　viene.

　　☞ir [行く] と venir [来る] は文字どおりの意味ではない。無関心を表し
　　ている。

25 Me deja impasible.　　　　　　　　私には関係ありません。

26 En esto me lavo las manos.　　　　このことについては私は関係あり
　　　　　　　　　　　　　　　　　　　　ません。

　　☞この文はもともと古い慣習とか教会の典礼において無辜を意味したのだが、
　　最近は責任回避の表現になっている。イエスの裁判におけるポンテオ・ピ
　　ラトの態度を指している。

27 Allá te las compongas.　　　　　　君は自分の事は自分で解決しろ。

　　☞4 の注参照。

[28]	Ya se apañará.	彼にやらせておけばいいのだ。（私には関係ない）
[29]	Por mí, que le zurzan.	私としては彼の処置は他人に任せたく思います。

☞ 動詞 zurcir の文字通りの意味は、針と糸とを使って破れた所を繕うことである。比喩的な意味で、やや古くなった表現だが、いんちきと嘘のかたまりを表現する。¡que te zurzan! ［とっとと失せろ］は、無関心や不快の念とか、ほかの人にいっさい関わらないというきっぱりとした言い方を表わしている。

[30]	Ante ello me encogí de hombros.	それには私は肩をすくめただけでした。

125. *Expresar fastidio*
不快感を表わす

ELEMENTAL　初級会話

[1]	¡Qué fastidio!	うんざりだなあ。
[2]	Esto me fastidia.	これには私はうんざりです。
[3]	Esto me molesta mucho.	これには私は大迷惑です。

INTERMEDIO　中級会話

[4]	¡Qué rollo! l.	なんと飽き飽きすることか。

☞ 120章6の注参照。

[5]	¡Qué lata! l.	なんと不愉快なことか。

☞ 9参照。120章5と123章9の注も参照。

| 6 | ¡Qué molestia! | 迷惑な話だ。 |

ケ　モレスティア

| 7 | ¡Qué agobio! | 疲労困憊だ。 |

ケ　アゴビオ

| 8 | ¡Qué pesadez! | なんとうるさいことか。 |

ケ　ペサデース

| 9 | ¡Vaya una lata! I. | うんざり、まれにみる不愉快さ。 |

バーヤ　ウナ　ラータ

☞ 5参照。120章5の注も参照。

| 10 | Me molesta que (...). | 私には（...）は迷惑な話だ。 |

メ　モレスタ　ケ

| 11 | Me fastidia que (...). | 私には（...）は迷惑な話だ。 |

メ　ファスティディア　ケ

AVANZADO　　　　　上級会話

| 12 | ¡Jo! V. | へー。（私はうんざりだなあ） |

☞118章25の注参照。

| 13 | ¡Qué palo! R. | うんざりもうんざり、最高にうんざりだ。 |

☞123章19の注参照。

| 14 | Me revienta que (...). V. | (...) は私には不愉快です。 |

☞120章15の注参照。

| 15 | Lo que más me joroba es (...). V. | 私がもっとも困るのは（...）です。 |

☞ 動詞 jorobar は、molestar［迷惑をかける］と似た意味だが、より俗な表現である。名詞 joroba［脊椎の曲がった人の背中のふくらみ］と関係がある。16参照。

| 16 | No me jorobes más. V. | 私をもうこれ以上困らせないでください。 |

☞15の注参照。

125. 不快感を表わす

17　¡Qué harto me tienes!　　　　君のおかげで私はうんざりしています。

18　Estoy harto de que (...).　　　私は (...) に飽き飽きしています。

19　No me hagas la pascua. v.　　私を困らせないで。

☞ 起源 (¿la Pascua? ［復活祭］ か) については、はっきりしておらず、論議のあるところだが、この表現でだれかが引き起こす煩わしさや退屈を意味する。110章21の注参照。

20　Estoy hasta (...).　　　　　　君は私にとっては鼻もちならない。

☞ estar hasta (...) は、estar harto ［飽き飽きする］ を意味する。そして hasta の後にはその到着点を示す語句がくるはずである。el último pelo ［一番後ろの髪の毛］ とか la coronilla ［後頭部］ のように性に関係ない体の部分の時もあるし、性器 (coño ［女性性器］、cojones、huevos ［睾丸］) のこともある。これらに代わる言葉として narices ［鼻］ のような単語もある。また実に興味深い los mismísimos ［それ自身］ という語句も現れる。108章16の注参照。

21　Me estás tocando las narices. v.　君は私にとっては鼻もちならない。

22　¡Qué paliza! i.　　　　　　　　うんざりだ。

☞ 名詞 paliza は、まずある人を殴った回数の合計を意味する。比喩的には大変な努力を要するもの、大変な疲労を起こしたりするもの、またはうんざりさせるものを意味する。

23　Me carga (...). i.　　　　　　私は (...) がもう我慢できません。

☞ cargar は、荷物を運ぶ行為に関係した意味のほかに、あることが耐えられなくなったことを意味する。形容詞 cargante はうんざりさせる人を指す。

24　Te enrollas como una persia-　お前、くどいよ。
　　na. i.

☞ rollo が比喩的に嫌気、退屈を意味するように、動詞 enrollarse は、多くの場合おしゃべりが過ぎてくどくなることを意味する。譬えの言葉 persiana ［ブラインド］ は確かに適切だが、ここでは表現を強調しているに過ぎない。若い人々がこの表現をよく用いる。43章22の注参照。

126. Expresar dolor físico
体の痛みを表現する

ELEMENTAL / 初級会話

1. ¡Ay!
   アイ
   いたい！

2. ¡Uy!
   ウイ
   いたた！

3. ¡Qué dolor!
   ケ　ドロール
   ああ、痛い！

4. ¡Qué daño!
   ケ　ダーニョ
   ああ、痛い！

5. ¡Es insoportable!
   エ　シンソポルターブレ
   これは痛くて耐えられない。

6. ¡Es irresistible!
   エ　シレシスティーブレ
   これは痛くて我慢できない。

7. ¡Qué dolor de (...)!
   ケ　ドロール　デ
   (...) が痛い！

8. Tengo dolor de (...).
   テンゴ　ドロール　デ
   私は (...) が痛い。

9. Me duele (...).
   メ　ドゥエレ
   私は (...) が痛む。

10. ¡No puedo más!
    ノ　プエド　マス
    痛くて痛くてもう耐えられない。

INTERMEDIO / 中級会話

11. ¡Cómo me duele!　Enf.
    コモ　メ　ドゥエレ
    なんと痛むことか！

12. ¡Qué malestar!
    ケ　マレスタール
    なんと不愉快なことだ！

126. 体の痛みを表現する

13. No se me calma el dolor. 　　　痛みがおさまらない。

14. ¡Qué daño me hace! 　　　私はなんとひどい目に会ったことか！

15. (...) es muy doloroso. 　　　(...) がとても痛い。

16. ¡Qué tormento! 　　　なんたる苦痛！

17. Siento una molestia continua. 　　　ずきずき痛む。

AVANZADO　　　上級会話

18. Rabio de dolor. 　　　私に激痛が走った。

   ☞ 動詞 rabiar は狂犬病 (rabia, hidrofobia) に関連しているが、激痛に苦しんでいる表現としてとてもよく使われる。ほかの文脈では、ある人に起こる激高を意味する：a menudo ella me hace rabiar. [しばしば彼女のせいで私は怒り心頭に達する]。また欲求も表わす：rabia por irse de aquí. [彼は無性にここから出たくなる]。

19. Tengo el (...) dolorido. 　　　私は (...) が痛みます。

20. ¡Qué agujetas! l. 　　　きりきり痛い。

   ☞ agujetas は、aguja [針] から派生して複数形で使われるが、激しい運動をした後で、体の一部で感じる苦痛を表わす：tengo agujetas. [私はきりきりとした痛みを感じる] のように tener とともに用いられる。

21. ¡Qué retortijones! v. 　　　これはまるで腸捻転の痛みだ。

   ☞ 動詞 retorcer [よじる] に関連しているこの名詞は、まるで腸がねじれた時の痛みに似た横隔膜の痙攣性の収縮を意味する。

22. Siento unas punzadas muy fuertes. 　　　私はとても強い刺すような痛みを感じる。

23. Siento ardor de estómago. 　　　胃が焼けるように痛い。

127. Lamentarse de algo
何かを嘆く

ELEMENTAL / 初級会話

1. ¡Ay! / ああー、悲しい。

2. ¡Lo siento! / お気の毒さま！

3. ¡Qué lástima! / なんと残念なことか！

4. ¡Qué pena! / 残念なことです。

INTERMEDIO / 中級会話

5. ¡Qué desgracia! / なんと不幸なこと！

6. ¡Cuánto lo siento! / 本当にお気の毒さま。

7. Creía que (...) era otra cosa! / (...) は関係ない話だと私は思っておりましたのに、(残念なことです)。

8. ¡Qué diferente me lo imaginaba! / 私はなんという思い違いをしていたことでしょう。

9. ¡Tanto tiempo para nada! Enf. / もっと早くそれに気づいていたらなあ！

10. ¡Qué (...) tan lamentable! / なんと嘆かわしい (...) だ。

11 Lamento que (...).   (...)とは私残念に思います。

12 Es lamentable que (...).   (...)とは残念だ。

13 Por desgracia, (...).   不幸なことに、(...)だ。

14 Desgraciadamente, (...).   不幸なことに、(...)だ。

15 Lamentablemente, (...).   嘆かわしいことに、(...)だ。

16 ¡Qué desastre!   なんてひどいことだ。

17 ¡Vaya!   なんてことだ。

☞ これは普段よく使われる間投詞であり、それゆえ色々な意味を持っている。固定した接続法のこの形で、一方では驚きを表わすが、他方では失望、不愉快、不機嫌をも表わす。単独でも、また文頭に置かれても使われる：¡vaya, hombre, ya he vuelto a perder las gafas! ［ばかばかしい、また眼鏡をなくしてしまった］。

AVANZADO	上級会話

18 ¡Hay que ver cómo ha acabado todo!   すべてこんな結果になるとは。

19 ¡Quién lo iba a decir! Enf.   どういう結果になったかは見ものだぞ。

☞ この表現は、感嘆文として単独でも、また次に別の節が続いても（¡quién iba a decir que todo acabaría así! ［すべてこうなるとだれが予測しただろう］）、いずれにしても迷惑なことに対する驚きとか奇異感とかを表わす。動詞句 iba a decir は別の形 diría とか hubiera dicho とをとることもできる。

20 ¡Pensar que (...)!　　　　　　(...) と考えると情けない。

☞ この表現は、次のような文で完成される：¡pensar que yo confiaba tanto en él! ［彼をこんなに信じていたなんて、考えるだけで情けない］。

21 ¡Con lo que (...)!　　　　　　たくさん (...) したのに。(報いられなかったとは残念だ)

☞ この未完成の構文は逆説の意味を有し、後に動詞が来ねばならない：¡Con lo que había estudiado! ［たくさん勉強したのに］。この場合のように、たくさん勉強したのにもかかわらず、試験に落ちたことに不満の意を表わす時に用いられる。

22 ¡Si lo hubiera sabido!　　　　　もしそれを知っていたならなあ。
23 De haberlo sabido, (...).　　　もしそれを知っていたなら、(...)。

128. Expresar arrepentimiento
後悔を表わす

ELEMENTAL　　　　　　　　　　初級会話

1 Estoy arrepentido.　　　　　　私は後悔しています。
　　エスト　ヤレペンティード

2 ¡Perdóname!　　　　　　　　　ごめんね。
　　ペルドーナメ

3 Lo siento mucho.　　　　　　　それはとても残念です。
　　ロ　シエント　ムーチョ

INTERMEDIO　　　　　　　　　　中級会話

4 Debo confesar que (...).　　　　私は (...) と告白しなくてはならない。
　　デーボ　コンフェサール　ケ

5 Siento mucho lo ocurrido.　　　起こったことを私は残念に思います。
　　シエント　ムーチョ　ロクリード

128. 後悔を表わす

6. Lo siento, pero yo no pensaba que (...).
   ロ シエント ペロ ヨ ノ ペンサーバ ケ
   すみませんが、私は (...) と思いませんでした。

7. Me sabe mal (...).
   メ サーベ マル
   (...) は後味が悪い。

   ☞ 動詞 saber は大変多くの意味を持っているが、二つの基本的概念からすべて派生している。一つは、「あるものがある味を持っている」(el guiso sabe riquísimo. [その煮込みはとてもおいしい味がする]) で、もう一つは「知識を持っている」(sabe mucho de música. [彼は音楽について非常によく知っている]) である。saberle mal a alguien algo という熟語は、不愉快を表わす。この文は、完了の不定詞が続くことが大変多い：Me sabe mal haber tardado tanto en contestarte. [君に返事を書くのがこんなに遅れてしまって私は恥ずかしい]。

AVANZADO / 上級会話

8. Dispense.
   お許しください。

9. Por favor, no me lo tome en cuenta.
   どうか私の過失をこれ以上責めないでください。（十分後悔しているのですから）

10. ¡Dios mío, por qué lo habré hecho! Enf.
    一体全体どうしてこんなことをしてしまったのだろう。

11. Espero que me sirva de escarmiento.
    これが私にとって戒めになるといいと思います。

12. ¿Por qué no te habré hecho caso?
    なぜ君の言うことに耳をかさなかったのだろう。

13. ¡Ojalá no (...)!
    願わくば、あの時 (...) にならなかったらなあ！

    ☞ Ojalá は、願望を表わす副詞である。単独でも使われるし、後に動詞とか、完全な文とかが続くこともある。動詞は接続法で、現在形でもいいし、過去形でもよい。口語では、que が ojalá の後に入る：¡ojalá que revientes! [くたばってしまえ]。

14. Si lo hubiera pensado dos veces...
    もしそのことをもう一度考え直していたならばなあ...

[15] Me remuerde la conciencia.　　私は良心が痛みます。

129. Expresar resignación y conformidad
諦めと妥協を表わす

ELEMENTAL　　　　　　　　　　　　初級会話

[1] ¡Paciencia!　　　　　　　　　　　我慢！
　　パシエンシア

[2] ¡Bien!　　　　　　　　　　　　　結構！
　　ビエン

[3] ¡Bueno!　　　　　　　　　　　　よし！
　　ブエノ

[4] ¡Vale!　　　　　　　　　　　　　いいよ！
　　バーレ

INTERMEDIO　　　　　　　　　　　中級会話

[5] ¡Qué remedio (me queda)!　　　ほかにしようがない。
　　ケ　レメディオ　メ　ケダ

[6] ¡Resignémonos!　　　　　　　　諦めましょう。
　　レシグネーモノス

[7] ¡Tengamos paciencia!　　　　　我慢しましょう。
　　テンガーモス　パシエンシア

[8] ¡Qué le vamos a hacer! Enf.　　どうしたらいいのだろうか。（ほ
　　ケ　レ　バモサセール　　　　　　かに仕方がない）

[9] No somos nadie. FH.　　　　　　私たちはたいした者でないので。
　　ノ　ソモス　ナディエ　　　　　　（なにもできません）

☞ no ser (alguien) nadie という文は、その人が重要でない、すなわちつまらない人であることを表わす。No somos nadie は、一人称複数形の固定

340

129. 諦めと妥協を表わす

した表現で、諦めようとする気持ちを表わし、ひいては同情の意味になる。

|10| Si no se puede, (...). **Enf.** — もしできないのなら、(...)。(諦めます)

|11| Ya nos arreglaremos. — すぐになんとかしましょう。

|12| Ya se esperaba. — 期待していたのですが。(期待はずれに終わりました)

|13| Estoy resignado a (...). — 私は諦めているので、(...) しようと思っている。

|14| Me resigno a (...). — 私は諦めて (...) しようと思っています。

|15| Estoy conforme. — 私は（しかたなく）賛成です。

|16| Me conformo con (...). — 私は (...) で折り合います。

AVANZADO 上級会話

|17| Me contento con poco. — 私は多くのことを望みません。(←ちょっとのことで満足する)

|18| Me doy por contento. — 私は満足です。

|19| ¡(Que) sea lo que Dios quiera! **FH.** — 神様の思召しの通りになりますように。

☞ この表現は、やりかけた仕事の結末が心配な場合、後は神の意志に任せるという意味を表わす。

|20| Podría haber sido peor. — もっとひどくなっていたかもしれない。(だから現状で満足しよう)

21. Me resigno a la idea de (...). 　　私はあきらめて (...) することにします。

22. Ya me he hecho a la idea. 　　私はその考えで（不承不承）折り合うことにします。

　　☞ 動詞 hacer は、再帰動詞で使われ、前置詞 a が続くと acostumbrarse［慣れる］の意味になる。

23. No me queda más remedio que (...). 　　私は (...) するよりほかに仕方がない。

24. Si no hay más remedio... 　　もしほかに方法がないなら...（それで我慢しましょう）

25. ¡Qué remedio! 　　仕方がない。

　　☞ 82章15の注参照。

26. A la fuerza ahorcan. FH. 　　泣く子と地頭には勝てぬ。

　　☞ この文［無理やり首つりにする］は、避けることのできない諦めを表わす。

27. A lo hecho, pecho. FH. 　　できたことには、胸をはること。

　　☞ 100％望みは達成されなかったけれども、50％しか達成されなかったことを嘆くよりも、その50％に責任をとろうとする態度を示している。

28. A mal tiempo, buena cara. FH. 　　笑う門には福来たる。

　　☞ 112章25の注参照。

29. Del mal, el menos. FH. 　　どうせ不幸が起きるなら、少ない不幸ほど望ましい。

　　☞ 起こった不幸は、起こったかもしれない不幸よりはひどくなかったことを認める現状満足の表現。

30. No hay mal que por bien no venga. FH. 　　禍福はあざなえる縄の如し。

　　☞ 不幸と幸福はつながっていることを表わす表現（幸福のためにやってこない不幸はない）なので、諦めとか現状満足とかを間接的に表わす表現。

[31] No hay mal que cien años dure. FH.　　百年も続く不幸はない。

☞ このこっけいな表現は、諦めの表現で、確かに興味深い。言い伝えに従えば、絞首刑にされる人がこの表現を言ったそうである。

[32] Donde una puerta se cierra otra se abre. FH.　　捨てる神あれば、拾う神あり。

☞ 庶民の諺（一つの扉が閉まる所では、別の扉が開く）で、多分中世に起源があると思われるが、不幸な状態にもかかわらず、いつも希望があることを意味する。

130. Expresar alivio
安堵の念を表わす

ELEMENTAL　　初級会話

[1] ¡Uff...!　　やれやれ。
ウフー

[2] ¡Qué bien!　　よかった、やれやれ。
ケ　　ビエン

☞ 間投詞的表現 ¡qué bien! は、いつも単独で現れるとは限らない。もし文が後に続く時は動詞を接続法にする：¡Qué bien que hayas venido! ［君が来てくれてよかった］。

[3] ¡Por fin!　　とうとうやったね。
ポル　フィン

☞ 4と同様、難問が解決した時に感じる安堵感を表現するため、この句が使われることは容易に察しがつく。

[4] ¡Gracias a Dios! Enf.　　神様のおかげで。
グラシアサ　　ディオス

☞ 3の注参照。

5. ¡Qué alivio! ああ、よかったね。

INTERMEDIO　中級会話

6. ¡Vaya...! (...)はよかったね。

7. Es un (gran) alivio. (ほんとに)よかったね。

8. ¡Qué descanso! なんたる安らぎ！

9. ¡Qué tranquilidad! なんたる安らぎ。

10. Gracias a Dios que (...). Enf.　神様のおかげで(...)だ。

11. Por lo menos (...).　(...)だからやれやれだ。

12. ¡Qué bien que (...)! I.　(...)とはとてもよかった。

☞ qué bien は、単なる満足感とか、悪いことが起こるかもしれないと恐れていたことが起きなかったことに対する安堵感とかを表わす。動詞は直説法でも接続法でもよい。中南米では、¡qué bueno que (...)! が使われる。

13. Ahora ya me siento mejor. 私は今はもう気分がよくなりました。

14. Con esto, ya me quedo más tranquilo. これで私は前より安心できます。

15. (...) me tenía preocupado. (...)が私は心配だったのです。

| AVANZADO | 上級会話 |

16. ¡Menos mal! Enf.　　　　　　　不幸中の幸いだ。

 ☞ ¡menos mal! ［まあ、よかった］という表現は、この熟語を構成する二つの副詞のそれぞれの意味を考えずに理解されるべきである。これは物事が思ったほど悪い結果にならなかったのを見ての安らぎ、安堵感を意味する。もっと長い文でも使われる：¡menos mal que me han aprobado! ［私が合格したのだから、まあよかった。(不合格よりはましだった)］。17参照。

17. Menos mal que... Enf.　　　　（...）は不幸中の幸いだ。

 ☞ 16の注参照。

18. ¡Qué desahogo! Enf.　　　　　ああ、ほっとした！

19. Por fin respiro.　　　　　　　やっと安心して息がつける。

20. ¡Ya era hora! Enf.　　　　　　（今から振り返ってみると）安心できる時がもう来ていたのだ。

21. ¡Por los pelos...! I.　　　　　間一髪のところで（...だった）。

 ☞ por los pelos という表現は a por (muy) poco ［もう少しのところで］の意味である。pelo の他の成句でも、小さくて、つまらないものを表わす：faltar un pelo para... ［すんでのところで...だった］、no tocar un pelo de la ropa ［人に指一本触れない］。多くの場合 ni un pelo のように否定形で現れる：no tiene ni un pelo de tonto. ［馬鹿なところがぜんぜんない。抜け目のない人である］。

22. ¡De buena me he librado! I.　九死に一生を得た。

 ☞ librarse de alguien o de algo ［人や物からのがれる］は、それがもたらす不快感に耐えるのをやめることを意味する。形容詞の女性形 buena で、もしそれが起こったら、幸いだったどころか、むしろ正反対に不幸であったような出来事を指している。23においても同様である。

23. ¡De la que me he librado! I.　九死に一生を得た。

 ☞ 22の注参照。

24. ¡Vaya peso que me he quitado de encima! I.　やっと目の上のたんこぶがとれた。

 ☞ この文の意味はわかりやすい。心配事が消え去った時に味わう解放感を表わしている。

131. Expresar duda, desconfianza o incredulidad
疑いとか不信感とかを表わす

ELEMENTAL / 初級会話

1. Lo dudo.
   ロ　ドゥード
   私はそれを疑わしく思います。

2. No sé, no sé.
   ノ　セ　ノ　セ
   わからん、わからん。

3. ¿Seguro?　Ir.
   セグーロ
   間違いない？

4. Quizá...
   キサ
   多分...

5. Tal vez...
   タル　ベス
   恐らく...

6. ¿Tú crees?　Ir.
   トゥ　クレース
   君はそう思うかい？（私にはそうは思えないが）

7. Ya veremos...
   ヤ　ベレーモス
   今に君にもわかるさ。

8. Tengo (mis) dudas.
   テンゴ　ミス　ドゥーダス
   私は疑わしいと思います。

INTERMEDIO / 中級会話

9. Dudo que (...).
   ドゥード　ケ
   私は (...) を疑わしく思います。

10. Me temo que (...).
    メ　テーモ　ケ
    私は (...) じゃないかと心配です。

11. ¿Quieres decir?　Enf.
    キエレス　デシール
    君は (...) という意味か？

131. 疑いとか不信感とかを表わす

12　¿Qué dices?
　　ケ　ディーセス
　　　　　　　　　　　　　なにを言っているんだ！

13　Si tú lo dices... lr.
　　シ　トゥ　ロ　ディーセス
　　　　　　　　　　　　　君がそう言うのなら...

☞ この文の最後の欠けている所は、será verdad［本当だろう］で、反対の態度を垣間見させ、信用しておらず、わざと最後を言わないようなイントネーションで発音される。

14　Desconfío (totalmente) de
　　デスコンフィーオ　トタルメンテ　デ
　　(...).
　　　　　　　　　　　　　(...)を私はまったく信じていない。

15　Perdona, pero es que soy
　　ペルドーナ　ペロ　エス　ケ　ソイ
　　muy mal pensado.
　　ムイ　マル　ペンサード
　　　　　　　　　　　　　すみませんが、私はへそ曲がりなので。

16　Quizá te parezca mal pensado,
　　キサ　テ　パレスカ　マル　ペンサード
　　pero (...).
　　ペロ
　　　　　　　　　　　　　君には意地悪だと思えるだろうが、(...)。

17　¡Vamos a ver! lr.
　　バーモサ　ベール
　　　　　　　　　　　　　今に君にもわかるさ。

☞ この文は相手の注意を引いたり（¡vamos a ver! ¿qué piensas de (...)?［いいかい、(...)についてはどう思う？］)、ある行動へと人を誘ったり（¡vamos a ver! ¡empecemos por contestar a las cartas!［さあ、まず初めに手紙に返事を書きましょう］）するのが普通だが、皮肉をこめたイントネーションでは、信用していないことを表わす。すると eso habrá que verlo.［そいつは考えてみないといけない］という意味になり、¡a ver (...)! に短縮することもできる。

18　Eso está por ver.
　　エソ　エスタ　ポル　ベール
　　　　　　　　　　　　　まだそれは明かではありません。

19　No me lo puedo creer.
　　ノ　メ　ロ　プエド　クレール
　　　　　　　　　　　　　私は信じられません。

20　Ni que me lo jures.
　　ニ　ケ　メ　ロ　フーレス
　　　　　　　　　　　　　自信満々で私にものを言わないでくれ。

347

| **AVANZADO** | | 上級会話 |

21. Piensa mal y acertarás. FH.　悪意にとったら、それが正解だよ。

☞文字どおり不信の念をあらわにしている。

22. Eso habrá que verlo.　それはどうなるか見てみなくてはいけないな。（現在ははっきりしていないが）

☞本章17の注参照。

23. ¿Y si no fuera como tú dices?　もし君が言っているようでなかったら？

24. Últimamente recelo de (...). F.　最近私は（...）が心配です。

25. No me fío ni un pelo de (...). I.　私はすこしも（...）を信用していない。

26. No me fío ni de mi sombra.　私は自分の影ですら信用してないくらい疑り深い性格です。

27. Yo no pondría las manos en el fuego. FH.　私は真実性を疑っております。

☞この文は、ここではなにかの信憑性を疑っていることを意味している。また別の場合は、だれかの誠実さに対しての疑いを表わす：no pondría las manos en el fuego por ese hombre.［その男のために手を火の中に入れはしない→私はその男が正直だとは思わない］。

28. No las tengo todas conmigo.　私はそれについては完全に自信がありません。

☞この文は、何かに関してあまり自信がないことを表わすために使われる。女性代名詞 las は何を受けているかわからないが、単数形でも現れ、スペイン語では頻繁に用いられる。

29. Eso me escama. I.　それには私は不信の念を持っている。

☞動詞 escamar は、名詞 escama［うろこ、疑い］から派生しているが、むしろ比喩的用法で使われることが多い。つまりだれかに生まれた疑惑の念を意味する。

131. 疑いとか不信感とかを表わす

[30] **Eso me tiene mosca.** I.　　　これに私は不信の念を持つ。

☞ このありふれた虫 mosca［蝿］をもとにして、たくさんの表現ができている。30と31の二つの表現とも、人が抱く不信とか疑いを表わす。しかし mosca［蝿］は、aflojar la mosca［金を与える］の中ではお金を表わす。また papar moscas［ぼんやりしている］、por si las moscas［万一に備えて］の中でも使われる。31参照。

[31] **Tengo la mosca en la oreja.** I.　　私は不信の念を抱いております。

☞ 30の注参照。

[32] **Aquí hay gato encerrado.** I.　　何か裏がありそうだ。

☞ 猫（gato）という名詞をもとにしてたくさんの表現ができる。これと44の表現とは、何か隠れているものがあるのではないかと疑っていることを表わす。また tener siete vidas como los gatos［長生きをする］、ser gato viejo［抜け目のない人、経験豊かな人である］、ser gato escaldado［人を疑う］のような表現もある。

[33] **Esto me da mala espina.** I.　　私は何か気がかりです。(私は何か鋭い刺(とげ)が隠れていると思います)

☞ espina は鋭い刺のことである。dar algo mala espina は、人や物に対して感じる疑いを表わす。

[34] **Esto me huele a chamusquina.** I. 何か悪いことが起こりそうだ。

☞ 動詞 chamuscar は quemar［焦げる］を意味し、chamusquina［焦げ跡］が派生する。何か悪いことが起こる兆候を表わす。

[35] **¡Y qué más...!** Enf.　　もうそれであなたの発言は終わりですか？（私は不賛成です）

☞ この否定の意味を含んだ形式は、他人の発言がおおげさとか実現不可能であると考えて、それを拒否するのに用いられる。

[36] **Eso cuéntaselo a (...).** Ir.　　そんな話は（...）にでも話したら？（私は聞く耳を持っておりません）

☞ この文を文字通りにとってはならない。なぜなら命令文を作っているのではなく、信じてはならないという決然とした態度を表わしているからである。この文は、a tu tío［君のおじさんに］、a Rita［リータに］、a otro［ほかの人に］、a tu abuela［君のおばあさんに］のような言葉で終わるのが普通である。

[37] **¡A que no!**　　　そんなこと、ありえないな。

☞これは非常に強烈な表現で、不信の念とか疑いの感情を表わす。挑戦ととられかねない。

38　Esto no cuela. v.　　　これには騙されないぞ。

☞動詞 colar(se) は第一義が filtrar [入り込む] で、あるものをどこかにそっと隠す行為を表わす。また第二義として equivocarse [間違える] の類義語としても使われる。また嘘が信じられないことを表わすためにも使われる。

39　¡Vaya bola! I.　　　真っ赤な嘘だ。

☞名詞 mentira [嘘] には口語的な別の言い方がある。trola、camelo、bola がそうである。

40　Esto no me lo trago. v.　　　私はそれを鵜呑みにできない。
41　¡Que no he nacido ayer! Ir.　　　私はきのうや今日生まれたわけではない。（経験を積んでいるからそんな嘘には騙されないぞ）

42　¡A otro perro con ese hueso! FH.　　　だれか違う人にこの話をしてごらん。（私は鵜呑みにはしないよ）

☞この文の意味ははっきりしている。確かに魅力を感じてはいるが、100%は納得していないという意味である。魚や魚を引きつける餌に関しての表現 (no morder el anzuelo [釣り針を噛まない] とか no tragar el anzuelo [釣り針を飲み込まない] とまったく同じである。

43　¿Te crees que me chupo el dedo? v.　　　君は私が赤ん坊だと思っているのか？（そう簡単には君の話には乗らないぞ）

☞この文は、自分が騙されないという意志を表わしている。chuparse el dedo [指をしゃぶる、世間知らずである] は、幼児と、幼児期の特徴であるあどけなさを思い出させる。

44　No quieras darme gato por liebre. FH.　　　羊頭をかかげて狗肉を売るようなまねをするな。

132. Expresar preocupación, temor o angustia
心配、恐怖、苦悩を表わす

ELEMENTAL 初級会話

1. Estoy preocupado. 　　私は心配しています。

2. Estoy angustiado. 　　私は悩んでいます。

3. Estoy preocupado por (...).　　私は (...) が心配です。

INTERMEDIO 中級会話

4. No estoy tranquilo. 　　私は落ち着きません。

5. Estoy realmente inquieto.　　私は本当に不安です。

6. Estoy muy nervioso con lo de (...).　　私は (...) のことでとてもいらいらしています。

7. Tengo mis temores. F.　　私には心配事があります。

8. Tengo miedo de que (...).　　私は (...) が心配です。

9. Temo que (...).　　私は (...) が心配です。

☞ 動詞 temer は、tener miedo [恐い]、sospechar [想像する、疑う] の類義語である。この動詞は、sospechar の意味で疑惑とか恐れを表現する。従動詞は直説法でも、接続法でもよい：Temo que ella haya perdido mi libro. [彼女が私の本をなくしたのではないかと私は心配です]。「心配」の意味を強めたい時には、与格再帰代名詞 se (ここでは me) を temer につけるとよい。従動詞は直説法でも接続法でもよい：Me temo que llegaremos tarde.［私たちは遅刻するのではないかと私は心配でなりません］。10参照。

10　**Me temo que　（...）.**
　　　メ　テーモ　ケ

私は（...）が心配です。

☞ 9の注参照。

11　**Presiento que　（...）.**
　　　プレシエント　ケ

私は（...）という予感がします。

12　**Creo que　（...）es preocupante.**
　　　クレーオ　ケ　　　　　　エス
　　　プレオクパンテ

私は（...）が心配の種だと思います。

13　**No veo la forma de　（...）.**
　　　ノ　ベーオ　ラ　フォルマ　デ

私はどうして（...）したらいいかわからない。

14　**（...）me tiene angustiado.**
　　　　　　　メ　ティエネ　アングスティアード

（...）が私の悩みの種なのです。

15　**¡Qué situación tan angustiosa!**
　　　ケ　シトゥアシオン　タナングスティオーサ

なんと悩ましい状況であることか。

| AVANZADO | 上級会話 |

16　**Paso pena por　（...）.**　　私は（...）を気に病んでいます。
17　**Estoy ansioso por　（...）.**　私は（...）が気がかりです。
18　**（...）me produce ansiedad.**　私は（...）のために不安の念にかられています。
19　**Siento temor ante　（...）.**　私は（...）に対して恐怖の念にかられています。
20　**¡Sólo faltaría que　（...）!** Enf.　（...）だけが心配です。

☞単文で使われると、¡sólo faltaría (eso)!［とんでもない］は、否定あるいは拒絶の表現である。複文になって次に節が続くと、これから生じるかもしれない問題とか危険の到来を表わす。

132. 心配、恐怖、苦悩を表わす

21 ¡A ver si (...)! ↓ （...）となると嫌だなあ。

☞ この表現は色々の意味を持っている。関心を表したり、人の注意を引きつけたりする時に使われる。「～かどうか」を表わす接続詞 si の後に節が続き、しかも文末が軽い水平調のイントネーションで終わると、これから生じるかもしれない問題とか危険を意味する。

22 ¡Quién sabe! （...）が起こらないといいがなあ。

☞ この間投句は、恐れのほかに、疑惑とか無知とか不信から生じた不安を表わす。

23 No las tengo todas conmigo. 私はそれについては完全に自信があるわけではありません。（最も心配していることが起こるかもしれません）

☞ 131章28の注参照。例：armarla［面倒を起こす］、verlas venir［魂胆を見抜く］。

24 Veremos en qué para todo esto. ↓ これらすべてがどうなるかわかったものではない。

25 Me tiene con el alma en vilo. 私はそのことで心中おだやかではありません。

26 Estoy en la cuerda floja. ↓ 私は綱渡りをしているようなものです。（私は不安定な状況におかれています）

☞ la cuerda floja は、元はと言えば軽業師がその上を歩くのでわざとたるませた綱のことである。これが比喩的に使われ、人が心配の元である不安定な状態にいることを描写する。

27 Estoy pendiente de un hilo. ↓ 私は一本の糸にぶら下がっているようなものです。（私はどうなるかわかりません）

☞ これは26の en la cuerda floja［たるんだ綱の上に］と同じく、人が危険な状態とか悩みの種である不安定な状況にあることを表わす。動詞は pender と colgar［ぶらさがる］が使われる。

133. Expresar miedo
恐怖を表わす

ELEMENTAL / 初級会話

1. ¡Qué miedo! — なんと恐ろしいことか！

2. Tengo miedo. — 私はこわい。

3. ¡Qué horror! — なんと恐ろしいことか！

4. Estoy (muy) asustado. — 私はとても驚いています。

5. ¡Qué pánico! — なんたる恐怖！

☞ 名詞 pánico は非常に大きな恐怖を意味している。ギリシャ神話の神、パンに由来する。

INTERMEDIO / 中級会話

6. Me muero de miedo. — 私は恐くて死にそうです。

7. ¡Qué susto! — なんというショック。

8. Me horroriza. — 私は身の毛がよだちます。

9. Estoy aterrorizado. — 私は恐怖でうち震えています。

10. Tiemblo de miedo sólo al pensar que (...). — 私は（…）と考えるだけで縮みあがってしまいます。

11　Tengo miedo de que (...).　　　私は（...）が恐ろしくてなりません。

AVANZADO　　　　　　　　　　　上級会話

12　¡Ay, ay, ay, que (...)!　　　あー、あー、（...）とは恐ろしいことだ。

☞ 間投詞 ay は、驚き、苦痛、恐怖を表わす。単独でも使われるが、接続詞 que によって導入された節にも先立つ：¡ay, ay, ay que me caigo! [あー、あー、私は倒れそうです]。

13　¡Qué espanto, Dios mío! R.　　　ひゃあー、びっくりした。

14　Se me ponen los pelos de punta. I.　　　身の毛がよだつほど私は恐ろしい。

15　Se me pone la carne de gallina. I.　　　鳥肌が立つほど私は恐ろしい。

16　Se me hace un nudo en la garganta.　　　私は恐怖のあまりものが言えなくなりました。

17　Tengo un nudo en la garganta.　　　私は恐怖のあまりものが言えなくなりました。

18　Si me pinchan, no me sacan sangre. I.　　　恐怖のあまり血が凍りついてしまいました。（私を突いても血は出ませんよ）

19　Tengo el corazón en un puño. I.　　　私は恐怖のあまり心臓が止まってしまいました。

20　Estoy más muerto que vivo. I.　　　私は生きた心地がしません。

☞ この文の意味には、「恐怖」を表わす場合と「疲労」を表わす場合とがある。両者のうちのいずれであるかは文脈しだいである。

21　La camisa no me llega al cuerpo. I.　　　私は恐怖のあまり歯の根が合いません。

☞ 名詞 camisa [ワイシャツ] と動詞 llegar [達する] を使ってかなり強烈な恐怖を表わす。

134. Expresar repulsión o asco
嫌悪感とか不安感とかを表わす

ELEMENTAL 初級会話

[1] ¡Qué asco! — あー、嫌だ！

[2] ¡Es un asco! — あいつは嫌な奴だ。

[3] ¡Pufff! — いけすかない。

☞ ¡pfff...!、¡puuu...!、¡puah!といった表現もあり、不快とか嫌悪感を表わす。

[4] ¡Qué sucio! — 汚らわしい！

[5] ¡Qué repulsión! — なんとむかつくことだ。

INTERMEDIO 中級会話

[6] ¡Qué asqueroso! — なんと嫌らしいこと！

[7] ¡Qué asco me da! — 私は嫌気がさしました。

[8] ¡Qué peste! I. — なんと汚らわしいことか！

[9] Me produce asco. — 私は嫌気がさしました。

[10] ¡Qué repugnante! Enf. — なんて不愉快なんだ。

[11] ¡Está hecho un asco! I. — どうしようもない奴だ。

12	¡Qué mal olor!	なんとひどい臭いだ。
13	(...) me repele.	(...)には私はぞっとします。
14	(...) me repugna.	(...)に私はむかむかします。
15	¡Qué cosas tan asquerosas...! R.	なんと嫌らしいことだ。

AVANZADO / 上級会話

16	Estoy asqueado.	私はうんざりしています。
17	Es un asco de (...). I.	なんてひどい(...)だ。

☞ 名詞で終わるこの繋辞動詞文 (es un asco de sopa. [ひどいスープだ]) は、普通の形容詞の修飾用法 (es una sopa asquerosa.) よりも強調してその性質を表わす方法である。感嘆文も作ることができる：¡Qué asco de sopa! [なんてひどいスープだ]。

18	Le he cogido repugnancia.	私は彼に嫌悪の念を抱きました。
19	(...) me revuelve el estómago. I.	(...)のせいで私ははらわたが煮えくり返るようです。
20	Se me revuelven las tripas. V.	私ははらわたが煮えくり返るようです。
21	Me produce náuseas.	私は吐き気がします。
22	¡Qué fetidez!	臭くて鼻がひん曲がりそうだ。
23	Huele a rayos. I.	ひどい臭いだ。

☞ ひどい臭いのするものについて言及する時、huele que apesta. [すごい臭いだ]、huele que marea. [むかつく臭いだ]、huele que tumba. [むっとする臭いだ] とかこの huele a rayos. が使われる。すなわちこれらは悪臭がもたらす結果や悪臭のひどさについて述べる表現である。

24	Le he cogido aversión a (...).	私は彼が嫌いになりました。

25. ¡Qué asco le he cogido a (...)! I.　　私がこんなに（彼）を嫌いになるとはねー。

135. Rechazar algo
何かを拒否する

ELEMENTAL　　　　　　　　　　　　初級会話

1. ¡No!
   ノ

   だめです。

2. ¡De ninguna manera!
   デ　ニングーナ　マネーラ

   絶対だめです。

3. No pienso (...).
   ノ　ピエンソ

   (...) とは私は考えません。

4. ¡Que no!
   ケ　ノ

   だめったら。

5. De eso, nada.
   デーソ　ナーダ

   そりゃー、だめだよ。

   ☞41章7の注参照。

INTERMEDIO　　　　　　　　　　　　中級会話

6. ¡Qué va! Enf.
   ケ　バ

   とんでもない。

   ☞41章10の注参照。

7. ¡Ni hablar! Enf.
   ニャ　ブラール

   話にならん。

   ☞27章7、41章15の注参照。

8. ¡Ni hablar de eso! Enf.
   ニャ　ブラール　デーソ

   それじゃ、話にならん。

   ☞27章7の注参照。

135. 何かを拒否する

9. ¡Ni pensarlo! Enf.　　　　　　論外だ。
　　☞27章8の注参照。

10. Ni pensar en (...).　　　　　　(...)の話を聞くのすらしたくありません。

11. Eso no lo admito.　　　　　　それは私には認められない。

12. Me opongo. Enf.　　　　　　私は反対です。

13. Estoy totalmente en contra.　　私は完全に反対の立場です。

14. No quiero ni (...).　　　　　　私は(...)すらしたくない。

15. No quiero ni oír hablar de (...).　(...)の話を聞くのすらしたくありません。

16. Conmigo no cuentes. I.　　　私を当てにしないでね。

AVANZADO　　　　　　　　上級会話

17. ¡Narices! V.　　　　　　　　とんでもない。
　　☞何かを否定したり、拒絶したりする間投詞で、怒りを表わす。このような身体用語は、時々ほかの下品な単語の代用として用いられるが、しばしば複数形をとる。単一の間投詞として使われるほか、多くの成句の一部として使われる：estar de algo hasta las narices [何かにうんざりしている]、tocarle a uno las narices [だれかをうんざりさせる]。

18. ¡Un rábano! V.　　　　　　　とんでもない。
　　☞何かを拒否する間投詞句。あまり価値がなく、たいして大きくもない食用の根菜 rábano [大根、スペインの大根は日本のほど大きくない] は、nada [ぜんぜん] に相当する副詞として使われる。

19 ¡Y un cuerno! まさか！

☞否定、不承認、拒絶のさげすんだ言い方である。この名詞は感情的な表現でしばしば使われる：¡al cuerno! ［くたばれ］、no me importa un cuerno. ［ちっとも構わない］。複数形 poner cuernos は、「不倫」を表わす。またほかの成句でも使われる：romperse los cuernos ［一生懸命がんばる］ など。

20 ¡Que te crees tú eso! Ir. そんなばかな。（←君はそう思い込んでいるのだな）

21 Eso no va conmigo. それは私にはしっくりきません。

☞ここでは ir は移動を表わさない。ir con の基本的な意味は、armonizar ［調和している］ である：los zapatos no van con ese pantalón. ［この靴はそのズボンに合わない］。この否定表現は何かに同意しない、すなわち拒否を表わすためにも使われる。似たような意味、すなわち「無関心」には、no me va ni me viene. ［私はどうでもよいのです］ のように ir が用いられる。

22 No me vengas con éstas ahora. I. 今はこんな話私にもちかけないでよ。

23 Lo rechazo tajantemente. きっぱりとお断りします。

24 ¿Y tú te creías que yo (...)? Ir. 私が（...）とでも君は思っていたのか？（→それはとんでもない話だ）

25 ¡Vas listo si crees que yo (...)! Ir. もし私が（...）と思っているのなら、君は正しいよ。（→君は大間違いだ）

26 Lo que es yo, no voy a (...). I. 私だったら、（...）はいたしません。

27 ¿Por quién me has tomado? Ir. 私をだれだと思っているのかい。

☞動詞 tomar には、常用動詞として、たくさんの意味がある。tomar por は、普通目的語が人で「その人をほかの人と間違う」という意味である：me tomó por mi hermano. ［私は弟と間違えられました］。ある特徴を人に付与する「判断」の動詞でもある：¿me tomas por tonto? ［私を馬鹿だとでも君は思っているのかい？］。

136. Rechazar a alguien
人をお断わりする

ELEMENTAL 初級会話

1. ¡Vete!
   ベテ
   あっちに行け。

2. ¡Márchate!
   マルチャテ
   とっとと出て行け。

3. ¡Fuera (de aquí)! Enf.
   フエラ デ アキ
   (ここから) 出て行け。

4. No quiero verte más.
   ノ キエロ ベールテ マス
   もう君とは会いたくない。

INTERMEDIO 中級会話

5. ¡Fuera de mi vista! Enf.
   フエラ デ ミ ビスタ
   私の目の届かぬ所へ行ってくれ。

6. ¡Aléjate!
   アレーハテ
   消え失せろ。

7. ¡Largo! V.
   ラルゴ
   あっちへ行け。

   ☞動詞 largarse は、marcharse のやや俗っぽい類義語であり、8 のように命令形でよく使われる。副詞的な ¡largo! は、単独でも、強調形 ¡largo de aquí! でも、同じ意味で、すなわち人をある所から追いやるために使われる。

8. ¡Lárgate! V.
   ラルガテ
   あっちへ行け。

   ☞ 7 の注参照。

9. ¡Desaparece! R.
   デサパレーセ
   消え失せろ。

10. ¡Apártate de mi vista!
    アパルタテ デ ミ ビスタ
    私の目の前からいなくなれ。

11 Te desprecio.　　　　　　　　　　君は軽蔑に値する。
　　テ　　デスプレシオ

12 ¡Qué repelente eres!　　　　　　　君はなんてむかつく奴だ。
　　ケ　　レペレンテ　　レス

☞ repelente の基本的な意味は、rechazar［拒絶する］に近い。また repugnar［嫌う］の意味もある。しかし形容詞 repelente は、これらの意味のほかに、勤勉で几帳面ではあるが、「ほかの人に嫌われる」という意味もある。その行動に対する非難が込められている。

AVANZADO　　　　　　　　　　　上級会話

13 ¡Vete por ahí! I.　　　　　　　　とっとと出て行け。

☞ 14同様、この文は、文字通りの意味に取ってはならない。14において散歩に誘うわけではなく、ただ単にある人が私達の目の前から消えてほしいという気持ちを表わす強い表現である。

14 ¡Vete a paseo! I.　　　　　　　　とっとと失せろ。

☞ 13の注参照。

15 ¡Vete a la porra! I.　　　　　　　とっとと出て行け。

16 ¡Quítate(me) de delante!　　　　　目の前から失せろ。

17 No quiero volver a verte.　　　　　もう君とは二度と会いたくない。

18 No quiero verte ni en pintura. I.　　君の顔はたとえ絵の中であろうと見たくない。

19 No quiero (ni) oír hablar más de ti.　もう君の噂話を聞くの(すら)嫌だ。

20 ¡Que te zurzan! V.　　　　　　　　とっとと失せろ。

☞ 124章29の注参照。

137. *Expresar gustos y aficiones*
好みと趣味を表わす

ELEMENTAL 初級会話

[1] Me gusta （…）.
メ　グスタ

私は（…）が好きです。

[2] （…） me gusta mucho.
　　　　メ　グスタ　ムーチョ

私は（…）が大好きです。

[3] Me encanta （…）.
メンカンタ

私には（…）が魅力的です。

[4] Mis pasatiempos favoritos son （…）.
ミス　パサティエンポス　ファボリートス
ソン

私は（…）でレジャーを過ごします。

[5] Soy (muy) aficionado a （…）.
ソイ　ムイ　アフィシオナード　ア

私は（…）が（とても）好きです。

[6] Mis aficiones son （…）.
ミサフィシオーネ　ソン

私の趣味は（…）です。

INTERMEDIO 中級会話

[7] A mí me va （…）.
ア　ミ　メ　バ

私には（…）がぴったりです。

☞動詞 ir は、運動に関した原義から出発して、大変広い意味を持っている。普通 bien とか mal の副詞を伴って、だれかにとってしっくりしたり、またはしっくりしない事物を表わす。副詞を伴わない新しい用法もあり、その場合は、ir は gustar と交換可能である。

[8] Me cae bien.
メ　カーエ　ビエン

私はそれがとても気にいっている。

☞ caer は、意味がたくさんある動詞である。その意味の一つは、gustar のように、何かがだれかに快適であることを表わしている。それに近いのは、次の文の caer の用法である：este traje te cae muy bien. [このスーツは君に大変よく似合う]。この場合は動詞 sentar が caer に代わることもできる。

⑨ **Me fascina.** F.
メ　ファスシーナ

それに私はうっとりしてしまいます。

⑩ **Adoro (...).** F.
アドーロ

私は（...）に心酔しています。

☞ この動詞の基本的な意味は「神を崇拝する」を意味し、口語では強調の用法を持っている。この場合は、idolatrar［～に心酔する］とか morir de amor［溺愛する］と同じように情熱的な愛とか喜びを意味する。

⑪ **Sí que me gusta.** Enf.
シ　ケ　メ　グスタ

もちろん、私は好きです。

⑫ **Disfruto mucho con (...).**
ディスフルート　ムーチョ　コン

私は（...）をとても楽しんでいます。

⑬ **¡Cómo disfruto con (...)!**
コモ　ディスフルート　コン

なんと私は（...）を楽しんでいることか！

⑭ **(...) es maravilloso.**
エス　マラビヨーソ

（...）は素晴らしい。

⑮ **(...) me parece apasionante.**
メ　パレーセ　アパシオナンテ

（...）は私の心を熱くするように思えます。

⑯ **Soy admirador de (...).**
ソ　ヤドミラドール　デ

私は（...）の崇拝者です。

⑰ **(...) es una de mis aficiones preferidas.**
エスーナ　デ　ミサフィシオーネス
プレフェリーダス

（...）は私の大好きなものの一つです。

⑱ **Lo que de verdad me gusta es (...).**
ロ　ケ　デ　ベルダー　メ　グスタ
エス

私が本当に好きなものは（...）です。

137. 好みと趣味を表わす

19. (...) me vuelve loco.
    メ ブエルベ ロコ
    私は気が狂いそうになるほど（...）が好きです。

20. Me atrae (...).
    メ アトラーエ
    私には（...）が魅力的です。

21. Estoy loco por (...).
    エストイ ロコ ポル
    私は（...）に夢中になっています。

AVANZADO	上級会話

22. Soy un entusiasta de (...). 　　私は（...）に熱狂しています。
23. Soy hincha de (...). I. 　　私は（...）のファンです。

☞ あるスポーツチームの熱烈なファンを hincha と呼ぶ。すなわち芸術家とか歌手に関してのファン（〈英語の fan）に当たるものである。また seguidor [追随者] も使われるが、この単語は hincha ほどの表現力を持っていない。hincha は男女共通である。

24. Me vuelve loco la idea de (...). F. 　　（...）という考えに私は夢中になっています。

25. Me tira (...). I. 　　私は（...）に興味があります。

☞ tirar は、色々な意味がある動詞である：tirar una piedra [石を投げる]、tirar el dinero [お金を浪費する]、no tirar una chimenea [煙突は吸い込みが悪い]。目的語 (me, te, se) と活動に関する主語を伴って、興味とか趣味とか好みを表わす：la caza no me tira. [狩りには私は興味がありません]。

26. Me seduce (mucho) la idea de (...). F. 　　（...）という考えには私は（とても）引かれています。
27. Siento verdadera pasión por (...). F. 　　私は（...）に真の情熱を感じています。
28. No hay nada que me guste más que (...). 　　（...）以上に私の気に入っているものはありません。

29. Me siento muy atraído por (...).   私は（...）に大層な魅力を感じています。
30. Siento una especial predilección por (...). F.   私は（...）に特別な愛着をいだいています。
31. Me siento en las nubes cuando (...).   (...)の時、私は雲の中にいる気分になります。

☞ nube [雲] という単語は「かげり」を作るもの (una nube en una amistad [友情のかげり]) とか、物価の到達点 (los precios están por las nubes. [物価は天井知らずだ]) とかぼんやりしたために、あるいはあまりの幸せのために、足が地につかない状態とかを表わす。状態動詞 (estar, hallarse) や感情動詞 (sentirse) とともに現れる。

32. (...) es mi punto flaco. I.   (...)に私は目がない。

☞ 複合名詞 punto flaco、punto débil [弱点、弱み] は、あるものが物理的にあるいは精神的に攻撃されやすい弱点を表わす。そこから逆に誘惑に逆らえない、弱点とも言えるような好みを表わす：los bombones son mi punto flaco. [ボンボンには私は目がない]。

33. Desde luego, no le haría ascos a (...).   もちろん、彼は（...）に嫌な顔はしないだろう。

☞ asco は repugnancia [嫌悪] の類義語である。hacer ascos は、特に食事に関してある人の好き嫌いを意味する。皮肉の意味をこめて普通使われる。例：Desde luego no le haría ascos a una langosta. [もちろん、彼は伊勢海老を嫌いとは言わないだろう]。またほかのタイプの意志表示にも使われる。

138. Preguntar a alguien por sus preferencias
人の好みを尋ねる

ELEMENTAL　　　　　　　　　　　　　初級会話

[1] ¿Qué prefieres?　　　　　　　　　　君、何が欲しい？
　　ケ　プレフィエレス

[2] ¿Prefieres (...)?　　　　　　　　　　君、何が欲しい？
　　プレフィエレス

[3] ¿Qué te gusta más?　　　　　　　　　君、どっちが欲しい？
　　ケ　テ　グスタ　マス

[4] ¿Le gusta más (...) que　　　　　　（...）よりも（...）の方が、あ
　　レ　グスタ　マス　　　　ケ　　　　なたはお好きですか？
　　(...)?

[5] ¿Te gusta más (...) o (...)?　　　　君は（...）が好き？それとも
　　テ　グスタ　マス　　　　オ　　　　（...）が好き？

[6] ¿Qué te parece mejor?　　　　　　　君にはどっちが良く見える？
　　ケ　テ　パレーセ　メホール

[7] ¿Cuál es tu favorito?　　　　　　　君のお気に入りはだれ？
　　クワレス　トゥ　ファボリート

INTERMEDIO　　　　　　　　　　　　　中級会話

[8] ¿Qué decides?　　　　　　　　　　　君、何に決めた？
　　ケ　デシーデス

[9] Podemos (...) o (...),　　　　　　私達は（...）してもいいし、
　　ポデーモス　　　　オ　　　　　　　（...）してもいいのだが、君はど
　　¿qué prefieres?　　　　　　　　　　っちがいい？
　　ケ　プレフィエーレス

10 En tu opinión, ¿cuál es el mejor?　　君の意見では、どれが一番いい？

11 ¿Con cuál te quedas?　　結局どれにするの？

12 ¿Qué te apetece más?　　どれが一番ほしい？

☞ 動詞 apetecer は desear［望む］、sentirse atraído por［引かれる］の類義語である。中南米では、この動詞はあまり使われず provocar (¿Te provoca un café?［コーヒーを飲みたいかい？］) にとって代わられる。

AVANZADO	上級会話

13 ¿Cuál seleccionarías?　　（どっちかを選べと言われたら）君はどっちを選ぶ？

14 Entre (…) y (…), ¿con cuál te quedarías?　　(…) と (…) とでは、君はどっちにする？

15 ¿De qué lado estás?　　君、どっちを選ぶ？

☞ 熟語 del lado de［の側に、味方で］は、estar のほかに ponerse、pasarse と一緒に使われ、その人が双方のうちのどちらかの味方であることを意味している。

16 ¿A favor de cuál estás?　　君、どっちにする？

17 ¿Por quién apostarías?　　（だれかに賭けろと言われたら）だれに賭ける？

18 ¿Por cuál te inclinas?　　君の好みはどれ？

☞ inclinarse は、「上半身を前に倒す」という意味の自動詞で、比喩的に使われ、ここではほかのものより、あるものに引かれることを表わす。

139. *Expresar preferencias*
好みを表わす

ELEMENTAL / 初級会話

[1] Prefiero (...).
プレフィエロ

私は（...）がほしいと思います。

[2] Sí, lo prefiero.
シ ロ プレフィエロ

はい、それがほしいと思います。

[3] Me gusta más (...).
メ グスタ マス

私は（...）の方が好きです。

[4] Mi favorito es (...).
ミ ファボリート エス

私のお気に入りは（...）です。

INTERMEDIO / 中級会話

[5] Me viene mejor (...).
メ ビエネ メホール

（...）方が私に合う。

☞ venir bien algo（物）a alguien（人）は、何か(algo)が、だれか(alguien)にしっくりすることを意味する。この表現は不定詞を主語にして完全な文になる：me viene mejor quedarme que salir.［出かけるより家にいる方が私には都合がいい］。

[6] Me sientan mejor (...).
メ シエンタン メホール

（...）の方が私に合っている。

☞ sentar mejor は、食事とか薬とか、人の体に良い結果をもたらすような物に使うこともできる。また ir とか caer と同様、服の色とか形が人に似合っているとかいないとか言う時にも使われる。もちろん主語が必要である。

[7] Me quedaría con (...).
メ ケダリーア コン

私だったら（...）がいただきたく思います。

AVANZADO	上級会話

⑧ Estoy a favor de (...).　　　私は（...）の方がいいです。

⑨ Estoy del lado de (...).　　　私は（...）の方がいいです。

☞138章15の注参照。

⑩ Yo me inclino por (...). F.　私の好みは（...）です。

☞138章18の注参照。

⑪ Encuentro (...) mejor que (...).　　私は（...）よりも（...）の方がいいと思います。

⑫ Para mí, (...) resulta más atractivo que (...).　　私にとっては（...）の方が（...）よりも魅力的です。

⑬ Yo siempre escogería (...).　　私だったら、いつも（...）を選ぶでしょう。

⑭ Yo apostaría por (...).　　私だったら、（...）の方に賭けるでしょう。

⑮ Si tuviera que elegir, me decidiría por (...).　　もしどうしても選ばなくてはならないのなら、私は（...）に決めるでしょう。

⑯ Si fuese posible, preferiría (...).　　もしできたら、（...）の方を選ぶでしょう。

⑰ Mi preferido es, con mucho, (...).　　私のお気に入りは断然（...）です。

⑱ Lo que a mí me va es (...). I.　私に合っているのは（...）です。

☞ irle bien a alguien algo は、物事がある人に有利に働くとか、何かがぴったりすること（las corbatas rojas me van.［赤いネクタイは私によく似合う］）とか、何かがある人に気に入っているとか、合っているとかいうことを意味する。

⑲ En resumen, que (...) me atrae más.　　要するに、（...）の方が私には魅力的です。

20 A mí, dadme (...). I.　　　私がもらってもいいいくらい
　　　　　　　　　　　　　　　　(...) が好きです。

☞命令文の性格を帯びているように見えるが、話相手の答えは求めておらず、あるものがその人に気に入っており、それを受け取ることが満足をもたらすくらいであることを表わしている。

21 Sí, (...) me hace tilín. R.　　はい、(...) は私にぴったりきます。

140. Preguntar a alguien si está interesado por algo
何かに興味があるかどうかをだれかに聞く

ELEMENTAL　　　　　　　　　　初級会話

1 ¿Le interesa a usted (...)?　　あなたは (...) に興味がありますか？
　　レ　　インテレーサ　ウステ

2 (...), ¿te interesa?　　　　　(...) は君は興味がある？
　　　　　　テ　インテレーサ

3 ¿Estás interesado por (...)?　(...) に君は興味がある？
　　エスタ　シンテレサード　ポル

INTERMEDIO　　　　　　　　　　中級会話

4 ¿En qué está usted interesado?　君はなんに興味があるの？
　　エン　ケ　ースタ　ウステ　インテレサード

5 ¿Sientes verdadero interés　　　君、(...) に本当の興味を感じる？
　　シエンテス　ベルダデーロ　インテレス
　por (...)?
　ポル

6 ¿Considera usted que
   (コンシデーラ ウステ ケ)
   (...) es interesante?
   (エ シンテレサンテ)

7 Me pregunto si se interesa
   (メ プレグント シ セ インテレーサ)
   usted por (...). F.
   (ウステ ポル)

8 ¿Le atrae (...)?
   (レ アトラーエ)

(...) は面白いとあなたは思いですか？

あなたは (...) に興味がはたしておありなのかしら？

(...) はあなたの気を引きますか？

| AVANZADO | 上級会話 |

9 ¿Le llama la atención (...)?

10 ¿Encuentra interesante (...)?

11 ¿Qué le parecería si (...)?

12 Parece que (...) ha despertado su interés, ¿no?

13 ¿Le deja indiferente la posibilidad de (...)?

14 ¿No le seduce la idea de (...)? F.

(...) はあなたの気を引きますか？

(...) をあなたは面白いとお考えですか？

(...) したら、あなたはどう思われますか？

(...) にあなたは興味を抱かれたようですね。

もしかすると (...) するかもしれないのですが、あなたは無関心でいられますか？

(...) という考えはあなたの気を引きませんか？

141. Expresar interés por algo
何かへの興味を表現する

ELEMENTAL / 初級会話

1. ¡Qué interesante!
   なんて面白い！

2. Estoy interesado en (...).
   私は（...）に興味があります。

3. (...) me interesa mucho.
   （...）に私はとても興味があります。

4. Tengo (un gran) interés por (...).
   私は（...）に（大いに）興味があります。

5. (...) es muy interesante.
   （...）はとても面白い。

INTERMEDIO / 中級会話

6. Me llama la atención (...).
   （...）は私の注目をひきます。

7. (...) me atrae.
   （...）は私の気をひきます。

8. Me intereso mucho por (...).
   私は（...）にとても興味をひかれます。

9. Siento gran interés por (...).
   私は（...）に大変な興味を覚えます。

10 Estoy tan interesado como
　　エストイ　　　タニンテレサード　　　コモ
　　usted por　(...).
　　ウステ　ポル

私はあなたと同じくらい (...)
に興味があります。

| AVANZADO | 上級会話 |

11 Encuentro muy interesante
　　(...).

私は (...) をとても面白いと思
います。

12 (...) ha despertado mi interés.　(...) に私は興味を覚えました。

13 No puedo negar mi interés
　　por (...).

私は (...) に対する関心を否定
できません。

14 Comparto su interés por (...).　私はあなたと同様 (...) に関心
があります。

15 Me interesa mucho que (...).　私は (...) に大いに関心があり
ます。

16 (...) polariza mi atención. F.　(...) に私の関心が一番ある。

☞名詞 polo は、地理とか幾何とか物理で使われる用語で、「極」を意味す
る。比喩的には「両極論」を意味する：ser un gemelo el polo opuesto del
otro gemelo［双子の一人は、もう一人と正反対である］。そして注目や興
味をひく地点を表わす。ここから動詞 polarizar の意味が引き出される。
この文では、polarizar は llamar とか atraer の類義語である。

142. *Expresar posibilidad o probabilidad*
可能性とか見込みを表わす

| ELEMENTAL | 初級会話 |

1 Es posible.
　エス　ポシーブレ

それはありえます。

2 Es probable.
　エス　プロバーブレ

それは起こるかもしれません。

142. 可能性とか見込みを表わす

3. Quizá.
   キサ
   多分。

4. Va a (...).
   バー
   (...) しようとしている。

5. Creo que va a (...).
   クレーオ ケ バー
   私は (...) と思います。

6. Seguro que (...).
   セグーロ ケ
   きっと (...) だ。

INTERMEDIO / 中級会話

7. Posiblemente (...).
   ポシーブレメンテ
   多分 (...) だ。

8. Probablemente (...).
   プロバーブレメンテ
   多分 (...) だ。

9. Seguramente (...).
   セグーラメンテ
   確か (確かに) (...) だ。

☞ この副詞はやや曖昧である。というのは文脈しだいで、「確かに」とかただ単にある種の蓋然性の「おそらく」を意味するからである。

10. A lo mejor (...).
    ア ロ メホール
    ひょっとすると (...) だ。

11. Tal vez (...).
    タル ベス
    多分 (...) だ。

12. Quizá pueda (...).
    キサ プエダ
    それは多分 (...) かもしれない。

13. Espero que (...).
    エスペーロ ケ
    私は (...) と思います。

14. Puede (ser) que (...).
    プエデ セール ケ
    (...) かもしれない。

15. Puede ocurrir que (...).
    プエデ　オクリール　ケ
    (...)は起こるかもしれない。
    ☞58章12の注参照。

16. Me parece que (...).
    メ　パレーセ　ケ
    私には(...)だと思えます。

17. Es fácil que (...).
    エス　ファシル　ケ
    (...)は簡単だ。

18. ¡Todo puede ser!
    トド　プエデ　セール
    何が起こっても不思議ではないが。(いずれにせよ、私には関係ない)
    ☞この表現で、何かが未来に起こることがわかるにも関わらず、当事者は無関心の態度をとっていることが表わされる。

19. ¡Ya verás cómo (...)!
    ヤ　ベラス　コモ
    いかにして(...)かが君は今にわかるだろう。

AVANZADO　　　　　　　　上級会話

20. Igual (...).
    おそらく(...)だろう。
    ☞ここでは igual は副詞的な機能をもっている。lo mismo と置き換えることもできる。直説法の動詞が後に続く。この表現は何かが起こるかもしれないことを意味する。

21. Acaso (...). R.
    多分(...)だろう。

22. Podría ser que (...).
    ひょっとして(...)かもしれない。

23. Pudiera ser que (...).
    ひょっとして(...)かもしれない。

24. Tengo la esperanza de que (...).
    (...)と私は期待しております。

㉕	No parece imposible que (...).	(...) が不可能とは思えない。
㉖	No es (del todo) improbable que (...).	(...) は（まったく）ありえないことではない。
㉗	Hay esperanzas de que (...).	(...) という期待があります。
㉘	Todo parece indicar que (...).	すべては（...）を示していると思われます。
㉙	Todo hace presumir que (...). F.	すべての状況から（...）と推測できます。

☞ presumir はたくさんの意味がある動詞である。一方では、何かについて誇りを持っていることを意味し、他方では suponer、すなわち何かが起こるだろうと推測することも意味する。

| ㉚ | Entra dentro de lo posible (...). | (...) は起こる可能性がなくはない。 |
| ㉛ | El día menos pensado (...). I. | 思いもかけぬ日に（...）です。 |

☞この表現は、32とだいたい似た意味を表わし、起こってほしいこと、あるいは起こってほしくないことが起こるかもしれないという意味になる。

| ㉜ | ¡Cualquier día (...)! | (...) はいつ起こっても不思議ではない。 |

☞31の注参照。

㉝	Es más que probable que (...).	(...) は起こるかもしれないどころか、きっと起こる。
㉞	Con (toda) seguridad (...).	間違いなく（...）です。
㉟	¡Hombre, cabe dentro de lo posible!	だけど、起こる可能性はなくはない。
㊱	Mira que si (...).	もし（...）したら、どうするんだ。

☞動詞 mirar の命令形 mira は、しばしば単に話し相手の注意を喚起するのに使われる。もし que が伴われると、聞き手に話し手が何を言っているかを想像させる：¡Mira que meterse en el agua haciendo tanto frío. [こんなに寒いのに、水の中に入ることを考えてみろ]。仮定の si が続くと、

それ以上の強意表現になる：¡Mira que si mañana llueve, vaya desastre!
［もしあした雨でも降ってみろ、えらいことだぞ］．

[37] ¿Qué te apuestas a que (...)? ɪ.　　　　（君、そんなこと言ったって）きっと（...）するかね？

[38] ¡A que (...)! ɪ.　　　　（君、そんなこと言ったって）きっと（...）するかね？

☞ この表現は、少なくとも動詞によって補足されねばならないが、何かが起こるだろうという確信を表わす、とても強い表現である。なぜなら話し相手がこの意見に同意していない以上、ほとんど脅しに近くなるからである。

143. Expresar imposibilidad o improbabilidad
不可能なことやありえないことを言い表わす

ELEMENTAL　　　　初級会話

[1] Es imposible (...).　　　　不可能だ。
　　エ　シンポシーブレ

[2] Es improbable.　　　　起こりえない。
　　エ　シンプロバーブレ

[3] ¡Imposible!　　　　不可能。
　　インポシーブレ

[4] ¡En absoluto!　　　　絶対だめ。
　　エナブソルート

INTERMEDIO　　　　中級会話

[5] ¡Ni hablar!　　　　話にならない。
　　ニャ　ブラール

[6] ¡Ni pensarlo!　　　　考えつきもしない。
　　ニ　ペンサールロ

378

143. 不可能なことやありえないことを言い表わす

[7] ¡Ni soñarlo!
ニ　ソニャールロ
夢にも思わない。

☞ この感嘆文はなにも起こらないだろうという確信を表わすために使われる。否定の答えとしても使われる。

[8] A lo mejor no.
ア　ロ　メホール　ノ
ひょっとしてだめだろう。

[9] Es difícil que (...).
エス　ディフィシル　ケ
(...) は難しい。

[10] No parece que (...).
ノ　パレーセ　ケ
(...) とは思えない。

[11] Es muy dudoso que (...).
エス　ムイ　ドゥドーソ　ケ
(...) は大いに疑わしい。

[12] Puede (ser) que no (...).
プエデ　セール　ケ　ノ
(...) ないことが起こるかもしれない。

[13] No es fácil que (...).
ノ　エス　ファシル　ケ
(...) は簡単ではない。

[14] No parece muy probable que (...).
ノ　パレーセ　ムイ　プロバーブレ　ケ
(...) はたいしてありうるとは思えない。

[15] Hay pocas posibilidades de que (...).
アイ　ポカス　ポシビリダーデス　デ　ケ
(...) という可能性は少ししかない。

[16] (...) resulta imposible.
レスルタ　インポシーブレ
(...) は結果的に不可能だ。

| AVANZADO | 上級会話 |

17. Igual no (...).　　多分（...）ないだろう。
☞142章20の注参照。

18. Es del todo imposible que (..).　　（...）はまったくありえない。

19. No existe ni la más remota posibilidad de que (...).　　（...）の可能性はこれっぽっちもない。

20. ¡Esto ni lo sueñes! I.　　こんなこと夢にも考えるな。

21. ¡Ni te lo imagines! I.　　そんなこと、想像だにしないように。

22. ¡No caerá esa breva! FH.　　そうまくいくかい。
☞いちじくの一種を示す名詞 breva をもとにして作られたこの文は、運命を決める何かが起こりえないことを表わすために使われる。

23. ¡Qué más quisieras tú! I.　　それは無理というもんだ。
☞この文は、聞き手は望んでいるが、話し手は望んでいないことが起こるはずがないことを表わす。このように単独でも、また後に節を従えても使われる：¡Qué más quisieras tú que ganarme al tenis! ［私にテニスで勝とうだなんて、そりゃ無理だよ］。

144. *Esperar que ocurra algo*
何かが起こることを期待する

| ELEMENTAL | 初級会話 |

1. Espero (...).
エスペーロ
（...）を期待しています。

2. Eso espero.
エソ　エスペーロ
それを私は期待しています。

3. ¡Todo llegará!
トド　ィエガラ
すべて実現するだろう。

144. 何かが起こることを期待する

4. ¡Ojalá!
   オハラ
   願わくば。

   ☞ ojalá は、願望を表わす間投詞である。単独で使われるほか、次に動詞とか完全なる文が続く。動詞は接続法になり、現在形でも、過去形にもなる。口語では、間投詞 (ojalá) と他の部分との間に que とか y が入る：¡ojalá que revientes! [くたばってしまえ]。

INTERMEDIO / 中級会話

5. Espero que (...).
   エスペーロ ケ
   私は (...) と期待しています。

6. Es de esperar que (...).
   エス デスペラール ケ
   (...) を期待すべきである。

7. Tengo la esperanza de que (...).
   テンゴ ラ エスペランサ デ ケ
   私は (...) という期待を抱いています。

8. Debemos confiar en (...).
   デベーモス コンフィアー レン
   私たちは (...) を信頼すべきです。

9. Estamos en espera de (...).
   エスターモセ ネスペーラ デ
   私たちは (...) を待っています。

10. Estamos a la espera de (...).
    エスターモサ ラ エスペーラ デ
    私たちは (...) を待っています。

11. Estoy impaciente por (...).
    エスト インパシエンテ ポル
    私は (...) したくてじりじりしています。

12. Ya verás cómo (...).
    ヤ ベラス コモ
    いまに (...) がどうなるかが君にわかるだろう。

AVANZADO / 上級会話

13. ¡Dios quiera que (...)! R.
    (...) でありますように。

14. Todavía hay esperanzas. — まだ希望がある。
15. Estoy por (...). — 私はまだ (...) していませんが。（でも…がしたいものです）

☞ 動詞 estar はたくさんの前置詞と一緒に使われる。por が続く時は、二つの意味があり、二つとも未来の行為に関係している。すなわちまだ実現されていないことへの期待 (la comida está por hacer. [食事はまだできていない]) とか、何かをしようとする決心とかを表わす：casi estoy por quejarme al director. [私は上司に不平を言いたいぐらいです]。

16. Me gustaría que (...). — (...) だとうれしいのですが。
17. Confiemos en que (...). — (...) を信頼することにしましょう。
18. Tengo mucha confianza en que (...). — 私は (...) に全幅の信頼を置いています。
19. Hay perspectivas de que (...). — (...) という見込みがある。
20. Estoy a la expectativa. — 私は期待している。
21. ¡Buena os espera! Ir. — 君たちいずれ思うようになるさ。

☞ 形容詞 bueno の女性形は、それを修飾する名詞がなく、口語的な表現に現れる：a la buena de Dios [行きあたりばったりに]。また ¡buena la he hecho! は ¡qué error he cometido! [なんという間違いをしでかしてしまったのだろう] の意味である。una buena で、ある事件とかなんらかの発言とか単にある考えとかを表わすことができる。

22. Tengo cifradas mis esperanzas en (...). — (...) に私は期待を置いています。
23. (...) me hace concebir ilusiones. — 私は (...) と考えただけで、色々な期待がふくらんできました。
24. Hay que dar tiempo al tiempo. — ゆっくり時間をかけなくてはならない。
25. Toquemos madera. — 良いことが起こるように。

☞ この句は迷信ぶかい人が木製のものに手をふれるジェスチャーをしながら発せられるが、このようにしてのろいを打ち払いたいという希望を表わす。もっと一般的な意味では、不幸がもたらされるかもしれない時に使われる。

145. Querer algo
何かを望む

ELEMENTAL | 初級会話

[1] Quiero (...).
キエロ

私は (...) がほしいのです。

[2] Necesito (...).
ネセシート

私は (...) が必要です。

[3] ¿Por qué no puedo (...)?
ポル ケ ノ プエド

なぜ私は (...) をしてはいけないのですか？ (…してもいいでしょ？)

INTERMEDIO | 中級会話

[4] Quiero que (...).
キエロ ケ

私は (...) したく思います。

[5] Me encantaría (...).
メンカンタリーア

(...) したら、私はうれしいのですが。

☞11章2の注参照。

[6] Estoy decidido a (...).
エストイ デシディード ア

私は (...) する決心をしています。

[7] Mi idea es (...).
ミ デーア エス

私の考えは (...) です。

[8] Me he propuesto (...).
メー プロプエスト

私は (...) する気になっています。

[9] Lo que necesito es (...).
ロ ケ ネセシート エス

私が必要なのは (...) です。

| **AVANZADO** | **上級会話** |

10. Quisiera (...).　　　　私は (...) したいのですが。
11. Querría (...).　　　　私は (...) したいのですが。
12. ¡Ojalá pudiera (...)!　　できたら、(...) できるといいのですが。

　　☞144章 4 の注参照。

13. ¿Y no podría (...)?　　それで私は (...) してはいけないのでしょうか。(…してもいいでしょ？)

14. Haré mi (santa) voluntad.　　私のしたいことをさせていただきます。

15. Me iría muy bien que (...).　　(...) したら、私にはとても都合がいいのですが。

16. Me da la gana de (...). v.　　私は (...) したいのですが。

17. Tengo el capricho de (...).　　私はふと (...) がしたくなりました。

18. Me he encaprichado de (...).　　私はふと (...) したくなりました。

19. Me chiflaría tener (...). I.　　私は (...) を手にいれたら、気が狂うほどうれしいことでしょう。

　　☞chiflarse は volverse loco [気が狂う] の意味である。比喩的に使われ、大変強い表現力を帯びると、何かにだれかが感じている強い願望とか傾倒を表わす。

20. Deseo de todo corazón que (...).　　私は心から (...) を望みます。

21. Lo que pretendo es (...).　　私が切望していることは (...) です。

22. Tengo el firme propósito de (...).　　私は (...) をすることを堅く決心しております。

㉓ No habrá quien me lo impida.　　私の決心の前には障害物はひとつもありません。

㉔ Voy tras (...).　　私は (...) を追い求めています。
☞ 動詞 ir は、ここでは移動を表わしておらず、だれかに何かがかきたてる願望とか、それを獲得するために行う努力を表わす。

㉕ Querer es poder. FH.　　意志のある所には道がある。
☞ この諺の意味は明々白々である。つまり意志こそが何かを達成するための最良の道具であるという意味である。

㉖ Lo tengo entre ceja y ceja. I.　　私はその考えが念頭から離れません。
☞ 熟語 entre ceja y ceja ［まゆとまゆの間に］は、何かをしようとする時の執念を表わす。この句と組み合わされる動詞は次のうちのどれかである。tener, ponerse, meterse.

㉗ Tengo el ojo echado a (...). I.　　私は (...) から目が離れません。

146. Pedir la opinión a alguien
だれかに意見を求める

ELEMENTAL　　初級会話

① ¿Qué opinas?　　君、どう思う？
　　ケ　オピーナス

② ¿Qué piensas de (...)?　　君、(...) についてどう思う？
　　ケ　ピエンサス　デ

③ En tu opinión, ¿qué (...)?　　君の意見では、(...) はどう？
　　エン　トゥ　オピニオン　ケ

④ ¿Qué crees de (...)?　　君、(...) についてどう思う？
　　ケ　クレース　デ

⑤ ¿Y a ti qué te parece?　　それで、君にはどう見える？
　　ヤ　ティ　ケ　テ　パレーセ

385

6 ¿Cuál es tu opinión sobre (...)?　　(...)について君の意見はどう？

INTERMEDIO　　中級会話

7 ¿Te preocupa (...)?　　君、(...)は気にならない？

8 ¿Cuál es tu punto de vista sobre (...)?　　(...)について君の見方はどう？

9 Me gustaría conocer su opinión sobre (...).　　(...)についてのあなたのご意見をおうかがいしたいのですが。

10 Dime lo que piensas (acerca) de (...).　　(...)について君がどう思っているか、私に言ってよ。

AVANZADO　　上級会話

11 ¿Qué opinión te merece (...)?　　(...)については君はどういう意見かな？

12 ¿Qué me dices de (...)? ˡ·　　(...)について、君はどう思う？

☞この表現は文字通りに理解してはならない場合もある。それは相手を何かに誘う場合である：¿qué me dices de una cerveza y unos calamares? [ビールといかのリング揚げはどうかな？]。

13 ¿Le gustaría comentar algo sobre (...)?　　あなたは(...)についてなにかコメントがおありでしょうか？

14 ¿(Hay) alguna objeción? ˡ·　　なにか反対意見はありますか？

15 ¿Cómo ves lo de (...)? ˡ·　　(...)の件はどう思う？

☞動詞 ver は、基本的には「視覚」本来の活動を意味するが、精神的理解の能力に関しても、comprender [理解する] の類義語としてしばしば使

われる：¿ves ahora por qué lo he hecho? ［なぜそれを私がしたか今ならわかるかい］。時々 ver algo は、ある判断、ある意見を意味する：veo bien que te cases. ［君が結婚するのはいいと私は思います］。この意味での疑問文も作れる：¿cómo ves lo de comprar ese terreno? ［その土地を買う件はどう思う？］。その返事には評価の言葉　(bien/mal, estupendo, fatal など)が現れるはずである。18章21の注参照。

16　¿Qué impresión has sacado de (...)?　(...) からどんな印象を受けた？

17　Me gustaría saber qué opinión se ha formado acerca de (...). F.　(...) についてどんな意見をお持ちになったか、私はお伺いしたいのですが。

18　¿Quiere hacer alguna otra apreciación? F.　なにかほかのコメントをしていただけないでしょうか？

147.　Dar la opinión
意見を言う

ELEMENTAL　初級会話

1　Creo que (...).
クレーオ　ケ
私は (...) だと思います。

2　Opino que (...).
オピーノ　ケ
私は (...) という意見です。

3　Pienso que (...).
ピエンソ　ケ
私は (...) と思います。

4　Me parece que (...).
メ　パレーセ　ケ
私には (...) のように見えます。

5　Supongo que (...).
スポンゴ　ケ
私は (...) と思います。

INTERMEDIO / 中級会話

6. Para mí, (...).
   パラ ミ
   私にとっては（...）です。

7. Considero que (...).
   コンシデーロ ケ
   私は（...）と考えます。

8. En mi opinión, (...).
   エン ミ オピニオン
   私の意見では、（...）です。

9. Personalmente, opino que (...).
   ペルソナルメンテ オピーノ ケ
   個人的には、私は（...）という意見です。

10. Mi punto de vista es que (...).
    ミ プント デ ビスタ エス ケ
    私の見方は（...）です。

11. Desde mi punto de vista (...).
    デスデ ミ プント デ ビスタ
    私の見方では（...）です。

12. Mi opinión sobre esto es la siguiente: (...).
    ミ オピニオン ソブレスト エス ラ
    シギエンテ
    この件に関しての私の意見は次のようなものです。（...）。

13. ¿Quieres que te diga lo que pienso? Pues (...). I.
    キエレス ケ テ ディーガ ロ
    ケ ピエンソ プエス
    私がどう思っているか君は言ってほしいかい？ それは（...）だ。

AVANZADO / 上級会話

14. A mi entender, (...).
    私の理解するところでは、（...）です。

15. A mi modo de ver, (...).
    私の見るところでは、（...）です。

16	Por lo que veo, (...).	私の見るところでは、(...) です。
17	A mi juicio, (...).	私の判断では (...) です。
18	Me figuro que (...).	私は (...) と想像します。
19	Sospecho que (...).	私は (...) ではないかと思います。
20	Presumo que (...).	私は (...) と推測します。
21	Entiendo que (...).	私は (...) と理解しています。
22	Me temo que (...).	私は (...) でないかと心配です。

☞動詞 temer は、害を受けるかもしれないという恐れを表わすのに使われる：no lo hizo porque temía las consecuencias.［結果を恐れたので、彼はそうしなかった］。しかし temer でも再帰動詞の temerse でも、疑いの念を表わすことができる。従属文の動詞は接続法もとりうるが、直説法未来形もとりうる：me temo que no llegaremos a tiempo.［私たちは時間通りに着けないのではないかと私は心配です］。

23	Yo diría que (...).	私だったら (...) と言うでしょう。
24	A decir verdad, (...).	本当のことを言うと、(...) だ。
25	La impresión que he sacado es que (...).	私が持った印象は (...) です。
26	Para serle sincero debo decirle que (...).	あなたに対して誠実であるためには、私は (...) と申し上げなくてはなりません。
27	Con todos mis respetos, yo creo que (...). F.	あらゆる敬意を込めて、私は (...) と考えるしだいです。
28	Puesto a dar una opinión, yo diría que (...) I.	意見を言うことが許されるなら、私としては (...) と申し上げたいところです。

148. Evitar dar la opinión
意見を言うのを避ける

ELEMENTAL　　　　　　　　　　　初級会話

1. No sé.
   ノ　セ

   わかりません。

2. ¡Sin comentarios!
   シン　　コメンタリオス

   ノー・コメント。

   ☞ 英語の熟語 No comment! に相当し、あることに関して何か言うことを拒否する表現を表わす。かなりきっぱりとした否定表現である。この表現は、人とか物がもたらす印象を表現するのを拒否するのに用いられる：¿Qué te parece el abogado?——¡Sin comentarios! [その弁護士を君、どう思う？——ノー・コメント]。

3. Prefiero no opinar.
   プレフィエロ　ノー　ピナール

   私は自分の意見を言わない方がいいと思います。

4. No quiero opinar.
   ノ　キエロ　ピナール

   私は意見を言いたくありません。

5. De momento, me reservo mi opinión.
   デ　モメント　メ　レセルボ
   ミ　オピニオン

   今のところ私の意見を言うのは控えておきます。

6. Eso no es asunto tuyo. I.
   エソ　ノ　エ　サスント　トゥーヨ

   その件は君には関係ない。

INTERMEDIO　　　　　　　　　　　中級会話

7. ¡Y yo qué sé! I.
   ィヨ　ケ　セ

   私が知っているわけないじゃないか！

8. No tengo ninguna opinión acerca de (...).
   ノ　テンゴ　ニングーナ　オピニオン
   アセルカ　デ

   (...) に関して私はなんの意見もありません。

148. 意見を言うのを避ける

⑨ En este asunto prefiero no tomar partido.
　エネステ　アスント　プレフィエロ　ノ　トマール　パルティード

この件に関しては私はかかわりたくありません。

⑩ Lo siento, pero no me corresponde a mí opinar.
　ロ　シエント　ペロ　ノ　メ　コレスポンデ　ア　ミ　オピナール

残念ですが、私の意見を述べるのは私のすることではありません。

⑪ No me hagas hablar.
　ノ　メ　アーガ　サブラール

私にものを言わせないでよ。

☞ この文は否定命令の構文だが、本当は意見を言うのを拒否する言い方になっている。言外に、言うべき事はあるが、言うと困った事になるということが了解されている：no me tires de la lengua.［私に白状させないでよ］に似た表現である。本章23の注参照。

⑫ ¿Qué quieres que te diga?
　ケ　キエレス　ケ　テ　ディーガ

いったい君は私にどう言ってほしいのかい？

☞ この文は、構文からして疑問文のように見えるが、その本当の意味は、意見を言いたくないとか、意見がまとまらないとかを表わす。

⑬ No sé qué pensar de (...).
　ノ　セ　ケ　ペンサール　デ

(...) についてどう考えたらいいかわかりません。

⑭ Eso tendría que pensarlo.
　エソ　テンドリーア　ケ　ペンサールロ

それは熟考の余地がありそうですね。

☞ 「tener que＋不定詞」は義務を表わす構文であるが、-ría形（過去未来形）だと、義務表現の意味もわずかにとどめてはいるけれども、もっぱら自分の意見を言うのを避ける表現である。

⑮ Es que no sé qué decir.
　エス　ケ　ノ　セ　ケ　デシール

実は私、どう言ったらいいのかわかりません。

| AVANZADO | 上級会話 |

16　Eso ahora no viene a cuento.　　今それを言うのは適当ではない。

☞ no hacer/no venir algo al caso [関係がない、適切でない] とか venir algo a cuento [適切である、タイムリーである] は、チャンスとか、この文が言われる状況との関連性とかを表わす。

17　Eso ahora no viene al caso.　　今それを言うのは適当でない。

☞16の注参照。

18　A mí no me incumbe opinar. R.　　意見を言うのは私の義務ではありません。

19　No me he parado a pensarlo.　　私はそれを絶えず考えておりました。

20　No quiero mojarme. V.　　私はかかわりあいになりたくありません。

☞ mojarse [濡れる] は、比喩的に comprometerse [かかわりあいになる] を意味する。

21　Yo no soltaré prenda. I.　　私は口をすべらせたくありません。

☞ no soltar prenda は、かかわりあいになるかもしれない時や話をするのを避ける時に使われる比喩的表現である。

22　No lograrás sonsacarme.　　君は私の口からなにも引き出せないでしょう。

☞ sonsacar は sacar の派生語で、ある人がほかの人にうまくある事を話すようにさせる行為を表わす。

23　No me tires de la lengua. FH.　　私の口を割らせないでよ。

☞ tirar de la lengua [白状させる] の内容は、sonsacar [口をすべらす] に近い。この文を発することは、意見を言うことをさけたいということを言外に意味している。なぜならば心に思っている判断が相手に対して否定的だからである。名詞 lengua はほかの熟語でも使われる：irse de la lengua [言わなくともいいことを言う、口をすべらす]、morderse la lengua [何かを言う欲望を抑える]。本章11の注参照。

24. Eso a mí ni me va ni me viene. Enf.　それは私にはどうでもいいことです。

　　☞ no ir ni venirle a alguien algo は「何かがある人に重要でない」ことを表わす。もしその件に知らないふりをし、自分の意見を明らかにするのを避けようとしてそれを聞き手に発すると、この句はぶしつけで辛らつな表現になる。

25. No tengo mucho que decir sobre esto.　このことに関しては、私あまり言う事はありません。

26. (Me temo que) No puedo decir nada de (...).　私は（...）については、何も言うことができません。（できないのではないかと心配です）

27. No tengo suficientes elementos de juicio como para opinar. F.　私は意見を述べるのに十分な判断材料の持ち合わせがありません。

149. Intentar convencer a alguien
だれかの説得を試みる

ELEMENTAL　初級会話

1. Yo creo que debes (...).
   ヨ　クレーオ　ケ　デーベス
   君は（...）すべきだと私は思う。

2. Sí, pero mire (...).
   シ　ペロ　ミーレ
   おっしゃるとおりです。でも（...）を考えてごらんなさい。

3. Creo que eso es mejor.
   クレーオ　ケーソ　エス　メホール
   そのほうがいいと私は思います。

4. (...) es lo mejor.
   エス　ロ　メホール
   （...）が最良です。

5. Más (...), ¡imposible! Enf.
　　マス　　　　　　インポシーブレ

もっと（...）ですって、それはとうてい無理です。

INTERMEDIO
中級会話

6. Lo que yo creo que debes hacer es (...).
　　ロ　ケ　ヨ　クレーオ　ケ　デーベ　サセー　レス

君がしなくてはならないと私が思うことは、(...) です。

7. Creo que lo mejor para usted será (...).
　　クレーオ　ケ　ロ　メホール　パラ　ウステ　セラ

あなたにとって最良のことは、(...) だろうと私は思います。

8. Por favor, fíjate en (...).
　　ポル　ファボール　フィーハテ　ン

どうか、(...) のことをよく考えてくれよ。

9. Espera, espera, ¿de veras crees que (...)?
　　エスペーラ　エスペーラ　デ　ベーラス　クレース　ケ

待て、待て、本当に（...）だと思うのかい？

10. Escúchame, por favor, y verás que tengo razón.
　　エスクーチャメ　ポル　ファボール　イ　ベラス　ケ　テンゴ　ラソン

どうぞ聞いてちょうだい。そうすれば、私が正しいのがわかるよ。

11. Debe convencerse de que (...).
　　デーベ　コンベンセールセ　デ　ケ

あなたには（...）ということをわかっていただかねばなりません。

AVANZADO	上級会話

12. ¿Bromeas? Lo que está claro es que (...). Ir.
    君、冗談言っているのかい？ でもはっきりしていることは（...）だよ。

13. A pesar de eso, ¿no crees que (...)?
    それにもかかわらず、君は（...）だと思わないのかい？

14. Yo que tú (...). I.
    もし私が君ならば、（...）。

    ☞ 文の先頭に用いる。次のもそうである。yo (...) とか yo, en tu lugar, (...) とかのあとには過去未来形の動詞が続く：yo que tú llevaría el coche al taller. [もし君ではなく私ならば、車を自動車工場へ持って行くだろうに]。これは実は si yo fuera tú [もし私が君ならば] という条件文である。

15. ¿No pensarás que (...)?
    まさか（...）だとは思ってないだろうね？

    ☞ 動詞 pensar は、基本的な意味「考える」のほかに、何かをする意志があるとか、何かをするのを決心したことを意味する。これらの場合、不定詞が後に続く：no pensarás irte sin mí, ¿verdad? [私をはずして、行くつもりはないでしょうね]。これらの構文では、動詞の最後の音節（上の文では pensarás の -rás）が、大変おおげさに発音されることがある。

16. No es por nada, pero (...). Ir.
    なんでもないのだが、（...）だ。

17. Bueno, ¿y si lo miramos desde otro ángulo? R.
    そうかもしれない。だけど別の角度から私たちがそれを考えたら、（...）。

18. Respeto tu punto de vista, pero (...).
    君の見方は尊重するが、（...）だ。

19. Sí, pero mirado de otra manera (...).
    そうなんだが、別の見方をすれば、（...）。

20. Desengáñate de una vez.
    いいかげんさっさと目を覚ませ。

21. Si tenemos en cuenta que (...), entonces (...).
    もし私たちが（...）のことを考慮に入れれば、（...）。

22	Otra alternativa sería (. . .), ¿no?	もう一つの選択があるとすれば、(. . .) でしょうね。
23	Me pregunto si has tenido en cuenta lo que (. . .).	君は (. . .) のことを考慮に入れたかな？
24	No es que quiera convencerle, pero (. . .).	あなたを説得したいわけではないのですが、(. . .)。
25	¿No te das cuenta de que sería muchísimo más útil (. . .)?	(. . .) の方がもっとずっと役に立つのに、君気がつかないの？
26	No parece que esto tenga vuelta de hoja.	これには裏があるとは思えない。明々白々だ。

☞ 62章24の注参照。

27	Le puedo dar mil razones por las que creo que usted debe (. . .).	あなたが (. . .) しなくてはならないと私が考える理由をいくつもあげられます。
28	¡Hágame caso! No se deje engañar.	私の言うことをよく聞いてください。騙されてはいけません。

☞ hacer caso a/de は、「だれかへの配慮」を意味する。構文が似ているが、意味が違うのが hacer al caso で、普通否定で使われ、「その場に適切でない」ことを意味する：eso que dices no hace al caso. [君の言っていることはこの場に適切でない]。

150. *Decir a alguien que está equivocado*
間違えているとだれかに指摘する

ELEMENTAL　　　　　　　　　　　　初級会話

1. Estás equivocado .
   エスタ　セキボカード

   君、間違えているよ。

2. No tienes razón.
   ノ　ティエネス　ラソン

   君は正しくない。

150. 間違えているとだれかに指摘する

3. Te equivocas de (...). 君、(...) を間違えている。
4. Eso no es verdad. Enf. それは本当ではない。
5. Eso no es así. それはそうではない。
6. Estás en un error. 君は間違えているよ。
7. Eso es absurdo. それは馬鹿げている。

INTERMEDIO 中級会話

8. No has acertado. 君の言うことは当たっていない。
9. Has cometido una equivocación. 君は間違いを犯した。
10. Se confunde usted. あなたは取り違えておられます。
11. Te has confundido de (...). 君は (...) を間違えたよ。
12. ¡Qué disparates dices! I. なんというでたらめを言うんだい。
13. Creo que no es como lo dices. それは君の言うとおりではないと思う。

AVANZADO 上級会話

14. Vas desencaminado. 君は道を間違えているよ。

☞ el buen camino［良い道］は、ある状況で行動する時とか、ある計画を実行する時の適切な方法を意味する。動詞は ir、llevar、andar、estar、elegir のどれでもいい。形容詞 desencaminado (descaminado)［道をはずした］は、desorientado［迷った］、equivocado［間違えた］と似た意味になる。

15　Vas arreglado. I.　　　　　　　　君は見当違いだ。

☞ この表現で何かが期待通りに行かなかったことを意味する。arreglado の代わりに apañado、bueno、listo が現れることがある。その裏の意味がなんであるか考えさせるようなイントネーションで発音しなければならない。

16　Has dado un paso en falso.　　　君はしくじったね。

☞ dar un paso en falso は、歩く際に転んだり、よろけたりする意味から発して、比喩的な意味をおび、結果的には災難を招くようなことを誤ってしでかすことを意味する。

17　Creo que vas desorientado.　　　君は道に迷っていると私は思います。

18　Temo que sufre usted una confusión. F.　　私はあなたが勘違いなさっているのではないかと思います。

19　Tengo la impresión de que estás equivocado.　　君が間違えているという印象が私にはある。

20　Eso que dices es una aberración. R.　　君が言っていることは大間違いだ。

☞ 名詞 aberración は、物理学、生物学、天文学における「逸脱、異常」を意味し、disparate［とんでもないこと］の強い代用表現になる。同じように強い表現性を持ったものとして、atrocidad、desatino、barbaridad、herejía がある。

21　Te equivocas de medio a medio. I.　　君は完全に間違っているよ。

☞ 熟語 de medio a medio は、completamente［完全に］の意味で、equivocarse とか、それの類義動詞と一緒にしか使われない。

22　Has metido la pata. I.　　　　　君はどじなことをしでかした。

☞ meter la pata は、equivocarse［間違える］に相当する下品でない口語表現である。meter から派生した名詞 metedura から metedura de pata［足を突っ込むこと］ができ、equivocación［間違い］、inconveniencia［不都合］に近い意味になる。また mala pata は、mala suerte［不運］の意味

である。形容詞 patoso は不器用な人のことをいう。23参照。

23 ¡Qué metedura de pata! I.　　何というどじだ。
☞22の注参照。

24 ¡Vaya patinazo! I.　　それは大変なしくじりだ。
☞ dar un paso en falso［しくじる］が、人がしでかした過ちを意味するように、動詞 patinar は、「すべる」という概念から「しくじる」を表わし、その派生名詞 patinazo は、動詞 dar、pegar と組み合わされ、「しくじり、失敗」を表わす。

25 ¡Qué torpeza has cometido!　　君はなんというへまをしでかしたのか。

26 Te has colado. I.　　君はへまをしたね。
☞ colarse は、基本的な意味 colarse en un cine sin pagar［金も払わず、映画館にもぐり込む］ではなく、この場合のように比喩的に、またくだけた表現で、equivocarse［間違える］の類義語として使われることがしばしばある。自分が嘘をついても、人々が騙されない時に una mentira que no cuela と言う。

27 La has pifiado. I.　　君はしくじったね。
☞動詞 pifiar は、equivocarse のくだけた類義語であり、名詞 pifia から作られ、ビリヤードでの突きの失敗を意味する。

28 Me parece que toma una cosa por otra.　　あなたはAとBをとり違えておられると私には思えます。

29 Me parece que se pasa usted de listo. Ir.　　あなたは考えすぎて失敗すると私には思えます。

30 Me parece que te has hecho un lío. I.　　君は大失態を演じたようだね。
☞名詞 lío はたくさんの意味を持っている。「荷物」とか「包」を意味することもあるが、また「感情的なもつれ」を意味する：tiene un lío de faldas con una vecina.［彼は隣の女とスキャンダルを起こしている］。

31 Es que no das una. I.　　君はへまをしでかしたんだね。

32 No das en el clavo. F.H.　　君は的はずれだね。
☞熟語 dar en el clavo は、acertar［言い当てる］の気のきいた類義語句であ

る。的を狙うスポーツの関連用語である blanco［的］、diana［的の中心］は、dar en の後に来うる目的語であり、意味内容はさして変わらない。

[33] Es que no das pie con bola. FH.　　　君はしくじったね。

☞ ゲームに関連した用語で、「的はずれ、過ち」を意味する。やや似ている表現は31の no das una である。

[34] ¡Qué plancha has metido! I.　　　なんというへまを君はしでかしたんだ。

☞ plancha の基本的な意味は、「金属の一薄片」である。比喩的に「間違い」とか「失言」を意味する。動詞 pegarse、tirarse、meter と組み合わされる。軽蔑辞をつけた派生語 planchazo［大失敗］がある。この文の意味は、meter la pata に似ている。

[35] Te ha salido el tiro por la culata. FH.　　　君には裏目に出てしまったね。

151. Decir a alguien que está en lo cierto
だれかに向かってあなたが正しいと言う

ELEMENTAL　　　初級会話

[1] ¡Claro!　　　もちろん。
　　クラーロ

[2] ¡Claro que sí!　　　もちろん、そうだ。
　　クラーロ　ケ　シ

[3] Tienes razón.　　　君の言うとおりだ。
　　ティエネス　ラソン

[4] Estás en lo cierto.　　　君の言う事は正しい。
　　エスタ　セン　ロ　シエルト

[5] Sí, es así.　　　そう、そのとおり。
　　シ　エサシ

151. だれかに向かってあなたが正しいと言う

[6] Eso es cierto.
エソ エス シエルト

それは確かだ。

[7] Está bien.
エスタ ビエン

それで結構。

[8] Es correcto.
エス コレクト

それは正しい。

[9] Es verdad.
エス ベルダー

本当だ。

[10] No te equivocas.
ノ テキボーカス

君、間違っていないよ。

[11] ¡Por supuesto!
ポル スプエスト

もちろん。

INTERMEDIO　　　　　　　　中級会話

[12] ¡Desde luego!
デスデ ルエゴ

もちろん。

[13] Has acertado.
ア サセルタード

ご名答。

[14] Creo que es como dices.
クレーオ ケース コモ ディーセス

それは君の言うとおりだと私は思います。

[15] Me parece que tu respuesta
メ パレーセ ケ トゥ レスプエスタ
ha sido muy acertada.
ア シード ム ヤセルターダ

君の答えはまったく的を射ていると私には思えます。

[16] Tus noticias han resultado
トゥス ノティ シア サン レスルタード
ser ciertas.　F.
セール シエルタス

君の情報は結果的には正しかったね。

401

17 Vas por buen camino. 君は道を踏み外していないよ。
バス ポル ブエン カミーノ

☞150章14の注参照。

18 No has hecho ninguna falta. 君はなんらの過ちも犯していない。
ノ ア セーチョ ニングーナ ファルタ

19 No has cometido ninguna 君はなんの間違いもしていない。
ノ アス コメティード ニングーナ
equivocación.
エキボカシオン

AVANZADO　　　　上級会話

20 Has dado en el blanco. 君の言うことは当たっている。

☞150章32の注参照。

21 Has empezado con buen pie. l. 君は幸先がいいぞ。

☞熟語 con buen pie と22の con el pie derecho は con buena suerte［幸運に］、de forma acertada［適切に］と同じような意味である。empezar、entrar のような動詞とともに使われる。反対の意味を表わすためには、それぞれの反対語の con mal pie、con el pie izquierdo を使う。

22 Has entrado en el pie 君はいいスタートを切ったね。
derecho. l.

☞30章23と本章21の注参照。

23 No vas desencaminado. 君は道を間違えていない。
24 No vas despistado. l. 君は道を外れていない。
25 ¡Qué ojo clínico tienes! 君のはまさに名医の診断だ。

☞これを医者に使うと、診断を下す際の的確な判断を意味する。しかしもっと広い意味では、だれかが正しく結論を導き出したり、出来事や他人の行動を予言したりする時に使う。

26 Eso que dices no tiene vuelta 君の言うことには裏がない。
de hoja.

☞62章24の注参照。

27　Ahora has puesto el dedo en la llaga. FH.　　君は痛いところを突いたね。

　　☞ 比喩的に使われたこの文章は簡単に内容がわかる。だれかが最も大事な所を正確に突いた時のことを表わす。

28　Lo que dices es tan cierto como que dos y dos son cuatro. FH.　　君の言うことは、2たす2が4であるように確かだ。

29　Has dado en el quid.　　君は正鵠を射ているよ。

　　☞ quid は、ある事柄の最も重要な繊細な部分をさすラテン語である。これは「的を射る」という表現 dar en el blanco、dar en la diana、dar en el clavo に似ている。

152. Preguntar a alguien si está de acuerdo
同意しているかどうかをだれかに聞く

ELEMENTAL　　初級会話

1　¿De acuerdo?　　オー・ケーですか？
　　デ　アクエルド

2　¿Verdad?　　本当？
　　ベルダー

3　¿Vale?　　これでよろしいですか？
　　バーレ

4　¿Sí? Enf.　　いい？
　　シー

5　¿Sí o no?　　いい、それともだめ？
　　シ　オ　ノ

6　¿Crees que tengo razón?　　私が正しいと思うかい？
　　クレース　ケ　テンゴ　ラソン

7　¿Te parece bien (…)?　　君は（…）でいいと思うかい？
　　テ　パレーセ　ビエン

INTERMEDIO 中級会話

8. ¿Ves las cosas como yo?
   君はこれについては私と同意見かね？

9. ¿Pensamos lo mismo?
   君と私は意見が一致したかね？

10. ¿Qué? ¿Te parece bien?
    なあに。君はそれでいいと思うかい？

11. ¿No crees que (...)?
    (...) と君も思うだろう？

    ☞ この文章は、話し相手に何かを聞いているのではなくて、相手の意見が話し手と同じだと想像して、同意を求めているのである：¿no crees que esta gabardina es un poco cara? [このコートすこし高いように思えますが？]。この節の後に来る動詞は直説法をとる。この文は次の文と違うことを念頭におくべきである：no creo que esta gabardina sea cara. [このコートが高いとは私は思いません]。後者は個人的な判断を吐露しているだけであり、従属節の動詞は接続法になる。

12. (...), ¿no te parece?
    (...) でしょ？

13. (...), ¿me equivoco?
    (...) でしょ。違う？

14. ¿Opinas como yo?
    君は私と同意見？

AVANZADO 上級会話

15. (...), ¿conforme?
    (...)、オー・ケー？

16. ¿Estás conforme con lo que he dicho?
    私が言ったことに君は賛成？

17. ¿Eres de mi parecer?
    君は私の意見と同じ？

18. ¿Lo apruebas?
    君はそれを認めてくれる？

152. 同意しているかどうかをだれかに聞く

19　¿Estamos?　　　　　　　　　じゃあ、それでいいね？

☞ この表現は、とても強くて、¿comprendes?［わかる？］の意味であり、聞き手が理解しているかどうか確かめると同時に、自分、すなわち話し手の意見を強調するのに用いられる。一人称複数形（¿estamos?）で使われる。ただしこの場合の一人称複数形には意味上聞き手 (tú) の意見は含まれていない。もっと複雑な構文、¿estás conmigo en lo de (...)?［(...)の件で君は私に賛成？］は、後に不定詞が来て文が完成する。

20　¿Estás conmigo?　　　　　　じゃあ、それでいいね。

☞ 19の注参照。

21　¿No estás de acuerdo conmigo cuando digo que (...)?　　私が（...）と言ったら、君は不賛成？

22　¿Coincides con mi punto de vista?　　　　　　　　　　私の見方と同じかい？

23　¿Ves por dónde voy? L.　　　君、私の考えを理解し賛成してくれる？

☞ 移動の動詞 ir は、ここでは、空間的、時間的移動を表わさず、精神的運動を意味する。表現された思考の結果を意味する。

24　¿Le da usted el visto bueno? R.　あなたは彼にゴーサインを出しますか？

☞ visto bueno は、書類の下に書かれる VISTO BUENO［検査済み］から来ている。普通は省略文字（Vo.Bo.）で、承認した人のサイン付きである。この意味で男性名詞としての扱いを受け、「同意」の conformidad とか acuerdo の意味になる。

153. Manifestar que uno está de acuerdo con alguien
ある人がだれかと同意見だということを表明する

ELEMENTAL 初級会話

1. ¡De acuerdo!
   デ　アクエルド

   承知しました。

2. Estoy de acuerdo.
   エストイ　デ　アクエルド

   私、賛成です。

3. Vale, vale.
   バーレ　バーレ

   わかった、わかった。

   ☞ vale は、動詞の一活用形であるが、ほとんど間投詞の性格をもって使われてきており、あることを承認する時の表現としてますます頻繁に用いられるようになっている。時々二度繰り返されて、「了解」の意味を表わす。

4. ¡Es verdad!
   エス　ベルダー

   そのとおり。

5. Tienes razón.
   ティエネス　ラソン

   君の言うとおりだ。

6. ¡Naturalmente!
   ナトゥラルメンテ

   もちろん。

7. ¡Claro!
   クラーロ

   もちろん。

8. ¡Claro que sí!
   クラーロ　ケ　シ

   もちろん。

9. ¡Sí, por supuesto!
   シ　ポル　スプエスト

   もちろん、そのとおりです。

10. ¡Bueno!
    ブエノ

    結構。

11. Está bien.
    エスタ　ビエン

    結構です。

153. ある人がだれかと同意見だということを表明する

[12] Sí, estoy completamente de acuerdo contigo.
うん、私は君とまったく同意見です。

[13] Me parece bien.
私はいいと思います。

INTERMEDIO 中級会話

[14] ¡Desde luego!
もちろん。

[15] ¡Exacto!
そのとおり。

[16] Eso mismo.
そのとおり。

[17] Justamente.
まったくそのとおり。

[18] Eso es exactamente lo que yo pensaba.
それこそまさに私が考えていたことです。

[19] Eso es también mi punto de vista.
それもまた私の見方です。

[20] Veo que pensamos lo mismo.
私たち二人は、同意見のようです。

[21] Veo las cosas como tú.
私は物の見方が君と同じです。

[22] Lo veo bien.
それで私は結構だと思います。

☞146章15の注参照。

23　No se hable más. Enf.
　　ノ　セ　アブレ　マス

もうその話は結構です。（私は十分わかりましたし、あなたと同意見でもありますから）

☞熟語 ¡no se hable más (de algo)! は、相手の発言がもう十分であることを表わすために使われる。それゆえ、話し相手の話を遮りたい時とか、相手の発言にもうこれ以上の議論とか解説が必要とされない時にも使われる。

AVANZADO　　　　上級会話

24　¡Por descontado!　　言うまでもありません。
25　Apruebo tu decisión.　　君の決定を認めます。
26　Estoy con usted en esto.　　私はこの点ではあなたと同意見です。
27　Coincido contigo.　　君と同意見です。
28　Le doy mi aprobación. F.　　私はあなたのご意見を承諾いたします。
29　Soy de tu mismo parecer.　　私は君と同意見です。
30　¡Lo que tú digas!　　君の言うとおり。

☞この文は、話し相手が言ったり、提案したりすることに同意することを表わす。動詞が接続法になるのは、この文の内容が未来に言及することもあるからである：como quieras［君の好きなように］、donde te parezca［君がいいと思うところで］と同類である。

31　No faltaba más. Enf.　　もちろん、そのとおりです。

☞32とともに、認められないことをこの表現で拒否できる。間接的には肯定にも使われる。

32　¡No faltaría más! Enf.　　もちろん、そのとおりです。

☞31の注参照。

33　Tienes más razón que un santo. FH.　　君の判断は聖人よりも正しいくらいだ。

☞聖人にたとえるのは、正当性、すなわち判断の正しさを強調する常套手段である。これはいささか興味深い表現である。なぜなら判断の正しさは聖人には必要不可欠と思われていないが、親切のようなほかの性質は必要不可欠である。また何かの役にたつ物や人を指すのに mano de santo［聖人

[34] ¡Ni que decir tiene! Enf.　　　　それについては言うまでもない。

　　　☞これは肯定のエネルギッシュな表現である。この件に関しては、なんらの疑いも入り込まないことを意味している。

[35] ¡Y tanto! Enf.　　　　　　　　そうですとも。

　　　☞この間投詞は前に述べられたことに対しての賛意を表わす。

[36] Le doy mi visto bueno. R.　　私はあなたにゴーサインを出します。

　　　☞152章24の注参照。

154. Manfiestar que uno no está de acuerdo con alguien
ある人がだれかの意見に賛成でないと表明する

ELEMENTAL　　　　　　　　　　　初級会話

[1] No estoy de acuerdo.　　　　　　私は不賛成です。
　　ノ　エストイ　デ　アクエルド

[2] ¡Claro que no!　　　　　　　　　もちろん、だめ。
　　クラーロ　ケ　ノ

[3] ¡Por supuesto que no!　　　　　言うまでもなくだめだ。
　　ポル　スプエスト　ケ　ノ

[4] No tienes razón.　　　　　　　　君は正しくない。
　　ノ　ティエネス　ラソン

INTERMEDIO　　　　　　　　　　　中級会話

[5] Estoy en total desacuerdo.　　私は100パーセント反対です。
　　エスト　ィエン　トタル　デサクエルド

[6] No lo veo bien.　　　　　　　　　私にはよいと思えません。
　　ノ　ロ　ベーオ　ビエン

　　　☞153章22の注参照。

409

[7] No soy de tu misma opinión. 　私は君と意見を異にします。

[8] Veo que no pensamos lo mismo. 　私たち二人は同意見ではないようだね。

[9] No veo las cosas como tú. 　私は物の見方が君とは違います。

[10] ¡¿Qué dices?! I. 　まさか。

[11] ¡Qué va! I. 　とんでもない。

[12] ¡Hala! I. 　まさか。

☞ hala は、独特な意味を表わす間投詞である。催促の表現（¡hala!, termina de una vez! ［それ、すぐに終えろ。］のほかに、何か大げさな事物に対する違和感を表わす。ラテンアメリカの各地で使われる動詞（halar—「ハラール」と発音する。jalar とも書く—［引っ張る］）の命令法と間違えてはならない。

[13] No es así como yo lo veo. 　私のそれについての考えはそうではありません。

[14] ¿Lo dices en serio? 　まじめにそう言っているのかい。

[15] Yo no diría eso, desde luego. 　もちろん、私だったらそうは言わないでしょう。

AVANZADO　　　上級会話

[16] ¡Tonterías! I. 　馬鹿な話だ。

| 17 | Debes de estar bromeando. Ir. | 君は冗談を言っているに違いない。 |

| 18 | No soy de tu parecer. | 私は君と同意見ではありません。 |

| 19 | Desapruebo su decisión. F. | あなたの決定には同意できません。 |

| 20 | ¡Anda ya! I. | とんでもない。 |

☞ 間投詞の anda は、たくさんの意味を持っている。驚きの感情に感嘆とか不信の念とかが加わった意味が最も典型的である。¡anda ya! では驚嘆よりも不信の念が表わされており、¡andajá! と発音される方言もあるくらいである。

| 21 | ¡Eso habría que verlo! Ir. | それはよく考えなくてはならないなあ。（私は不賛成です） |

☞ この疑念または不信の念を表わす文は、もっと研究あるいは省察の必要があることを意味している。動詞 haber はまた未来形 habrá にすることもできる。似たような表現に estar (algo) por ver ［何かが未検討である］がある。

| 22 | ¡Eso lo dirás tú! Ir. | それは君の言うせりふだ。（私の意見はまったく違う） |

☞ この文は文字どおり解すべきでなく、相手が言ったことに絶対反対であることを伝える言い方と解釈しなければならない。すこし軽蔑的である。

| 23 | Me temo que estoy en completo desacuerdo. F. | 私は正反対の意見なのが気がかりです。 |

| 24 | No le doy mi aprobación. | 私はあなたにゴーサインを出しません。 |

| 25 | Quiero expresarle mi total disconformidad con (...). F. | 私は（...）について正反対の意見をあなたに表明したいと思います。 |

| 26 | Desearía mostrar mi más profundo desacuerdo con (...). F. | 私は全面不賛成の意を表させていただきます。 |

| 27 | Me parece descabellado. R. | 私には常軌を逸していると見ますが。 |

☞ 形容詞 descabellado は、cabello ［髪］から派生しているが、この意味は原意と無関係である。なぜなら disparatado ［でたらめな］、absurdo ［馬

　　　　　鹿げた]の意味だから。

28　No tienes ni pizca de razón. I.　　　君の言っていることはちっとも正しくない。

29　No suscribimos su propuesta. R.　　　私たちはあなたの提案には賛成できません。

155. Llegar a un acuerdo con alguien
だれかと合意に達する

ELEMENTAL　　初級会話

1　Vale.
　　バーレ

意見一致。

2　De acuerdo.
　　デ　アクエルド

賛成。

3　Estamos completamente de acuerdo.
　　エスタモス　コンプレータメンテ　デ　アクエルド

私たちは完全に同意見です。

INTERMEDIO　　中級会話

4　Al fin hemos llegado a un acuerdo.
　　アル　フィン　エモス　ィエガード　ア　ウナ　クエルド

やっと私たちは合意に達しました。

5　Bien, quedamos así.
　　ビエン　ケダーモ　サシ

よし、そのようにしよう。

☞動詞 quedar は、たくさんの意味をもっている。滞在の意味のほかに、時間（quedan tres semanas para la boda.［結婚式まで3週間ある］）や二人の間での合意（hemos quedado a las cinco.［私たちは5時に会う約束をした］）にも使われる。quedar だけでは意味が不完全な場合は、「quedar en ＋不定詞」を補えばよい：ayer quedamos en trabajar juntos.［私たち

155. だれかと合意に達する

一緒に働くことに昨日決めました]。

[6] Bien, queda decidido.
よし、決定ですね。

[7] Así que estamos de acuerdo, ¿verdad?
そういう訳で私たち合意に達したんですね。

[8] De hecho, estamos diciendo lo mismo. I.
(一見間違ったことを言っているようですが) 実のところは、私たちは同じことを言っているのです。

AVANZADO / 上級会話

[9] A fin de cuentas, somos del mismo parecer.
結局私たちは同意見なのです。

[10] ¡No se hable más!
もうその話は結構です。

☞ 153章23の注参照。

[11] Parece que nuestros puntos de vista no difieren. R.
私たちの見方はくい違っていないようです。

[12] Bueno, la cuestión ya está decidida.
よし、一件落着です。

[13] Me alegra que nos hayamos arreglado.
私たちが合意に達したので、私はうれしく思います。

☞ arreglar の再帰動詞形の arreglarse は、何かが適切な状態に達したことを意味する。またある人がある準備を終えたことも意味する。この場合は、avenirse [同意する] とか entenderse entre dos personas [二人の間で理解しあう] の意味である。

[14] Por fin hemos podido adoptar un acuerdo.
やっとのことで私たちは合意に達することができました。

156. Pedir aprobación
承認を求める

ELEMENTAL — 初級会話

1. ¿Sí o no? I.
   シ オ ノ

   イエスですか、それともノーですか。

2. ¿Qué te parece?
   ケ テ パレーセ

   君にはどう思える？

3. ¿Qué tal?
   ケ タル

   どうですか？

   ☞ この句の基本的用法は挨拶のためのものであるが、ある発言またはある行為について、話し相手に意見を求めるのにも用いられる。ここでは自分の着ているものについて相手の意見を尋ねる例を出そう：¿qué tal me sienta este abrigo nuevo? ［この新しいオーバーはどう？私に似合う？］。

4. ¿Vale? I.
   バーレ

   いいですか？

   ☞ この動詞は質問の形で用いられると、"conforme" とか "de acuerdo" とかと同類になるし、また肯定的な返事としても用いられる：¡vale! ［オー・ケー］。

5. Es eso, ¿no?
   エセソ ノ

   そうなんでしょ？

6. ¿Crees que es interesante?
   クレース ケー シンテレサンテ

   君、それは面白いと思う？

INTERMEDIO — 中級会話

7. ¿Estás conforme?
   エスタス コンフォルメ

   君は賛成してくれる？

8. ¿Te parece bien así?
   テ パレーセ ビエナシ

   君、それでいいかしら？

156. 承認を求める

⑨ ¿Apruebas (...)? 　　　　　君は(...)に賛成する？

⑩ ¿Estarías en favor de (...)? 　君はひょっとして(...)に賛成するのかい？

⑪ Es así como lo querías, ¿no? 　君が望んでいたのはこれなんだろ？

⑫ ¿Consideras que está bien así? 　君はこれでいいと思う？

| AVANZADO | 上級会話 |

⑬ ¿A que sí? Enf. 　　　　　これでいいでしょ？
⑭ No te opondrás, ¿verdad? 　　君、反対しないだろうね。
⑮ ¿Pondrás reparos? 　　　　　君、条件付きかい？
⑯ No dirás que no, ¿verdad? Enf. 　君、いやだとは言わないだろうね？
⑰ ¿Puedo contar con tu aprobación? 　私は君の承認を当てにできますか？
⑱ Confío en que me apoyes. 　君が私に賛成してくれると信じて疑いません。
⑲ ¿Puedo contar con su respaldo? F. 　私はあなたの支持を当てにしていいですか？
⑳ ¿Lo das por bueno? 　　　　君、それに賛成する？

　☞ dar (algo o a alguien) por bueno は、ある物にある性質が備わっていると考えられることを意味する。この文型は、つぎのような場合によく出てくる：dar a alguien por muerto［だれかを死んだとみなす］、dar la sesión por terminada［会議が終了したとみなす］、dar algo por bien empleado［何かがうまく使われているとみなす］。157章22の注参照。

㉑ Lo único que falta es su visto bueno. 　唯一欠けているものはあなたの承認です。

157. Expresar aprobación
承認を表現する

ELEMENTAL — 初級会話

① ¡De acuerdo!
　デ　アクエルド
承知した。

② ¡Vale! I.
　バーレ
オー・ケー。

☞ ¡Vale! は de acuerdo と同じような賛意を表わす。

③ ¡Conforme!
　コンフォルメ
賛成。

④ ¡Bien!
　ビエン
よし。

⑤ ¡Estupendo!
　エストゥペンド
文句なし！

⑥ ¡Eso, eso! I.
　エソ　エソ
そう、そのとおり。

⑦ ¡Así es!
　アシ　エス
そのとおり！

⑧ ¡Sin duda (alguna)!
　シン　ドゥーダ　アルグーナ
（なんらの）文句もない。

⑨ Está muy bien.
　エスタ　ムイ　ビエン
とても結構。

⑩ Me parece perfecto.
　メ　パレーセ　ペルフェクト
君の言うことは（まったく）正しい。

⑪ Tienes (toda la) razón.
　ティエネス　トダ　ラ　ラソン
君の言うことは、（まったく）正しい。

157. 承認を表現する

12　Así es como debe ser.
　　アシ　エス　コモ　デーベ　セール

かくあらねばならない。

INTERMEDIO

中級会話

13　¡Y tanto!　R.
　　イ　タント

そうですとも。

☞153章35の注参照。

14　¡Qué buena idea!
　　ケ　ブエナ　イデーア

なんという名案だ。

15　¡Así se habla!　I.
　　アシ　セ　アブラ

私はその答えを待っていたのです。（よくぞ言ってくれた）

16　¡Bárbaro!　Enf.
　　バルバロ

素晴らしい。

☞122章19の注参照。

17　Lo doy por bueno.
　　ロ　ドイ　ポル　ブエノ

私はそれに賛成します。

☞156章20の注参照。

18　No vas equivocado.
　　ノ　バ　セキボカード

君は間違っていない。

19　Creo que es un plan estu-
　　クレーオ　ケー　エス　ウン　プラ　ネストゥ
　　pendo.
　　ペンド

私は素晴らしい計画だと思います。

20　Soy (completamente) parti-
　　ソイ　コンプレータメンテ　パルティ
　　dario de eso.
　　ダリオ　デーソ

私はそれに（まったく）異存ありません。

417

| AVANZADO | 上級会話 |

[21] Doy mi visto bueno. R.　　　　私はあなたにゴー・サインを出します。

☞152章24の注および153章36の注参照。

[22] Podemos darlo por bueno.　　　私たちはそれに賛成できます。

☞これは「dar＋直接目的格（人、物）＋por＋形容詞」の構文である。156章20の注参照。juzgar、considerarの類義語である。似ているけれども、「darle a alguien por＋不定詞」は別の構文である。これは、ある人に急にある習慣がつくことを意味する：ahora le ha dado por coleccionar mariposas.［こんどは彼は蝶を集め始めた］。

[23] No tendría ningún inconveniente en (...).　　　　私としては（...）するのになんの不都合もございません。

[24] No encuentro ninguna razón (suficiente) para oponerme.　　　私は反対するのに（十分な）いかなる理由も見つかりません。

[25] Considero que puedo darle todo mi apoyo. F.　　　私はあなたに双手を挙げて賛意を表することができると思います。

158. Expresar desaprobación
否認を表わす

| ELEMENTAL | 初級会話 |

[1] ¡No!　　　　反対。
　　ノ

[2] Estoy en contra.　　　　私は反対です。
　　エストィエン　コントラ

[3] Es un error.　　　　それは間違いです。
　　エス　ネロール

[4] ¡No, en absoluto!　　　　絶対反対！
　　ノ　エナブソルート

[5] No me parece bien.　　　　私にはよいとは思えません。
　　ノ　メ　パレーセ　ビエン

418

INTERMEDIO　　　　　　　　　　中級会話

[6] ¡Qué va!　Enf.　　　　　　　　　とんでもない。
　　ケ　　バ

[7] ¡¿Qué dices?!　I.　　　　　　　君はなんという馬鹿なことを言う
　　ケ　　ディーセス　　　　　　　　のだ。

　　☞99章15の注参照。

[8] No lo apruebo en absoluto.　　私はそれを絶対に認めません。
　　ノ　ロ　アプルエボ　エナブソルート

[9] No debería ser así.　　　　　　そうあるべきではないのではなか
　　ノ　デベリーア　セー　ラシ　　　ろうか？

[10] No estoy dispuesto a　(...).　私は（...）する用意はできてお
　　　ノ　エストイ　ディスプエスト　ア　　りません。

[11] Esto es intolerable.　　　　　これは我慢できない。
　　　エスト　エ　シントレラーブレ

AVANZADO　　　　　　　　　　上級会話

[12] No contéis conmigo.　　　　　君たち、私を当てにしないでね。
[13] Estoy muy disgustado con　　私は（...）にひとかたならぬ不
　　　(...).　　　　　　　　　　　快感を抱いています。
[14] Lo encuentro inaceptable.　　私にはそれは受け入れられません。
[15] Estoy completamente en de-　私は絶対に反対です。
　　　sacuerdo.
[16] Me opondré con todas mis　　私は全力をあげて反対するでしょ
　　　fuerzas.　Enf.　　　　　　　　う。
[17] No me parece nada bien que　私には（...）はちっともよいと
　　　(...).　　　　　　　　　　　は思えません。

18 ¿Cómo quieres que no ponga reparos si (…)? ……もし（…）なら、私は条件付きでなければ認めないよ。(もし…なら、どうして君は私が条件を付けないことを望むのだ)

19 ¡No faltaría más! Enf. ……もちろん不賛成です。

20 ¡No faltaría más sino que (…)! Enf. ……（…）でなければ、不賛成です。

☞この句はたとえ間接的にはなにかを承認するのに役立つにせよ、なにか認められないことを拒絶するのにも使われる。もしこれを完全な形にしようと思えば、más の後に、「sino que＋節」を加えねばならない。その際、節の動詞は接続法過去になるであろう：¡no faltaría más sino que tú le dieras también la razón. ［君もまた彼に彼の考えが正しいと言うなんてとんでもない］。

21 Por si faltaba algo, ahora me vienes con esas. Ir. ……こちらの弱みにつけこんで、今度はそういう論法を用いてきたのか？（負けはせんぞ）

☞20の注参照。

語彙索引

(ページ・ナンバーがイタリック体の語句は注で説明されているものである)

A decir verdad (389)
A escape *(208)*
A la fuerza ahorcan (208, 342)
A lo hecho, pecho (342)
A mal tiempo, buena cara (300, 342)
¡A otra cosa, mariposa! (110)
A otro perro con ese hueso (350)
Aburrido como una ostra (326)
Acabóse (267)
Aflojar la mosca *(349)*
¡Ahí es nada! (126)
Alzar cabeza *(299)*
Andar con ojo (230)
Andar con pies de plomo (232)
Apretar las clavijas (209, 212)
Apuntarse (36, 40)
Armarla *(353)*
Armarse una (186)
Arreglarse (413)
Arrimar el hombro (49)
Atragantársele algo a alguien *(305)*

Bajo de moral (20)
Bastarse y sobrarse (61)
Borrarse de la memoria (168)
Botar *(287)*
Brindar algo a alguien (29)
Brindarse a *(29)* (54)

Caer (302, 304)
Caer en la cuenta de (168, 170)
Caerle a alguien gordo (305)
Caérsele a alguien algo de las manos (327)
Calentar la cabeza *(168)*

Cargar (333)
Cargar con el mochuelo (209, 212)
Carta blanca (245)
Celebrar Pascua antes de Ramos *(296)*
Cerrar el pico (113)
Coger a alguien de sorpresa (141, 313)
Colar (350)
Colarse (179, 273, 399)
Colorín, colorado este cuento se ha acabado (103)
Como Dios manda *(267)*
Como un niño con zapatos nuevos (275)
Componérselas (330)
Con buen pie (78, 402)
Con el pie derecho *(78)* (402)
Con el pie izquierdo *(78, 402)*
Con los cinco sentidos (123)
Contar con (22, 29, 30, 163, 215)
Correr un tupido velo (94)
Cortar el rollo (113)
Corresponder (72, 73)
Cría cuervos y te sacarán los ojos (281)
Cuerno (360)
Curarse en salud (232)

Chuparse el dedo (350)

Dar alguien su palabra (227)
Dar carta blanca (245)
Dar cien patadas *(306)* (322)
Dar coba *(88)*

Dar cuenta *(91, 94)*
Dar el visto bueno (405, 418)
Dar en el blanco (402)
Dar en el clavo (399) *(403)*
Dar en el quid (403)
Dar en la diana *(403)*
Dar gato por liebre (316, 350)
Dar hora (63, 66)
Dar la lata *(317)*
Dar la mano *(50, 215)*
Dar las gracias (71)
Dar palos de ciego (58)
Dar por acabado (103)
Dar por bueno (415, 418)
Dar por terminado (103)
Dar tiempo al tiempo *(292)* (382)
Dar un paso en falso (398)
Dar un plantón *(65)*
Dar un toque de atención (231)
Dar vueltas a (175, 291)
Darle a alguien algo mala espina (349)
Darle a alguien la gana (163)
Darle a alguien por *(418)*
Darse cuenta de *(91, 94)* (396)
Darse por (341)
De buena fuente (141) *(157)*
De buena tinta (157)
De medio a medio (183)
De Pascuas a Ramos *(296)*
De perros (321)
De piedra (313)
De primera (308)
Decir entre líneas *(143)*
Decirle a alguien algo (166,168)
Dejar a alguien con la boca abierta (310)
Dejar a alguien plantado (65, 67)
Dejar algo en las manos de (53)
Dejar mal sabor de boca (318)
Dejarse algo en el tintero (173)

Del mal el menos (342)
Despertar la curiosidad (151)
¡Dichosos los ojos! (4, 254)
Digerir *(305)*
Dios mediante *(267)*
Dolerle a alguien algo en el alma (297)
Donde una puerta se cierra otra se abre (343)
Dos y dos son cuatro (403)

Echar a buena parte *(91)*
Echar chispas (322)
Echar en cara (279)
Echar pelillos a la mar *(94)*
Echar una mano (50, 53, 57) *(215)*
Echarse a *(161)*
El que espera desespera (269)
El tiempo todo lo cura (292)
Empeñar la palabra (228)
En vilo (269)
Encogerse de hombros (331)
Enrollarse (113)
Enrollarse como una persiana *(113)* (333)
Entre ceja y ceja (385)
Entre líneas (143)
Equivocarse de medio a medio (183, 398)
Escuchar con los cinco sentidos (123)
Estar a la altura de (215)
Estar alguien a sus anchas (4)
Estar al corriente de (139)
Estar al tanto de (139)
Estar como un clavo (25)
Estar con alguien (405)
Estar chupado (260)
Estar de algo hasta las narices *(359)*
Estar del lado de (368, 370)
Estar en ascuas (269)

Estar en blanco *(172)*
Estar en la cuerda floja (353)
Estar en lo cierto (156)
Estar en manos de (215)
Estar en vilo (269)
Estar hasta el coño *(333)*
Estar hasta el último pelo *(333)*
Estar hasta la coronilla (320) *(333)*
Estar hasta las narices *(333)*
Estar hasta los cojones *(333)*
Estar hasta los mismísimos *(333)*
Estar hecho cisco *(297)*
Estar hecho papilla *(21)*
Estar hecho polvo (21, 297)
Estar hecho puré *(297)*
Estar hecho trizas *(297)*
Estar hecho un asco (21)
Estar hecho un hombre *(21)*
Estar hecho un lío *(21)*
Estar loco de (274)
Estar loco por (324, 365)
Estar mano sobre mano *(50)*
Estar más muerto que vivo (355)
Estar muerto de curiosidad (150)
Estar muerto de envidia *(150)*
Estar muerto de hambre *(150)*
Estar muerto de miedo *(150)*
Estar negro (269)
Estar para el arrastre (21)
Estar pendiente de un hilo (353)
Estar por (382)
Estar que (20)
Estar sobre ascuas (150)
Estar sobre aviso (141, 231)

Faltar un pelo para *(345)*
Frito (286)

Gastar coba *(88)*
Guardarse (232, 284)

Haber gato encerrado (349)
Hablar de tú *(202)*
Hablar por hablar (126)
Hacer al caso *(396)*
Hacer algo a posta (91)
Hacer algo a rastras *(164)*
Hacer algo de mala gana *(164)*
Hacer algo ex profeso *(91)*
Hacer algo por la fuerza *(164)*
Hacer caso a (396)
Hacer caso de *(396)*
Hacer la pascua *(295)* (333)
Hacer la vista gorda (91)
Hacer memoria (166, 172)
Hacer mutis por el foro *(11)*
Hacer tabla rasa (94)
Hacerla buena *(382)*
Hacerle ascos a (366)
Hacerle tilín algo a alguien (303, 371)
Hacerse cargo de (46)
Hacerse el olvidadizo (166)
Hacerse el sueco (51)
Hacerse alguien con (303)
Hacérsele a alguien un nudo en la garganta (355)
¡Hala! (410)
Hasta aquí podíamos llegar (266, 273)
Higo *(321)*
Hombre prevenido vale por dos (232)

Igual (376)
Importarle a alguien algo un comino (321)
Importarle a alguien algo un higo *(321)*
Importarle a alguien algo un pimiento *(321)*
Importarle a alguien algo un pito

(330)
Inclinarse por (368, 370)
Ir a escote (27)
Ir arreglado (398)
Ir algo para largo (270)
Ir por buen camino (402)
Ir tirando (19)
Ir volando (161)
Irle a alguien algo (363, 370)
Irse a la porra (362)
Irse a paseo (362)
Irse por ahí (362)
Írsele a alguien algo de la cabeza (168)
Írsele a alguien algo de la memoria (170, 172)
Írsele a alguien el santo al cielo (173)

Jorobar (332)
Jugar con fuego (280)

Largar la pasta (44)
Largarse (361)
Las cosas de palacio van despacio (269)
Las penas con pan son menos (291)
Lata (317, 325, 331)
Latazo (326)
Lavarse las manos (330)
Levantar (la) cabeza (299)
Lío de faldas *(399)*
Lo prometido es deuda (227)

Llegar a los oídos (139)
Llevar la contraria a (184)

Mala pata (314, 319) *(398)*
¡Maldita la gracia! (318)
Mano de santo *(408)*
Manos a la obra (39)

Marear (327)
Más vale prevenir que curar (232)
¡Menos mal! (345)
Metedura de pata (399)
Meter algo en la cabeza *(168)*
Meter la pata (398)
Meterse alguien donde no le llaman (151)
Meterse alguien en lo que no le importa *(151)*
Mojarse (392)
Morder *(20, 322)*
Morder el anzuelo *(350)*
Morirse por (324)
¡Mucho ruido y pocas nueces! (128)

¡Naranjas de la China! (108)
¡Narices! (108, 359)
Negro (286)
¡Ni a rastras! (164)
¡Ni a tiros! (258)
¡Ni fu ni fa! (328)
¡Ni hablar! (250, 378)
¡Ni hablar de eso! (358)
¡Ni hablar del peluquín! (257)
Ni irle ni venirle algo a alguien (330) *(360)* (393)
Ni la más ligera idea *(262)*
Ni la más mínima idea *(262)*
Ni la menor idea *(262)*
¡Ni pensarlo! (69, 378)
¡Ni pío! (263)
¡Ni por asomo! (257)
¡Ni por todo el oro del mundo! (258)
Ni puñetera idea *(262)*
Ni puta idea *(262)*
¡Ni que estuviera loco! (164)
Ni soñarlo *(69)* (379)
Ni zorra idea *(262)*
Ni caber en sí de gozo (295)
Ni caber la menor duda (156)

No caerá esa breva (380)
No caérsele a alguien algo de la boca *(327)*
No dar pie con bola (400)
No dar una (399)
No darle a alguien la gana (260)
No estar para bromas *(40)*
No fiarse alguien ni un pelo (348)
No fiarse alguien ni de su sombra (348)
No haber para tanto (87, 127)
No haber por dónde cogerlo (179) *(263)*
No haber quien pueda con uno (299)
No haberse visto cosa igual (267)
No hacerle algo a alguien ninguna gracia (318)
No hay mal que cien años dure (292, 343)
No hay mal que por bien no venga (292, 342)
No llegarle a alguien la camisa al cuerpo (355)
No mover ni un dedo (50, 163)
No pintar nada *(278)*
No poder con (306)
No poner las manos en el fuego (348)
No por mucho madrugar amanece más temprano (280)
No querer ver a alguien ni en pintura (305, 362)
No saber de qué va (182)
No sacar nada en claro (301)
No ser alguien nadie (340)
No ser nada (79, 288)
No ser nadie *(278)*
No ser por nada (395)
No ser quien para (248)
No tener algo vuelta de hoja (157, 396, 402)
No tener más que una palabra (228)
No tener ni idea (159)
No tener ni la más remota idea (184)
No tener ni pizca de razón (412)
No tener ni un pelo de tonto *(345)*
No tener palabras para *(228)* (309)
No tenerlas alguien todas consigo (348, 353)
No tocarle a alguien ni un pelo de la ropa *(345)*
No valer la pena (291)
No venir a cuento (392)
No venir al caso (392)
No ver la hora de (270)
No verle la gracia a algo (306)
Nones (108)
¡Nuestro gozo en un pozo ! (316)

Ocurrírsele a alguien algo *(147)*
Ofrecer la mano *(50, 215)*
Oler a chamusquina (349)
Oler a rayos (357)

Pagárlas alguien a uno (283)
Palabra de honor (227)
Paliza (333)
Palo (326, 332)
Papar moscas *(349)*
Pasada *(309)*
Pasar página (111)
Pasarse alguien de listo (399)
Pasársele a alguien algo por alto (173)
Patinazao (399)
Pedir hora (63)
Perder la cabeza *(168)*
Perder la paciencia (269)
Perder los estribos (286, 290, 322)
Pesar (284)

Picarle a alguien la curiosidad (150)
Pico de oro *(113)*
Piensa mal y acertarás (348)
Pimiento *(321)*
Pirárselas (11)
Poner cuernos *(360)*
Poner de relieve (124)
Poner el dedo en la llaga (403)
Poner las manos en el fuego (154, 157, 159)
Poner manos a la obra (161)
Ponerle a alguien a cien (270)
Ponerse a (161)
Ponerse de mil colores *(88)*
Ponérsele a alguien la carne de gallina (355)
Ponérsele a alguien los pelos de punta (355)
¡Por los pelos! (345)
¡Por muchos años! (85)
Por si las moscas (231) *(349)*
Presumir (277, 389)
Provocar *(368)*
Punto flaco (366)

Quedar algo bien claro (124)
Quedarse helado (313)
Quedársele a alguien la mente en blanco (172)
Quejarse de vicio (267)
Quien avisa no es traidor (232)
Quien mucho abarca, poco aprieta (281)
Quitar hierro a (128)
Quitarse algo de la cabeza (170)

Rábano *(321)* (359)
Racha (19, 301)
Rascarse el bolsillo (44)
Refrescar la memoria (166)

Reservarse alguien la opinión (390)
Respirar (345)
Resultar algo de primera *(308)*
Retirarse por el foro (11)
Reventarle a alguien algo o alguien (306, 318, 321, 332)
Revolverle a alguien el estómago (357)
Revolvérsele a alguien las tripas (357)
Rollo (317) *(326)* (331)
Romper a (161)
Romperse los cuernos *(360)*

Saber algo a ciencia cierta (156)
Saber algo de buena fuente (141) *(157)*
Saber algo de buena tinta *(141)* (157)
Saber de fijo (156)
Sablear *(44)*
Sacarle a alguien algo de quicio (270, 287, 321)
Sacarle a alguien algo de sus casillas (270) *(287)* (321)
Sacarle a alguien algo de tino (287)
Sacarle a alguien algo los colores *(88)*
Salir (64, 172, 173)
Salir algo a la perfección (177)
Salir algo a pedir de boca (177)
Salir a alguien el tiro por la culata (316, 400)
Salir alguien con (313)
Salir alguien de su asombro (311)
Salir alguien de sus casillas *(321)*
Salir algo de primera *(308)*
¡Sanseacabó! (103)
Se acabó lo que se daba (103)
Se casaron, fueron felices y comieron perdices *(103)*

Sentarle algo a alguien (369) *(414)*
Sentirse en las nubes (366)
Sentirse como pez en el agua (5)
Ser algo coser y cantar (261)
Ser de lo que no hay (83)
Ser (...) donde los hay (83)
Ser el acabóse (267)
Ser el colmo (266)
Ser el polo opuesto de *(374)*
Ser gato escaldado *(349)*
Ser gato viejo *(349)*
Ser la gota que colma el vaso (321)
Ser lo nunca visto (310)
Ser peor el remedio que la enfermedad (62)
Ser tan cierto como es de día (157)
Ser todo oídos (123)
Ser un ángel (304)
Ser un asco de (357)
Ser un cero a la izquierda *(278)*
Ser un cielo *(304)*
Ser un juego de niños (261, 263)
Ser un pintamonas *(278)*
Ser un sol *(304)*
Si me pinchan, no me sacan sangre (355)
Sin vuelta de hoja *(157)*
Soltar prenda (392)
Sonarle a alguien algo (15, 139, 168, 170)
Sospechar (389)
Subirle a alguien los colores *(88)*
Subirse por las paredes (287)

Tender la mano *(50)* (54) *(215)*
Tener algo a alguien hasta (287)
Tener algo a bien (224)
Tener algo entre ceja y ceja (385)
Tener el corazón en un puño (355)
Tener el ojo echado a (385)
Tener en cuenta *(91, 94)* (395)

Tener en la punta de la lengua (172)
Tener ganas (40)
Tener la mosca en la oreja (349)
Tener lugar algo *(26)*
Tener mala voluntad a alguien (306)
Tener más razón que un santo (408)
Tener ojeriza (306)
Tener ojo clínico (402)
Tener presente (166, 168)
Tener siete vidas *(349)*
Tener un mal momento (93)
Tener un nudo en la garganta (319, 355)
Tener unas palabras con alguien *(228)*
Tenerla tomada con alguien (306)
Tenerlas alguien todas consigo (348, 353)
Tenerle a alguien algo mosca (349)
Tentarle a alguien algo (29)
Tiempo al tiempo (292)
Tirarle algo a alguien (365)
Tirria (306)
Tocar algo a alguien (27, 47)
Tocar las narices (333)
Tocar madera (382)
Tocarle a alguien el mochuelo *(209)*
Tocarle algo a alguien las narices *(359)*
¡Toma! (312)
Tomar a pecho (128)
Tomar (buena) nota (123, 126)
Tomar el pelo (280)
Tomar en cuenta (91, 94)
Tomar en serio (128)
Tomar hora (64)
Tomar una cosa por otra (399)
Tomar partido (391)
Tostón (326)

Tragar (305, 350)
Tragar el anzuelo *(350)*
Tratar de usted (201)
Tratar de tú (201)
Tratarle a alguien como a un perro *(321)*
Trinar (270, 287)

Valer (37, 340, 403, 406, 412, 414, 416)
Valer la pena (38)
Venir a cuento (392)
Venir a la cabeza *(168)*
Venir al caso (392)
Venir con (unas) exigencias *(40)*
Venir con planes (40)
Venirle a alguien (369)
Venirse algo abajo (316)
Ver (386, 407, 409)
Ver con buenos ojos (88)
Verlas venir *(353)*
Verlo todo de color de rosa (294, 299)
Verlo todo negro (300)
Verse las caras (283)
Vía de apremio *(208)*
Vivir para ver (310)
Volverle a alguien loco (365)
Volverse loco (295)

Y fueron felices y comieron perdices (103)

Zurcir (331, 362)

伝達要素の索引（レヴェル別）

ELEMENTAL　初級会話
¡(...)! (281)
A lo mejor (185)
¡Adelante! (246)
¡Adiós! (9)
¡Ah! (109, 121)
¡Ah, sí! (30, 121)
¿Ah, sí...? (148)
¡Alerta! (229)
¡Allá tú! (328)
Aquí (133)
¡Así es !(416)
¡Atención! (229)
¡Ay! (334, 336)
¡Ay, sí! (55)
¡Basta! (274, 285, 319)
¡Basta ya! (220, 285)
Bien,... (98)
¡Bien, bien! (176)
¡Buenas! (2)
¡Bueno! (37, 406)
Ciertamente (104)
¡Claro! (55, 104, 400, 406)
Claro que (248)
¡Claro que sí! (400, 406)
¿Cómo (...)? (152)
Como ejemplo (119)
¿Cómo que no? (180)
¿Cómo que sí? (180)
¡Conforme! (416)
¡Cuidadito! (229)
¡Cuidado! (228)
¡Cuidado, eh! (271)
Cuidado con (228)
¡Chsss! (5)
Da igual (126)
Da lo mismo (126)

De acuerdo (65, 176, 246, 406, 416)
¿De acuerdo? (129, 173)
De eso, nada (107, 358)
De momento (390)
De nada (74)
De ninguna manera (251, 358)
¿De veras? (86, 122, 148, 153, 253)
¿De verdad? (86, 122, 148, 153, 253, 311)
¡Dios mío! (311)
¡Eh! (5, 229)
¿Eh? (116)
¡En absoluto! (378)
En realidad (180)
En resumen (114)
¿En serio? (86, 311)
¿Es así? (173)
Es eso, ¿no? (414)
(...) es lo mejor (394)
¡Es verdad! (406)
Es decir (118, 120)
Es igual (126)
Es posible (374)
Es probable (374)
Es que (...) (59, 87, 158)
¿Es verdad? (173)
¡Eso! (104)
¡Eso, eso! (416)
Eso es cierto (401)
Eso es todo (253, 279)
Está claro (129)
¿Esto ...? (276)
Evidentemente (105)
¡Fatal! (178)
Gracias (30, 32, 55, 71, 86)

¡Hasta (...)! (9)
¡Hola! (2, 14, 98)
¡Imposible! (378)
¡Je, je! (253)
¡Lástima! (68)
Lo siento (40)
Mejor dicho (118)
¡Mira! (311)
Mira a ver lo que (283)
Mira que (284)
Muy bien (176)
Muy mal (178)
¡Nada! (74, 107)
Naturalmente (55, 105, 406)
Ni fu ni fa (328)
No (25, 32, 39, 59, 68, 106, 177, 219, 249, 255, 358, 418)
(...), ¿no? (174)
¡No, en absoluto! (418)
¡No es así! (178)
No es nada (126)
No importa (126)
¡No me digas! (121)
¡No, hombre, no! (253)
¡No, no! (249)
No sé, no sé (346)
No señor, no (255)
No tiene importancia (126)
No vale la pena (126)
¡Nunca! (255)
O sea (118, 120)
¡Oh! (309)
¡Oh...! (311)
¡Oiga...! (5)
¡Oiga, oiga ! (271)
¡Ojalá! (381)
¡Ojo! (124, 229, 281)
¡Ojo con (...)! (229)
¡Olé! (323)
¡Otra vez! (274, 276)

¡Otra vez (...)! (276)
¡Oye...! (5, 98, 164)
Oye, por cierto ... (109)
Para mí (260, 262)
Para resumir (114)
Perdón (6, 88, 89, 111, 116)
Perdone (6, 135)
Pero, bueno, ¿qué es esto? (271)
¡Pero mira qué (...)! (311)
Pero no (219)
Pero, ¡ojo! (124)
¡Pche! (332)
¡Pse! (328)
¡Psss! (328)
Por ejemplo (119)
Por favor, (42, 164, 173)
Por favor, no (219)
Por supuesto (104, 401, 406)
¡Por supuesto que no! (409)
¿Por qué (...)? (277)
¡Psss...! (253)
Pues mira (87)
¡Pufff! (356)
¡Qué (...)! (81, 277)
¿Quéééé...? (121)
¡Qué bien! (294, 298, 322)
¡Qué mal! (178)
¡Que no! (255, 358)
¡Qué sé yo! (157)
¿Qué tal? (98, 414)
¡Qué va! (253)
Quizá (158, 184, 346, 375)
Repito (118)
Resumiendo (114)
Segurísimo (155)
¡Seguro! (104, 155)
¿Seguro? (153, 346)
Seguro que (375)
Seguro que sí (155)
Sí (23, 55, 65, 104, 176, 246)
¿Sí? (403)

¿Síií...? (121)
¡¿Sí?! (131)
Sí, es así. (400)
¡Sí, claro! (155)
¡Sí, desde luego! (155)
Sí, naturalmente (246)
¿Sí o no? (403, 414)
¡Sí, por supuesto! (155, 406)
Sí que (246)
¡Sí, sí! (252)
¡Sin comentarios! (390)
¡Sin duda (alguna)! (416)
Tal vez (158, 184, 346)
¡Tanto gusto! (14)
¡Todo llegará! (380)
¡Tú mismo! (281)
¡Uff...! (343)
Un momento (131)
¡Uy! (334)
Vale (23, 37, 65, 176, 246, 340, 406, 412, 416)
¿Vale? (129, 173, 403, 414)
¡Vamos, hombre! (274)
Vamos, vamos (288)
Venga (21)
¿Ves? (242)
¿Y...? (121)
¡Y yo qué sé! (144, 157)
¡Ya! (104)
¿Ya? (129)
Ya veremos (158, 346)

INTERMEDIO　　中級会話

A lo mejor (375)
A lo mejor no (379)
A modo de ejemplo (120)
A ver (7, 123)
A todo esto (109)
Abreviando (114)
¡Acaso (...)! (185)
¡Anda...! (122, 217)

Aquí (13)
¡Bah, bah! (127, 181, 253)
¡Bah, hombre, bah! (253)
Basta de (112)
¡Bueno! (101)
¡Calla! (181)
Claro que (259)
¡Cómo (...)! (253)
¿Cómo ...? (149, 152)
¿Cómo es posible que (...)? (265)
¿Cómo es que (...)? (265)
¡Cómo no! (56)
¿Cómo no? (24, 105, 247)
Como no (...) (284)
Con esto (344)
Con tanto (265)
Creía que (336)
De acuerdo (38)
De eso, nada (181)
De hecho (178)
De ningún modo (32, 181, 256)
De ninguna manera (255)
De verdad que (90)
¿De verdad, verdad? (254)
¡Desde luego! (401, 407)
Desde mi punto de vista (388)
Desgraciadamente (337)
Dicho con otras palabras (118)
Dicho de otra manera (118)
Dicho de otro modo (118)
¡Eh, que ...! (272)
Ejemplificando (120)
En estas circunstancias (197)
En mi opinión (388)
En pocas palabras (114)
¿En serio? (122)
En tu opinión (368)
¿Es así, como (...)? (174)
Es como (120)
Es como decir (120)
Es difícil que (379)

Es evidente que (107)
Es fácil que (376)
Es igual que si (119)
Es muy dudoso que (379)
¿Es verdad que (...)? (174)
Escuche (6)
Eso está por ver (254)
Eso mismo (177, 407)
Espera, espera (394)
Está claro que (105, 107)
¿Estamos? (130)
¿Estás? (130)
Este es el caso de (120)
¡Exacto! (407)
Fíjate (312)
Hablando de otra cosa (110)
¡Hala! (127, 253)
¡Hala, pero (...)! (182)
¡Hummm...! (158)
Justamente (407)
Lamentablemente (337)
¡Lástima...! (27)
Lo dicho (67, 114)
Mira (12, 118, 119)
Nada de eso (256)
¡Ni hablar! (32, 68, 107, 181, 255, 358, 378)
¡Ni hablar de eso! (107, 358)
¡Ni idea! (144)
Ni mucho menos (107)
Ni pensar en (...) (359)
¡Ni pensarlo! (69, 255, 359, 378)
¡Ni soñarlo! (379)
No es fácil que (379)
No es para (75)
¡No, hombre, no! (181)
¡No me digas! (149, 254, 312)
No parece muy probable que (379)
No parece que (379)
¡No, por Dios! (221)
¡No se hable más! (408)

¡No, si ya (...)! (277)
¡No ves ...! (277)
O, lo que es lo mismo (118)
Oiga (99)
¡Oiga, que (...)! (272)
¡Ojalá (...)! (77)
Otra vez (117)
¡Otro día (...)! (26)
Para abreviar (114)
Para mí (388)
Pero... ¿(...)? (275)
¿Pero cómo (...)? (275)
Personalmente (388)
¡Pobre de (...) si (...)! (282)
Por cierto, ¿por qué no (...)? (225)
¡Por Dios! (182)
Por favor (264, 394)
Por lo menos (344)
Posiblemente (375)
Probablemente (185, 375)
Puede ocurrir que (376)
Puede ser que (185, 375, 379)
¡Que (...)! (77)
¡Qué bien que (...)! (344)
Que conste (124)
¡Qué desastre! (337)
¿Qué dices? (347, 410)
¿Qué hay de (...)? (165)
¡Qué le vamos a hacer! (340)
¡Qué más da! (127, 328)
¿Que qué (...)? (149)
¡¿Que qué dices?! (312)
¡Qué remedio me queda! (340)
¡Que sí! (105)
¿Que si qué (...)? (117)
¿Qué tal (...)? (192)
¡Qué va, qué va! (256)
¡Quién sabe! (158)
¿Quieres decir? (254)
¡Quita, quita! (182)

Quizá pueda (375)
Seguramente (375)
Seguro que (107)
Sí (122)
¿¡Sí!? (4)
Si es que (75)
¡Sí, hombre, sí! (249)
Si mal no recuerdo (170)
Si no se puede (341)
Si tú lo dices (347)
Sirva de ejemplo (120)
Tal vez (375)
¡Tanto da! (328)
¡Todo puede ser! (376)
¡Toma! (312)
Total, que (114)
¡Tú mismo ...! (20)
¡Ufff...! (268)
¡Usted mismo! (247)
Vale la pena (125)
Vamos a (...) (22, 347)
¡Vaya! (312)
¡Vaya ...! (122, 277, 314)
¡Venga, hombre, venga! (253)
(...)., ¿verdad? (147)
¡Ves, ves, ya (...)! (278)
Viene a ser como (119)
¿Y ...? (122)
¿Y a mí, qué? (329)
¿Y para esto (...)? (277)
¿Y qué más? (122)
¿Y si (...)? (185)
¡Y tanto! (417)
¡Ya está bien de (...), no! (286)
¿Ya está bien, no? (265, 269, 275)
¡Ya lo tengo! (169)
¡Ya voy! (8)
¡Ya, ya! (122)

AVANZADO   上級会話
A decir verdad (394)

A fin de cuentas (413)
A lo mejor (185)
¡¿A mí con ésas?! (164)
A mi entender (388)
A mi juicio (389)
A mi modo de ver (388)
A pesar de eso (397)
A propósito (99, 226)
¡A que (...)! (378)
¡A que no! (349)
¿A que sí? (415)
¡A ver! (105)
¡A ver ...! (25)
¡A ver, a ver ! (117)
A ver si (...) (64, 353)
Además de (195)
¡Ah, eso sí que no! (265)
¡Ahí va ...! (313)
¡Anda! (310)
¡Anda ya! (411)
Ante ello (331)
Así que (115)
¡Ay, que (...)! (355)
Bien mirado (115)
Bien, pero (93)
¡Buena os espera! (382)
Cabe dentro de lo posible (377)
¡Caramba! (313)
Como acabo de decir (119)
Como quien no dice nada (125)
Como quien no quiere (125)
Como síntesis (115)
¡Con lo que (...)! (266, 338)
Con permiso (8)
Con respecto a (301)
Con seguridad (377)
Concretando (115)
Conque (115)
¡Cualquier día (...)! (377)
De haberlo sabido (338)
De hacerlo (284)

¿De qué? (76)
¡Déjalo ya! (327)
Desde ahora (41)
Desde luego que (249)
¡Dios quiera que (...)! (381)
¡Dispense! (90)
¡Ejem...! (6)
El caso es que (9)
El día menos pensado (377)
En esto (330)
En resumen (370)
En resumidas cuentas (102)
Entre (...) y (...) (368)
¿Es (...) eso de (...)? (150)
Es igual que si (120)
Es más que probable (377)
Eso habrá que verlo (348)
¡Eso lo dirás tú! (411)
Eso sí que estaría bueno (278)
¿Estamos? (405)
¡Faltaría más! (25, 248, 251, 266)
¡Habráse visto! (313)
¡Habráse visto cosa igual! (267)
¡Hasta aquí podíamos llegar! (266, 273)
Hasta donde yo sé (184)
Hay esperanzas de que (377)
¡Hay que ver cómo (...)! (337)
Hay que ver lo que (270)
¡Hombre, (...)! (15, 254)
¡Hombre, por Dios! (274)
Hombre, tanto como eso (254)
¡Huy, qué (...)! (87)
Igual (186, 376)
Igual no (380)
La verdad (...) (41)
Lo bueno sería que (278)
Lo que equivale a (119)
Lo que es lo mismo que (119)
Lo que sea (330)

Lo que sí (237)
¡Lo que tú digas! (408)
Más fácil (119)
¡Menos mal! (345)
¡Menos mal que (...)! (345)
Mira a ver si (175)
Mira que si (377)
Mirado de otra manera (395)
Nada menos que (125)
Ni más ni menos (177)
¡Ni por asomo! (257)
¡Ni que (...)! (128)
¡Ni que decir tiene! (106, 409)
No es improbable que (377)
No es por nada (179)
No es por nada, pero (183, 395)
No faltaba más. (408)
¡No faltaría más! (25, 408, 420)
¡No faltaría más sino que (...)! (420)
No parece imposible que (377)
¡No se hable más! (413)
Ojalá (145)
¡Ojalá no (...)! (339)
¡Ojalá pudiera! (384)
Podría ser que (376)
Pongamos por caso (120)
¿Por eso? (127)
¡Por fin! (15)
Por lo que veo (...) (17)
Por lo que yo sé (184)
¿Por qué no? (248)
Por si (291, 420)
Por si acaso (231)
Pudiera ser que (376)
Pues, la verdad (263)
¡Pues vaya ...! (316)
¡Qué más hubiera (...)! (315)
¡Qué más quisiera! (145)
¿¡Qué quieres que te diga!? (20)
¡Qué remedio me queda! (207)

¿Qué tal si (...)? (195)
¡Que te crees tú eso! (360)
¡Quiá! (254)
¡Quién lo iba a decir que (...)! (337)
¡Quién sabe! (353)
Seguramente (186)
Seguro que (299)
Sería el colmo que (266)
Si fuese posible (370)
¡Si lo hubiera sabido! (338)
Si llego a saberlo (315)
Sí, mira (237, 240)
Si yo fuera tú (237, 240)
¡Sólo faltaría! (106)
¡Sólo faltaría que (...)! (266)
Sólo pensar en (306)
¡Tanto da! (127)
Tendría gracia que (266)
Todo hace presumir que (377)

Todo parece indicar que (377)
¡Tonterías! (410)
¡Vamos, ande! (254)
¡Vaya (...)! (345)
¡Vaya churro! (179)
¡Vaya hora de (...)! (266)
¡Vaya si (...)! (25)
¡Vete tú a saber! (159)
¡Y que lo digas! (106)
¡Y qué más! (254)
¿Y qué más? (257)
¡Y qué más ...! (108, 349)
¿Y si (...)? (36, 218, 225)
¿Y si no fuera (...)? (348)
¡Y tanto! (248, 409)
¡Y yo que (...)! (315)
¡Ya era hora! (345)
Ya será menos (128)
Yo, en tu lugar (237, 240)
Yo, que tú (237, 240)

訳者あとがき

　二人の訳者のうちの一人原が、4人の著者のうちの一人エマ・マルティネルと知り合ったのは、1987年マドリードの西方300kmにあるカセレス市のエクストレマドゥーラ大学で第1回国際スペイン語史学会が開かれた時のことである。もちろん原はそれ以前から彼女の名前だけは知っていた。彼女がスペインで発行されているスペイン語学の雑誌に論文を発表していたからである。それだけにカセレスのエクストレマドゥーラ大学の会場で彼女の方からつかつかと原の元へやって来て自己紹介されたのには少なからずびっくりさせられた。よくよく話を聞いてみると、彼女は当時バルセロナ大学で外国人のためのスペイン語のクラスを担当しており、日本人学生がすべて驚くほど出来がいいのに感心して、日本ではどういうスペイン語教育が行われているのか一度行って実地に見てみたいとのことであった。そこで帰国してから早速国際交流基金にエマの招聘を申請したのだが、恐らく原の書類作りが下手だったからであろう、たしか半年に1回の応募であったが、7回くらい不採択になったと思う。しかしついに念願かなって1992年バルセロナ・オリンピック終了直後に彼女の35日間の訪日が実現した。当時原が所属していた東京外国語大学のスペイン語学科の原の授業には常に同席してもらって助けてもらった。とくに2年生の西作文の授業では彼女の援助は効果的であった。その他彼女は愛知県立大学で開催された日本ロマンス語学会大会で講演してくれたし、上智大学初め、京都産業大学、大阪外国語大学等の諸大学でも講演を行った。

　彼女がこれまでに出版した著書の主だったものを以下に列挙する。

1. フランシスコ・マルサとの共著. 1974.「文法の枠組、テキスト名文集およびスペイン語練習問題集」　バルセロナ：バルセロナ大学.
2. フランシスコ・マルサとの共著. 1978 & 1980.「言語学演習のためのモデル」　バルセロナ：バルセロナ大学言語学部.
3. 1984.「接続法」　マドリード：コロキオ社.
4. キャロル・クレイとの共著. 1988.「スペイン語・英語の成句対照（人体に関する名称について）」バルセロナ：PPU.
5. 1988. アメリカ大陸発見と征服の言語学的側面. マドリード：C.S.I.

C.
6. 1988.「初級・中級・上級レヴェル　スペイン語日常会話常用語句集」マドリード：SGEL.
7. 1990.「ジェスチャー辞典」マドリード：エデルサ社.
8. 1992.「スペイン人とインディオとの交流」マドリード：マプフレ社.
その他スペイン語学関係の口頭研究発表・書評・論文多数。
　4人の著者の肩書は、エマ・マルティネルが手紙で知らせてきたところによると、
　エマ・マルティネル　文学博士、バルセロナ大学教授
　フランシスコ・マルティネル　教育学士兼新聞学士．バルセローナ・マンゴールド語学院院長
　マリーア・ホセ・ヘラベール　スペイン語学士．外国語としてのスペイン語の教材の編者
　マヌエル・エレーラ　バルセローナ・マンゴールド語学院の、外国語としてのスペイン語の教師
となっている。
　原の見るところ、4人ともカタルーニャ人であるからカタルーニャ語の教育・普及に熱心であって当然なはずなのに、どういうわけか外国人へのスペイン語の教育に熱心である。その熱心さのおかげで本書が存在しているのである。しかし注に見られるスペイン語は、普通のスペイン語文が動詞の活用した形を多用するのに対し、英語に似て名詞的表現に富んでいるのは、彼らの母語であるカタルーニャ語のせいなのかどうか、原には分からない。
　「日本語版への序文」の中でエマ自身が述べているように、スペイン語による原著が1988年に出たあと、もちろん同書は好評をもって迎えられたのであるが、4人の著者たちは英語民のスペイン語学習者のために英語版を作ることを思い立ち、これが1996年に完成した。原はフランス語版やドイツ語版出版の計画があると聞いていたが、未だ実現には至っていない。英語版に次いで日本語版を出してくれないかとエマに頼まれたのは彼女が来日した1992年秋のこと、その後下訳をしてくれる人探しにいささか手間どったが、幸いにも翌93年1月に東京五反田の清泉女子大学で開催された第3回アジア・イスパニスタス学会の席上、原が江藤に話を持ちかけたところ同氏の快諾を得た。それから江藤の奮闘が始まる。彼はその持前の勤勉さを発揮して、天理大学におけるスペイン語教授・研究の合間を縫って158の章の例文に訳をつけ、かつ難解な注の和訳にそれこそ心血を注いだ。その間彼は天理大学から

神田外語大学に移り、環境の激変をも味わっている。そういう中でわずか5年間で下訳を完成させた努力には送りうる限りの最大の賛辞を送りたいと思う。しかも昔から師が弟子に業績作りをさせるべく、実際は100％弟子の仕事なのだが、監修といった名目で自分の名前を貸し、共著あるいは共訳という形で出版をするという風習があるが、最近は自信満々の弟子が多くなり、師に文章を直されると、堂々と造反するといったケースが出て来ているようである。しかし江藤はそういうことはまったくせず、実に素直に原のアドヴァイスを聞き入れてくれた。という次第で、本訳書の出版に当たって原はほとんど何もしておらず、江藤がほとんど一人で仕上げたと言っても決して過言ではない。

ところが我々二人の訳業が完成し、出版の日も近くなった1998年春、我々にとっての強敵が現れた。それは高橋覺二著『スペイン語表現ハンドブック』（白水社）の出版である。原も著者から１部いただいたが、率直に言って好著であると思う。その最大の長所は、やはり日本人のスペイン語学習者を対象に、日本人学生へのスペイン語教授経験の豊富な日本人の著者が書いたという点にある。要するに、高橋氏は日本人学習者の癖をすべて知り尽くしておられるのである。となると我々の訳書には、スペイン人が書いた書物のもつ長所があって然るべきである。原が考えるところでは上級レヴェルの例文は、日本人の著者にはなかなか考えつかないものばかりのように思える。何はともあれ、本書の読者が本書を学習することによってスペイン語会話力を増進させてくださることを訳者二人はひたすら請い願う次第である。

次に読者が本書を学習するに当たっての注意すべき点を挙げておく。

1. 原著は181章から、英語版は180章から成っているが、エマが我々に和訳を依頼したのはいわば縮刷版で、159章から成っていた。のち訳者二人の判断で１章削除した。
2. 注はほとんど原著のものを尊重したが、日本人用ということを考慮し、訳者の判断で適当に変えた個所がある。
3. 例文にはコンテクスト、つまり前後の文脈がないので、シチュエーション次第では他の訳（＝意味）にもなりうることをご承知いただきたい。
4. 例文中の yo には「私」、tú には「君」、usted には「あなた」という訳を当てた。
5. 例文を記憶してスペイン語民との対話の際に用いるのはもちろんのことだが、その他にスペイン文を読んでいて意味不明の句に遭遇した時、巻末の語彙索引と伝達要素の索引が役に立つことがあるはずである。

6. 三修社側のご要望もあり、初・中級レヴェルの例文には片仮名によって発音・読みの手引きをほどこした。これにはスペイン語に特徴的な音声どうしの連繋への配慮をフルに行った。従って元のアルファベットによる綴りによる読み方と著しく異なった片仮名による読み方がされている場合が多々あるが、その際はどうか片仮名による読み方の方を尊重していただきたい。
7. 書き言葉にはイントネーションを表記できないという重大な欠陥がある。その意味で標準的あるいは理想的なイントネーションをネイティヴ・スピーカーに吹き込んでもらったカセットテープを付けるべきだったかと反省しきりである。
8. 例文中に（...）という空欄がよく出ているが、これはそこに色々な語を入れられることを意味していると著者の「まえがき」に書かれている。しかしどういう語を入れたらよいかの判断は初学者にはむずかしいと思う。読者はできたらスペイン語の教師に質問して、どういう語で空欄を埋めるべきかを教えてもらうとよい。
9. 原注の中に引用されている例文は、その前に：(コロン)が付されており、文頭が小文字で始まっている。これはスペイン文の書式の常識からすれば異常であるが、訳者二人はあえて原文を尊重した。
10. 女性の読者への配慮がないことを訳者二人は申訳なく思っている。たとえば7章の3.に「初めまして　どうぞよろしく」という意味を表わす例文として、Encantado. という形が現れているが、これは男性が言う場合の形であり、女性が言うのであれば、Encantada. とならねばならない。また同じく7章の12.も女性が発話する場合は、Estoy contenta de haberle conocido. であり、相手も女性であれば、haberle が haberla とならねばならない。

最後に、本訳書の出版を快諾してくださった三修社の澤井啓允専務と、本書の刊行に経済的援助をしてくださったスペイン政府教育文化省のバルタサール・グラシアン基金とに対し深甚の謝意を表する。

1998年10月
原　　　誠
江藤　一郎

訳者
原　誠（はら　まこと）
東京外国語大学スペイン語学科卒業。マドリード・コンプルテンセ大学哲文学部大学院博士課程修了。文学博士（マドリード・コンプルテンセ大学）、東京外国語大学名誉教授、拓殖大学名誉教授。
主著『スペイン人が日本人によく聞く100の質問』共著（三修社 1995年）
　　　『スペイン語の第一歩』（三修社 1997年）
　　　『言語学的文法構築の基本問題』（近代文芸社 1998年）
　　　『言語学的文法構築の方法』（近代文芸社 2004年）
　　　『スペイン語創出文法』（近代文芸社 2007年）　他

江藤一郎（えとう　いちろう）
上智大学外国語学部イスパニア語学科卒業。東京外国語大学大学院修士課程修了。天理大学助教授を経て、神田外語大学外国語学部スペイン語学科教授。
主著『基本スペイン語文法』（芸林書房 2003年）
論文 "Reflexión sobre el uso circunstancial de gerundio"（Lingüística Hispánica 1991年）
　　　「形容詞の最上級と定冠詞」（原誠教授退官記念論文集 1996年）　他

レヴェル別　スペイン語会話表現事典　新装版

2011年6月20日　第1刷発行

著　者　　E. マルティネル　　F. マルティネル
　　　　　M. J. ヘラベール　　M. エレーラ
訳　者　　原　誠　　江藤一郎
発行者　　前田俊秀
発行所　　株式会社　三修社
　　　　　〒150-0001　東京都渋谷区神宮前2-2-22
　　　　　TEL03-3405-4511 / FAX03-3405-4522
　　　　　http://www.sanshusha.co.jp/
　　　　　振替口座　00190-9-72758
　　　　　編集担当　澤井啓允
印刷所　　株式会社　平文社
製本所　　牧製本印刷株式会社

©Makoto HARA, Ichiro ETO 2011 Printed in Japan　　ISBN978-4-384-04421-8 C0587

装幀　清岡秀哉

〈日本複写権センター委託出版物〉
本書を無断で複写複製(コピー)することは、著作権法上の例外を除き、禁じられています。
本書をコピーされる場合は、事前に日本複写権センター(JRRC)の許諾を受けてください。
JRRC　http://www.jrrc.or.jp　email:info@jrrc.or.jp　Tel:03-3401-2382

本書は『レヴェル別 スペイン語会話表現事典』(1998年小社刊)を新装版 にしたものです。